# L'Amérique du Sud

## Des chasseurs-cueilleurs à l'Empire Inca

Actes des journées d'étude d'archéologie précolombienne

Genève, 10-11 octobre 1997

Edité par

## Alexandre Chevalier
## Leonid Velarde
## Isabelle Chenal-Velarde

BAR International Series 746
1999

Published in 2016 by
BAR Publishing, Oxford

BAR International Series 746

*L'Amérique du Sud*

ISBN  978 0 86054 940 6

BAR Publishing is the trading name of British Archaeological Reports (Oxford) Ltd.
British Archaeological Reports was first incorporated in 1974 to publish the BAR
Series, International and British. In 1992 Hadrian Books Ltd became part of the BAR
group. This volume was originally published by Archaeopress in conjunction with
British Archaeological Reports (Oxford) Ltd / Hadrian Books Ltd, the Series principal
publisher, in 1999. This present volume is published by BAR Publishing, 2016.

Printed in England

# BAR
PUBLISHING

BAR titles are available from:

BAR Publishing
122 Banbury Rd, Oxford, OX2 7BP, UK
EMAIL    info@barpublishing.com
PHONE   +44 (0)1865 310431
FAX    +44 (0)1865 316916
www.barpublishing.com

# Sommaire

# Avant-propos

A l'exception de quelques précurseurs, tels Bandelier ou Tschudi, la recherche archéologique suisse en Amérique du Sud n'a jamais été très "active" et a été, et reste, plutôt le fait de chercheurs isolés. Or, il se trouve qu'actuellement plusieurs étudiants provenant des différentes universités suisses mènent des recherches doctorales en archéologie précolombienne.

L'Association des étudiants pour la Recherche Archéologique dans les Pays Andins (ARAPA) est une association à but non lucratif créée à l'université de Genève afin de promouvoir l'archéologie andine et sud-américaine. Son siège est à Genève.

Elle a pour buts :

- de réunir les étudiants et chercheurs intéressés à l'archéologie sud-américaine et andine :

- de promouvoir l'archéologie sud-américaine et andine au sein de la communauté universitaire ;

- de renforcer les liens scientifiques entre les étudiants et les universitaires travaillant dans les domaines sud-américains et andins d'une part, et d'autre part les autres institutions scientifiques ayant des buts identiques à ceux de l'ARAPA ;

promouvoir la formation d'étudiants en archéologie et archéosciences sud-américaine et andine.

A ces fins :

- elle encourage l'échange d'informations entre les étudiants et les instituts concernés par l'archéologie sud-américaine et andine, notamment par la création et la gestion d'un réseau informatique ;

- elle favorise la tenue de conférences et de colloques ;

- elle participe à l'organisation et à l'élaboration de recherches archéologiques en Amérique du Sud et Andine ;

- elle aide à la formation des étudiants dans les domaines de l'archéologie et des archéosciences sud-américaines et andines par le biais de cours d'initiation, de fouilles archéologiques et d'échanges scientifiques.


Pour tout contact et informations :

ARAPA
c/o A. Chevalier
2, rue Faller
1202 Genève
Suisse

Fax : +41 (0)22 757-1229

E-mail : arapa@anthro.unige.ch
http://sc2a.unige.ch/~chevalie/arapa.

Alexandre CHEVALIER
Président de l'ARAPA

# Introduction

Le premier colloque organisé par l'Association des étudiants pour les Recherches Archéologiques dans les Pays Andins (ARAPA) les 10 et 11 octobre 1997 avait pour objectif de réunir les archéologues et les doctorants menant des recherches dans les divers domaines de l'archéologie précolombienne, en Suisse et en Europe. Ces rencontres devaient entre autres favoriser les échanges scientifiques, tout particulièrement ceux concernant l'actualité des recherches en Amérique du Sud. A la clôture de ces journées, nous pensons que ces objectifs ont été atteints, et nous en remercions l'ensemble des participants.

De l'Argentine à l'Equateur, de la Période dite "lithique" à l'Empire Inca, de l'approche socio-économique et environnementale à la symbolique, de l'organisation territoriale à l'architecture urbaine, un horizon très vaste a été abordé lors de ces journées consacrées à *l'Amérique du Sud, des chasseurs-cueilleurs à l'Empire Inca*. Ce déploiement de sujets développés lors des communications (dont certaines ne sont malheureusement pas publiées ici) met en exergue la richesse des recherches menées par quelques équipes en Suisse, en France, en Allemagne, en Espagne et en Italie.

Un grand nombre des travaux présentés dans cet ouvrage sont issus de recherches doctorales ou effectuées par de jeunes chercheurs. Ceci illustre le fait que les études scientifiques relatives à l'archéologie de l'Amérique du sud suivent un développement constant, qui est parfois traduit par un essor récent, en Suisse par exemple. Nous espérons une nouvelle fois, par l'intermédiaire de l'ARAPA, pouvoir favoriser d'autres rencontres entre jeunes archéologues, archéobotanistes, archéozoologues, et autres spécialistes de l'Amérique précolombienne... tout en investissant dans la promotion pour susciter l'intérêt du public pour l'Histoire de ce continent et le sensilbiliser aux problèmes liés aux pillages générés par le marché parallèle de l'art précolombien.

Ce colloque n'aurait pu être organisé sans l'investissement personnel des membres de l'ARAPA, le soutien financier de la Commission de Gestion des Taxes Fixes de l'Université de Genève, et l'appui des services techniques de cette même université. De même, les communications réunies dans le présent volume n'auraient pu être publiées sans les crédits accordés par la Société académique de Genève. Nous tenons également à remercier vivement pour leurs contributions personnelles Patricia Garcia-Prieto Sol (traductions en Anglais) et Bertrand de Peyer (aide informatique).

Finalement, les éditeurs tiennent à préciser que les articles présentés dans cet ouvrage sont publiés sous la responsabilité scientifique et technique (qualité de certains originaux) de leurs auteurs.

Isabelle CHENAL-VELARDE
Secrétaire de l'ARAPA

# Art rupestre et habitats préhistoriques au Mato Grosso (Brésil)

Agueda VILHENA VIALOU[*]
Paulo DANTAS DE BLASIS[**]
Levy FIGUTI[**]
Patrick PAILLET[*]
Denis VIALOU[*]

*Abstract*

Since 1986, the excavations in the rock art shelter, called Santa Elina, inside the Araras precambrian limestone range, are supplying new data about the prehistoric settlements in this central region of the South America. The contemporary between the prehistoric men, through their lithic tools and an extinguished megafauna, the Glossotherium, is established henceforth for two periods : the more recent, 10'000 years ago, and the more ancient, much before. The excavations in this very important rock art shelter (more or less 1000 paintings) point out an ininterrupted succession of prehistoric levels up to 2000 years ago, every one with vegetal remains and artefacts, but without certamics.

In numerous sandstone outcrops of the Rio Vermelho's region, 300 km from Santa Elina, 40 rock art shelters were discovered and their paintings investigated. The excavations in the Ferraz Egreja and Vermelhos rock art shelters display archaeological sequences with ceramics, 2000 years for the oldest. In all of these prehistoric sites, there is a great abundance of hematites, used to produce pigments.

*Resumo em português*

Nesses últimos dez anos as pesquisas no abrigo rupestre de Santa Elina, situado na formação calcária da serra das Araras, forneceu informações totalmente novas com relação à associação do Homem pré-histórico do centro do continente sul-americano com o Glossotherium , megafaune extinta. Fato este estabelecido em dois momentos distintos, um há 10'000 anos e outro bem anterior (a ser datado por AMS) e caracterizados por utensílios líticos feitos sobre lascas ou plaquetas calcárias. Numerosas ocupações ininterruptas seguem até 2000 anos atrás, todas com vestígios vegetais trabalhados e sem cerâmica.

Nas formações areníticas da região do rio Vermelho, distante a 300 km de Santa Elina, foram estudados 40 abrigos com pinturas, sobretudo sinais e as escavações de Ferraz Egreja e Vermelhos evidenciaram sequência de ocupações ceramistas nestes dois últimos milênios. Em todos os níveis holocênicos desses tres sítios há constantemente abundância de plaquetas de hematita utilizadas como corantes.

## Introduction

En 1983, nous entreprenions au Mato Grosso les relevés et les fouilles d'un abri rupestre nouvellement découvert, Ferraz Egreja, inaugurant ainsi un vaste programme de recherches[1] appliquées aux peuplements préhistoriques et aux paléoenvironnements de cette région. Jusqu'alors, la préhistoire du Mato Grosso n'était connue que par quelques mentions éparses à des sites rupestres; l'un d'eux, Abrigo do Sol, rapidement fouillé[2] avait fourni une des datations les plus anciennes jamais obtenues au Brésil.

Nos recherches se sont développées dans deux régions du sud de l'Etat, distantes d'environ 300 km : d'une part, autour de Ferraz Egreja la région du Rio Vermelho, à l'ouest de la ville de Rondonópolis, d'autre part, la Serra das Araras, à 100-150 km au nord-ouest de Cuiabá, la capitale d'Etat; à l'intérieur de cette chaîne montagneuse se trouve le site rupestre de Santa Elina (fig. 1).

Les recherches systématiques les moins éloignées des nôtres ont (eu) lieu à quelques centaines de kilomètres, vers l'est dans l'Etat de Goiás[3] et vers le sud, dans l'Etat du Mato Grosso do Sul[4]. Peu à peu, la connaissance de la préhistoire du Centre-Ouest du Brésil progresse et rompt l'isolement archéologique des recherches pionnières qui y sont menées.

## Le Mato Grosso

L'Etat (880'000 km2) fait frontière à l'ouest avec la Bolivie. A la latitude de Cuiabá, les Andes sont à peine à un millier de km. Le plateau du Mato Grosso, moyennement élevé, entre 500 et 1000 m, est légèrement ondulé et marqué de reliefs, telle la Serra das Araras. Le plateau est déclive du sud vers le nord et d'est en ouest. Les rivières qui le draînent du sud au nord ou au nord-ouest sont des affluents de l'Amazone. Cependant, la partie méridionale du plateau se déverse dans la profonde dépression (Pantanal) du fleuve Paraguay, orienté nord-sud jusqu'à son embouchure, le Rio de la Plata. Le plateau gréseux est fortement fracturé; de hautes falaises échancrées bordent des dénivelés (200 à 300 m par endroits) entre les plateaux et les cours d'eau.

[*] Museum National d'Histoire Naturelle - UMR 6569 CNRS, Paris, France.

[**] Museu de Arqueologia e Etnologia da Universidade de São Paulo, Brésil.

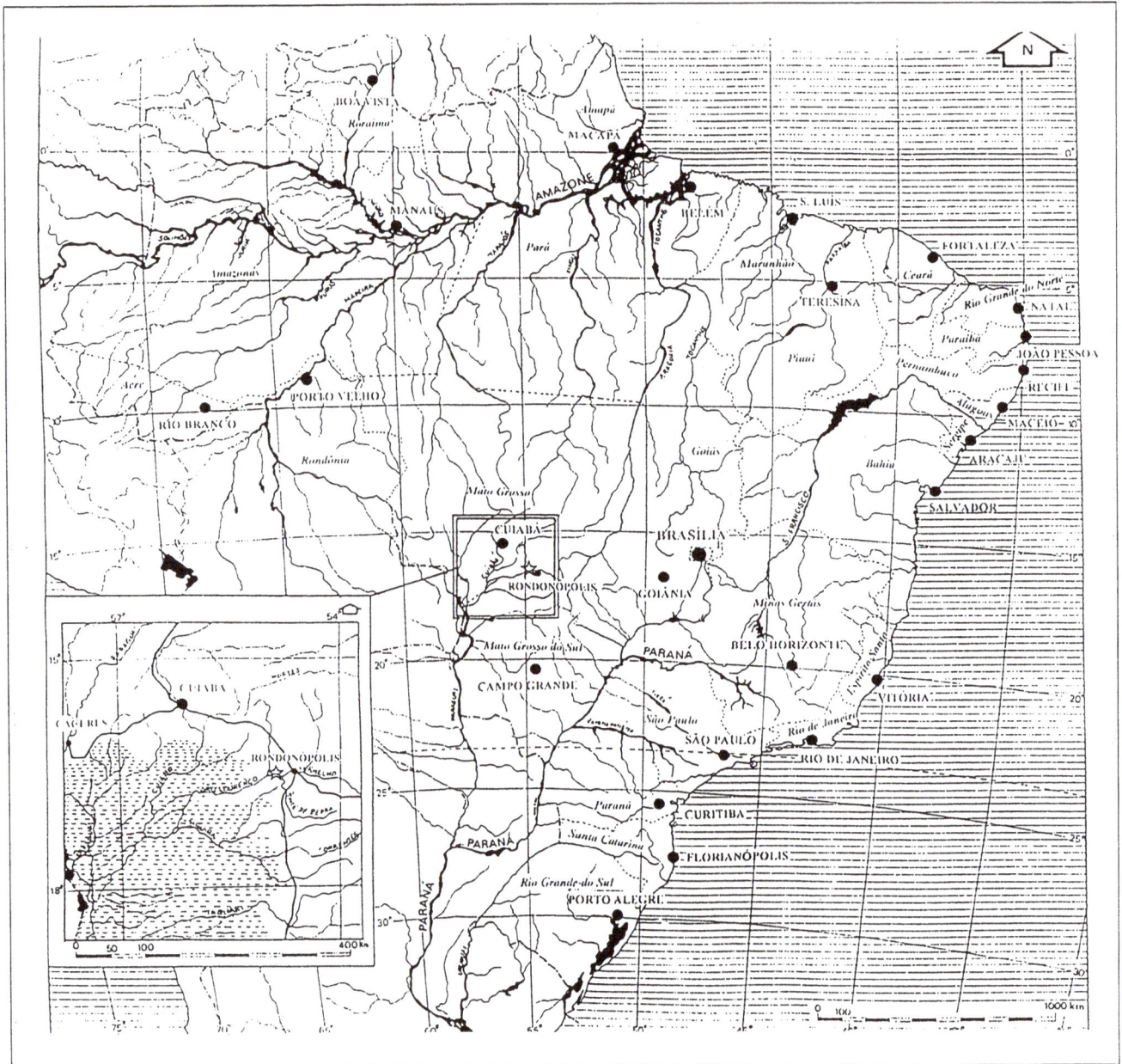

**Fig. 1** : Aire géographique des sites étudiés près des villes de Cuiabá et Rondonópolis, Mato Grosso. Carte établie par P. Paillet.

Nos recherches se situent dans ce cadre géographique (14°-17° lat. Sud et 54°-57° long. Ouest), à la limite méridionale du bassin amazonien et à la limite septentrionale du bassin paraguayen, à la limite de la dépression continentale qui borde les Andes et vers l'est à la limite du plateau central du Brésil plus élevé (1000 à 1500 m). Ce cadre est favorable aux déplacements des hommes (et des animaux) ainsi qu'aux peuplements, en raison même de la diversité des biotopes qu'il réunit et des conditions climatiques qui leur sont liées.

## La Serra das Araras et l'abri Santa Elina

### La Serra das Araras ("montagne des aras")

Elle constitue l'un de ces écosystèmes différenciés du Mato Grosso, précocement peuplé par les hommes préhistoriques.

Géologiquement, il s'agit d'un long plissement de couches de calcaires précambriens et de grès, consécutif à un épisode majeur de la tectonique continentale. Les couches sont subverticales et forment une série de 4 à 5 plis parallèles, assez abrupts et hauts de 500 à 600 mètres au maximun : la Serra se développe ainsi sur 40 km de largeur et plusieurs centaines de km de longueur, barrant selon un axe SO-NE une bonne partie du Mato Grosso. Des failles et des échancrures dans des anticlinaux peu surélevés permettent parfois le passage d'une vallée à une autre ou le franchissement de la Serra dans toute sa largeur : ceci advient une quarantaine de km à l'est de Santa Elina.

A l'intérieur des vallées encaissées, aux flancs fortement redressés, la végétation et la faune bénéficient de conditions particulières, inexistantes sur le plat plateau : sols riches en matériaux calcaires et gréseux, protection des vents, ensoleillement et ombre alternés, fonds de vallée secs ou marécageux selon les entablements rocheux...

La Serra das Araras a fonctionné et fonctionne comme un refuge pour la biocénose; elle représente un système fermé et donc naturellement protégé, mais ponctuellement accessible aux échanges avec l'environnement ouvert du plateau matogrossense. Dans un rayon de 5 km, jusqu'à l'arrivée des Européens[5], cet environnement était caractérisé par le Cerrado[5] en plaine et une forêt tropicale à rythme saisonnier sur les reliefs. Entre ces formations, existent des marécages. Cette composition favorise une grande biodiversité, faune et flore, et potentiellement l'utilisation de ressources diversifiées. Les hommes préhistoriques ont rencontré dans ces types de paysage des conditions idéales pour s'implanter, tant pour leur économie de subsistance que pour l'organisation stratégique de leurs territoires.

## L'abri Santa Elina

Comme bien souvent, les peintures sont à l'origine de la découverte du site, localisé sur la face interne du plissement extérieur méridional de la chaîne. On l'atteint en pénétrant dans la chaîne par un évasement de ce premier plissement, à peine 2 km à l'est du site. Le deuxième plissement qui forme le flanc de la vallée opposé au site atteint 500 à 600 m de hauteur, un bon tiers en plus que celui au pied duquel se trouve l'abri. L'ascension des flancs de la vallée est impossible à la hauteur de Santa Elina, praticable à 2 km en aval par cheminements indirects. En d'autres termes, l'abri était (potentiellement) un refuge pour les Préhistoriques, naturellement bien protégé. Dans cette vallée encaissée, il était possible de piéger le gros gibier, les ongulés en particulier.

Le site est orienté au nord-nord-est, c'est-à-dire qu'il bénéficie d'un ensoleillement maximal. Ce facteur climatique a dû jouer un rôle dans le choix des occupants, au cours de la longue séquence d'occupation du site. Celui-ci domine d'une quinzaine de mètres le thalweg où s'écoulent plusieurs petits cours d'eau aux lits variables selon l'alluvionnement saccadé en régime tropical.

L'habitat préhistorique est effectivement à l'abri d'une haute paroi (plusieurs dizaines de m), assez régulièrement plane et rectiligne sur une soixantaine de mètres Elle fait un angle d'environ 80° avec le plan du sol. Il s'agit de la face inférieure d'une des couches calcaires redressées lors du plissement. Une seconde couche calcaire affleure au niveau du sol actuel parallèlement, 4 à 5 m en avant et selon la même inclinaison. Les hommes préhistoriques se sont donc installés dans un espace protégé, étroit mais long, à l'abri des pluies. Dans ce milieu, les matières organiques se sont remarquablement conservées : non seulement les os (y compris la microfaune) et charbons de bois, mais aussi des feuilles, des fibres et des bois depuis le niveau daté de 7000 ans.

Le calcaire précambrien, dolomitisé par endroits, offrait une paroi excellente pour réaliser des représentations : compacte, régulière, lisse, peu crevassée. Il fournit aussi un matériau de qualité suffisante pour le débitage d'éclats, plutôt courts, à talons épais obtenu sur des blocs de dimensions variés disponibles sur place. De même, des plaquettes calcaires in situ ont servi de supports pour réaliser des encoches et des denticulés robustes.

D'autres ressources lithiques locales (recherches de T. Aubry) ont été mises à profit par les préhistoriques : des blocs et des galets de grès silicifié, prélevés dans le fond de vallée, taillés en outils, rabots (fig. 2), racloirs convergents épais, ou débités; des petits nodules de silex dont les gîtes se trouvent dans un jeu de faille accessible dans le proche passage d'entrée dans la Serra.

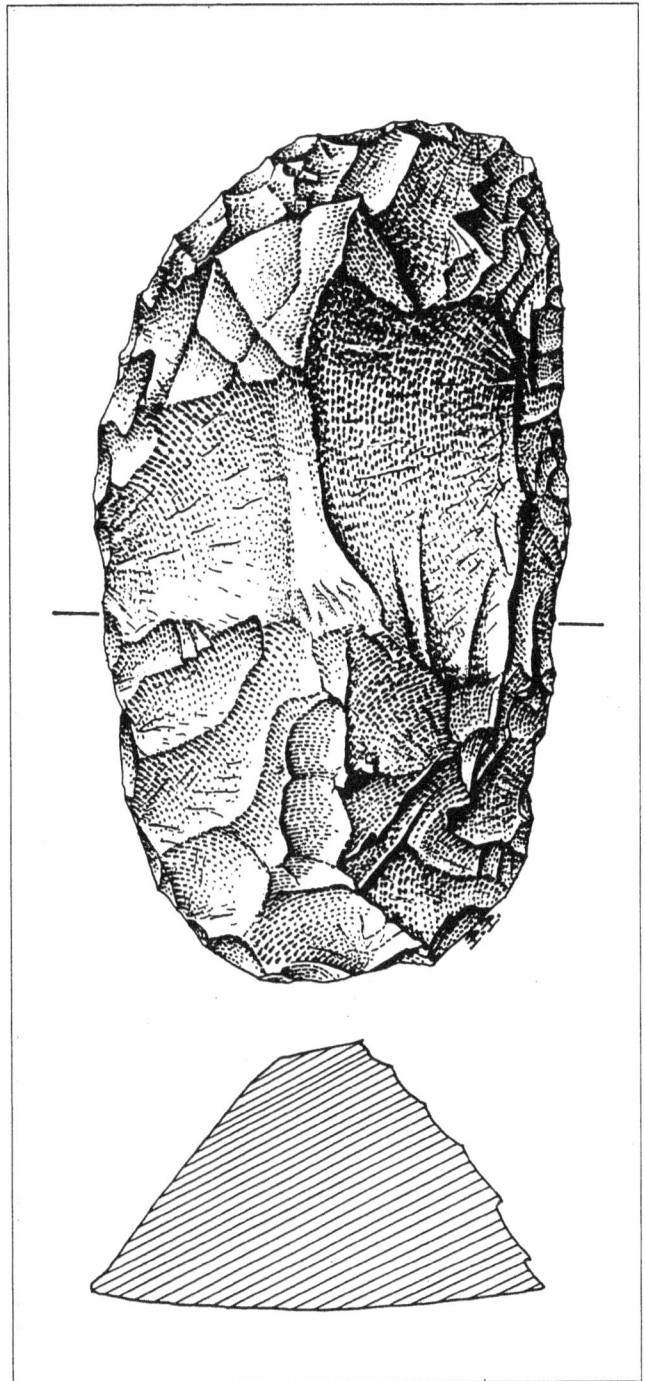

Fig. 2 : Abri Santa Elina, Mato Grosso : rabot en grès, niveau daté autour de 7'000 ans BP. (Dessin P. Paillet).

## L'abri rupestre préhistorique

L'analyse du dispositif pariétal clairement hétérogène et les fouilles mettent en évidence une succession d'occupations que les datations faites sur charbon (M. Fontugne) et par la méthode U / Th sur os (C. Falguère) situent au-delà de 10'000 ans.

A ce jour, aucun lien direct strict n'a pu être établi entre les occupations au sol et les phases d'exécution des représentations. Les microanalyses chimiques de pigments utilisés sur les parois et de colorants utilisés dans les habitats ne dégage pas de rapports directs entre eux sans toutefois conclure à leur absence. Par ailleurs, les quelques

11

écailles avec tracés peints délitées de la paroi ont été trouvées dans la couche superficielle subactuelle.

### Les représentations

645 signes, 116 animaux, 53 figures humaines, 117 représentations indéterminées ont été dénombrés lors des relevés. Le dispositif se déroule sur 59 m dans l'abri puis sur une vingtaine de mètres le long d'une étroite corniche en aplomb de la partie occidentale de l'habitat. Au centre de celui-ci, le dispositif a environ 4,50 m de hauteur.

Au moins trois phases d'exécution sont discernables à partir des données techno-stylistiques des représentations, de leurs distributions distinctes sur les parois et des superpositions. Dans la phase ancienne se rangent 2 à 3 dizaines de représentations en à-plat violacées (pigments non identifiés), placées au centre de l'abri en hauteur (2 à 4,50 m) : ce sont des animaux, tapir, félin, cervidé, oiseau, de grandes dimensions (1 à 2 m), et des figures monstrueuses mi-animales mi-humaines, bras et jambes écartés du corps, aussi ou plus grandes.

Dans la phase la plus récente se classent des peintures en à-plat rouges (hématite) d'animaux, surtout des cervidés, petites (< 0,30 m), et placées sur le bas de la paroi jusqu'au ras du sol actuel. Ces cervidés, parfois en files ou en troupes se retrouvent presque tout au long du dispositif et sur la corniche au-dessus. A cette phase appartiennent sûrement une grande partie des signes, surtout ponctués et linéaires, également bas placés sur la paroi, parfois juxtaposés aux petits animaux, souvent groupés en panneaux sans animaux ni humains, du côté ouest de l'abri. A cette phase appartiennent probablement des figures humaines peintes en à-plat, noires et groupées dans la partie orientale de l'abri, rouges et accompagnées de singes au début de la corniche supérieure. Ces humains vus de face, jambes un peu écartées et sexe masculin présent sur certains, bras détachés du corps, sont relativement réalistes. Plusieurs montrent une coiffure indienne traditionnelle en toupet et des lobes d'oreilles perforés et dilatés en demi-cercles (fig. 3). Des oiseaux vus de face, ailes déployées, placées entre les figures humaines de la corniche et des cervidés en à-plat leur sont vraisemblablement associés.

**Fig. 3** : Abri Santa Elina, Mato Grosso : figure humaine sexuée peinte en rouge, avec ornements auriculaires et coiffure, cervidé et oiseau (?). (Cl. A. et D. Vialou).

Fig. 4 : Abri Santa Elina, Mato Grosso, zone centrale des fouilles. (Cl. A. et D. Vialou).

Entre la première et la dernière phase se place une série hétérogène de quelques centaines de représentations, rouges, oranges, jaunes, noires et quelques-unes blanchâtres. Essentiellement, des signes linéaires, "flèches", des signes quadrangulaires, à cloisonnement, des figures humaines au trait ou en à-plat dépourvues du réalisme figuratif des autres, des animaux, pécari, raie et d'autres en particulier des quadrupèdes en vue supérieure ressemblant à des lézards et à des batraciens.

### L'habitat

L'abri a été habité à de multiples reprises depuis plus de 10'000 ans jusqu'à l'époque subactuelle comme le montrent les fouilles en microdécapages (en cours, bed-rock non atteint), étendues sur 80 m2 (mètres 20 à 40 du carroyage et 4 m de largeur, entre les deux parois calcaires). Entre 20 à 30, la fouille atteint 3 m de profondeur au maximum, entre les mètres 30 et 40, seuls les niveaux plus récents que 6000 ans sont en décapages (fig. 4).

Trois ensembles sédimentologiques ont été définis (M. Benabdelhadi) : l'ensemble III à la base est composé de couches (7 à 1) à sables grossiers, très riches en blocs et blocaille. Des phénomènes d'illuviation affectent plusieurs de ces couches. L'ensemble II, daté entre 10'000 et 7000 ans, est constitué de couches sablonneuses à blocs. Elles sont localement cimentées par un plancher carbonaté, attestant une phase d'écoulement actif (encore visible à proximité de l'abri) et de stagnation des eaux ruisselées. L'ensemble I supérieur, daté entre 7000-6000 et 2000 ans, est constitué de sédiments fins pulvérulents totalement secs, mélangés à des dépôts et remplissages anthropiques intenses, empierrements, foyers, cendres, débris végétaux, coquilles calcinées. Une couche superficielle non stabilisée couvre l'ensemble de la sédimentation dans l'abri (fig. 5).

### Les occupations pléistocènes

Dans les couches III-4 et III-3, décapées sur une dizaine de m2 seulement, ont été trouvées en association des plaquettes de calcaires à coches, des éclats débités en calcaire (fig. 6) et, en abondance des restes osseux d'un Mylodontinae (Glossotherium aff. G. Lettsomi ) : des dizaines d'ostéodermes et divers os crâniens, dont la mandibule avec dents, des os thoraxiques (vertèbres et côtes) et des membres antérieurs (radius). 3 objets insolites proviennent aussi de cet ensemble : 2 boules osseuses de 2-3 cm de diamètre portent les traces d'un rongeur, et une plaque ovale mince provenant d'un ostéoderme à perforations (naturelles et / ou artificielles) aux bords rongés; il pourrait s'agir d'un élément de parure (fig. 7).

L'absence de charbon n'a pas permis de datation 14C; en revanche, une datation U / Th (C. Falguère) sur ostéoderme, à la limite de la validité en raison de la faible teneur en uranium, indique un âge de 27'000 ± 2000 ans BP.

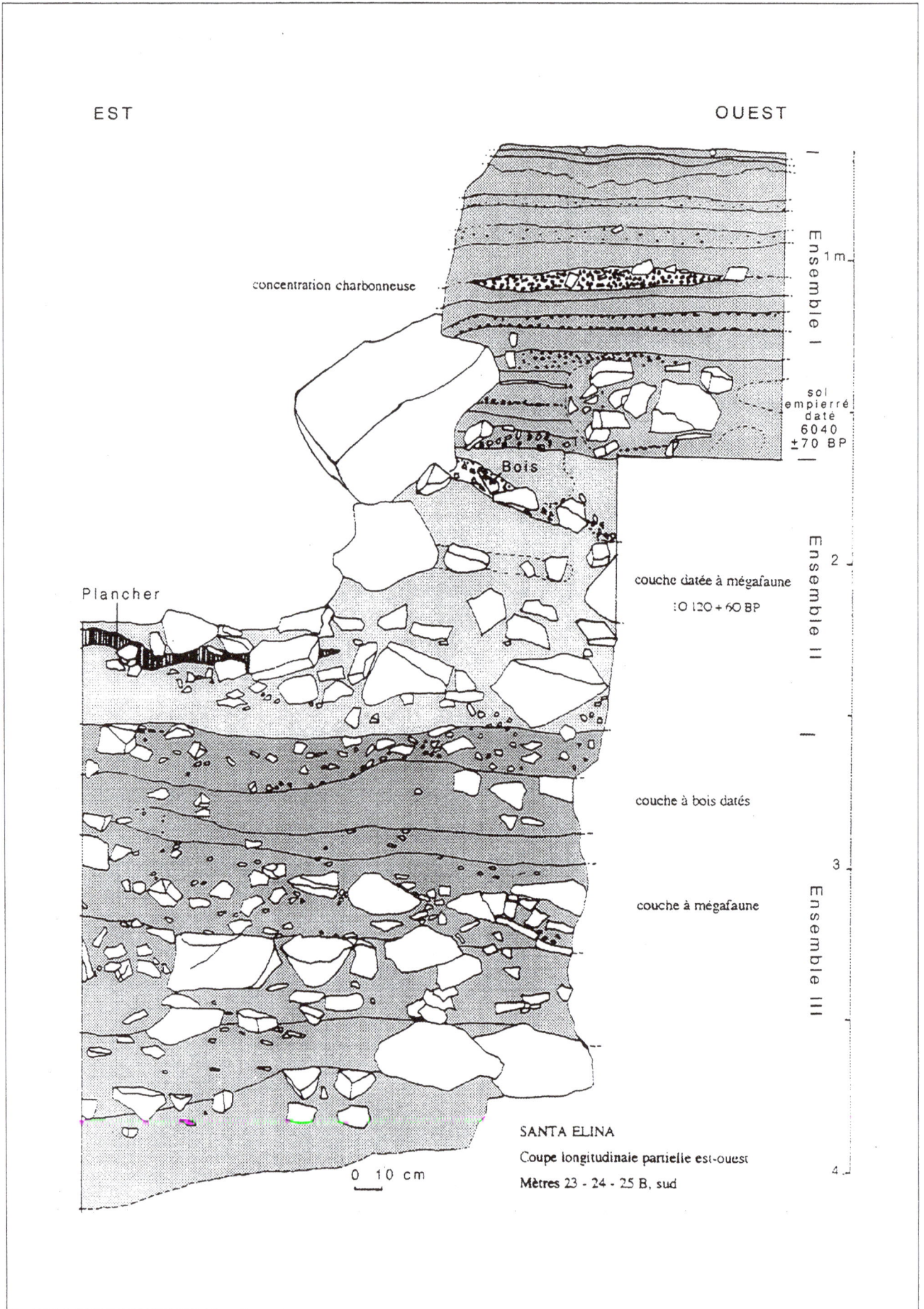

EST

OUEST

concentration charbonneuse

Bois

Plancher

Ensemble I

1 m

sol
empierré
daté
6040
±70 BP

couche datée à mégafaune

IO 120 + 60 BP

Ensemble II

2

couche à bois datés

couche à mégafaune

3

Ensemble III

SANTA ELINA

Coupe longitudinaie partielle est-ouest

Mètres 23 - 24 - 25 B, sud

0  10 cm

4

**Fig. 5** : Abri Santa Elina, Mato Grosso : coupe stratigraphique relevée par M. Benabdelhadi.

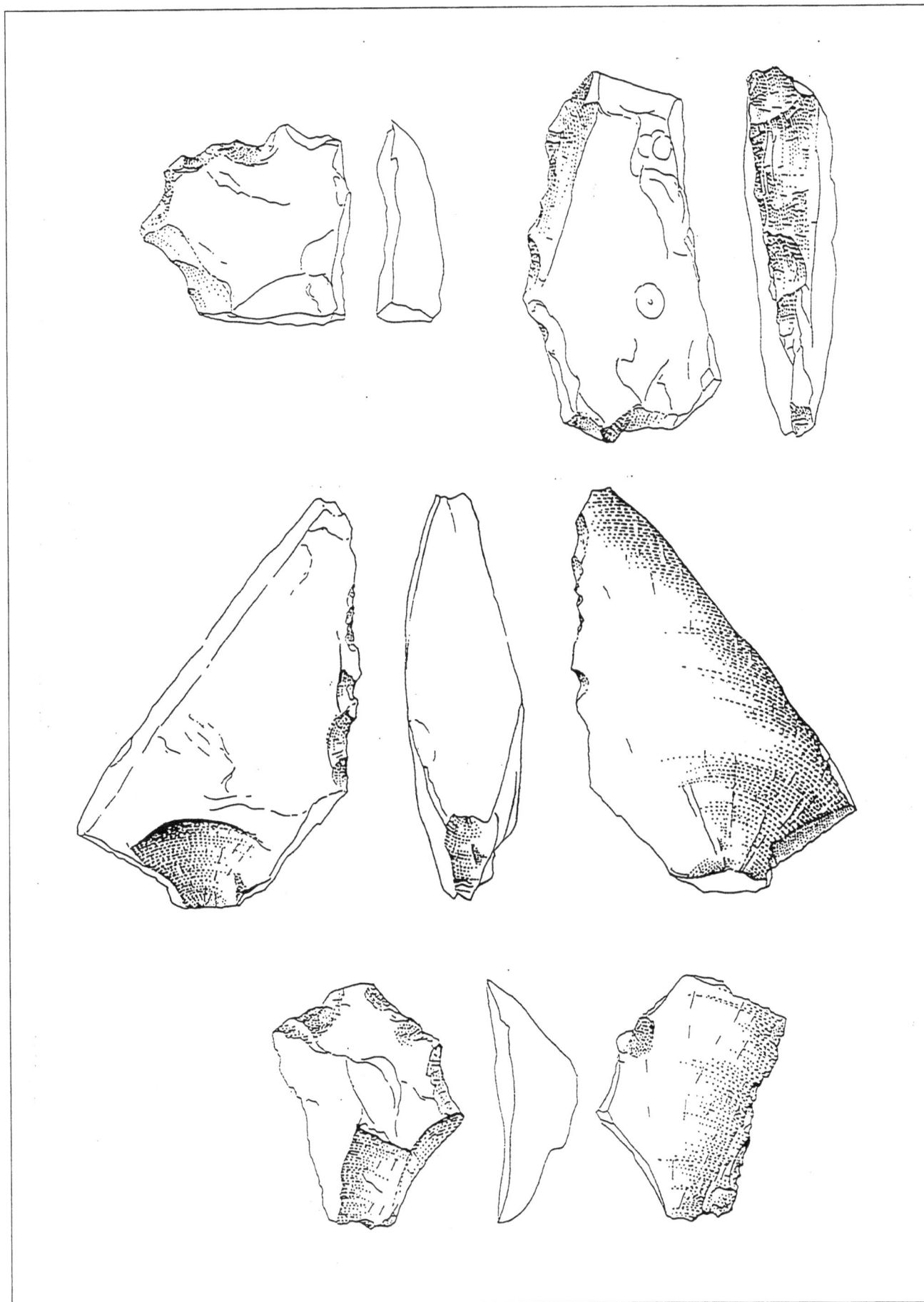

**Fig. 6** : Abri Santa Elina, Mato Grosso : industrie lithique en calcaire dolomitique des niveaux profonds, éclats retouchés et plaquettes denticulées.Dessins P. Paillet.

**Fig. 7** : Abri Santa Elina, Mato Grosso : ostéoderme de *Glossotherium* transformé en parure. (Cl. J. P. Kauffmann).

Outre les plaquettes calcaires retouchées et encochées et des éclats calcaires, on note des charbons (9000 ans) associés à quelques éclats dont certains en silex, dans les premiers niveaux de l'ensemble II, puis des foyers structurés avec des pierres, datés autour de 7000 ans. Dans ce niveau, commencent à apparaître des plaquettes et fragments d'hématite, utilisés comme pigments, des restes végétaux, feuilles et fibres amassées en certains endroits.

### Les occupations de l'Holocène moyen et récent

Ce sont les plus intenses dans l'abri et elles se succèdent sans discontinuité archéologique notable. Un sol plusieurs fois daté autour de 6000 ans est formé d'un empierrement de blocs calcaires dont environ 400 tamponnés de rouge. Sur ce sol et ensuite ont été trouvés de nombreux foyers structurés, cerclés ou/et remplis de pierres, des vidanges de foyers, des centaines de plaquettes et blocs d'hématite utilisés comme crayons ou comme sources de pigments, des industries lithiques abondantes, incluant des nucleus montrant le même type 'de débitage que précédemment sur des blocs parallélépipédiques, mais une plus grande diversité de matières premières (silex, quartzite) et des outils importés, notamment des racloirs épais en silex et grès (fig. 2).

Les restes de faune sont composés principalement de petits animaux, rongeurs des familles des Muridae et des Heteromyidae, ainsi que des escargots terrestres du genre Strophochellidae . Les autres espèces présentes sur le site en quantités moyennes sont des Cavioformes (agoutis), opossums, tatous et Gastéropodes aquatiques du genre Pomacea . Les animaux de plus basse occurence sont des mammifères de grande taille (cervidés, pécaris et tapirs) et arboricoles (singes), des poissons, des reptiles (lézards) et des bivalves d'eau douce. Du point de vue du paléoenvironnement, il n'y a pas de différence importante avec la faune actuelle.

On remarque surtout les faibles efforts des habitants de Santa Elina pour chasser des animaux plus "intéressants" comme les cerfs et les pécaris. Ce fait, associé à la présence de nombreux restes de fruits et de noix de palmiers, semble indiquer que la recherche de nourriture fut limitée aux environs immédiats du site (moins de 2 km); ceci pourrait faire accroire l'idée d'occupations du site de courtes durées.

Les végétaux sont remarquablement conservés, en très grande quantité : des fibres tressées, des vanneries, des bambous et bois appointés, des paquets de feuilles. On note enfin des coprolithes d'animaux. L'analyse des pollens (S. Miranda Chaves), qu'ils contiennent (les seuls conservés du site), permet de connaître une partie de l'environnement, complémentaire du couvert arboré mis en évidence, par l'anthracologie (M.A. Solari puis R. Scheel-Ybert) pour ces niveaux très riches en charbons très bien conservés.

Dans les toutes dernières occupations riches en structures de combustion (fig. 8), depuis 2000 ans, l'archéologie des végétaux s'enrichit de nouveaux vestiges : des piquets et poteaux en bois et bambou (calcinés par le haut par d'ultimes occupants), trouvés dans leurs trous et / ou calages de pierres, mais aussi d'autres objets tressés comme des étuis péniens, une sandale, un petit sac (vide), des cordelettes ou fragments de filets...

Quelques tessons de céramique non décorée proviennent de ces occupations superficielles, mais on ne peut parler de véritables occupations céramistes préhistoriques à Santa Elina.

En tout état de cause, la contemporanéité des vestiges de mégafaune et de l'industrie calcaire est stratigraphiquement établie et largement antérieure à une seconde contemporanéité stratigraphique Mylodontinae-industrie, à la base de l'ensemble II datée de 10'120 ans ± 60 ans BP au 14C (Gif-8954) et de 13'000 ± 1000 ans BP par U / Th à nouveau sur ostéoderme.

### Les occupations du début de l'Holocène

Les couches de l'ensemble II, entre environ 2,50 et 1,20 m, contiennent davantage de vestiges archéologiques. La mégafaune disparaît au début de cette période, comme ailleurs en Amérique du Sud. Il est possible que la Serra das Araras ait servi d'ultime refuge à la mégafaune soumise aux changements climatiques et écologiques de la fin du Pléistocène supérieur. Dans une grotte, à moins d'une centaine de km, dans le flanc externe opposé de la Serra, un remplissage sablonneux en partie ennoyé a livré en quantité des ossements de plusieurs animaux d'espèces fossiles, smilodon, tatou géant, tortue....

16

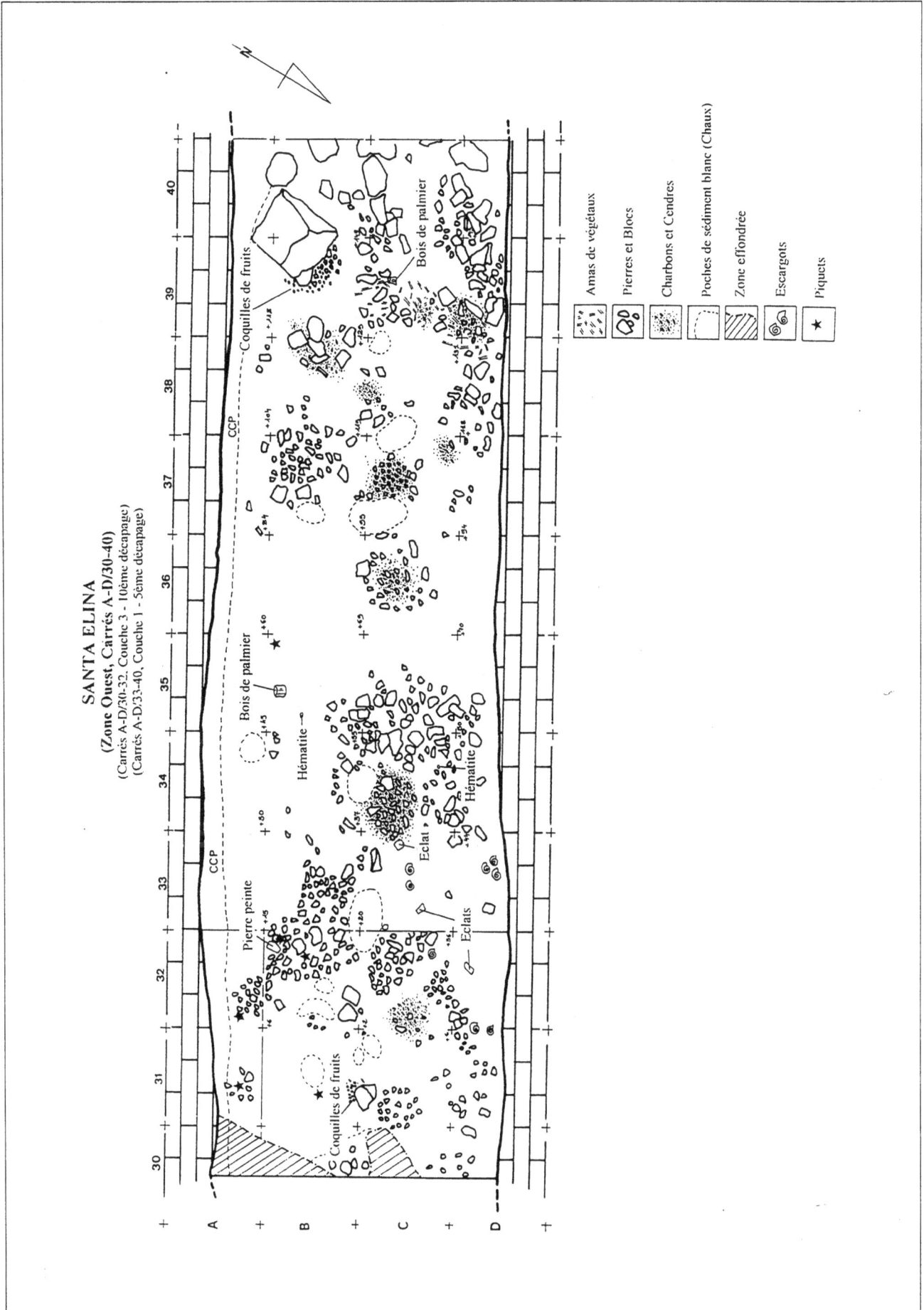

**Fig. 8** : Abri Santa Elina, Mato Grosso : plan des structures des niveaux récents, 3000 et 2000 ans BP.

### Région du Rio Vermelho : abris rupestres et habitats

Le Rio Vermelho ("rivière rouge"), orienté est-ouest, est un puissant sous-affluent du Rio Cuiabá, le premier grand affluent du fleuve Paraguay, en rive gauche. Le Rio Vermelho borde la partie NO du Pantanal.

### L'aire des abris préhistoriques

Sur la fin de son parcours, le Rio Vermelho emprunte une des grandes fractures entaillées et élargies du plateau dont les lèvres sont hautes de 100 à 300 m environ et souvent très découpées et érodées sur plusieurs étages correspondant aux strates géologiques des grès sédimentaires. Sur ces flancs hérissés de cheminées et de grandes formations cylindriques (morros), parfois hautes de 50 m et larges de plusieurs dizaines de m à leurs bases, les populations préhistoriques successives ont trouvé une infinité d'abris-sous-roche, quelques petites grottes semi obscures et un réseau de petits cours d'eau pérennes. Dans ces paysages ruiniformes, la faune et la flore sont encore denses. Il est clair que les Préhistoriques profitèrent aussi de ces conditions favorables. Cependant, la non-conservation des vestiges organiques (hormis les bois brûlés et les charbons), due à l'acidité des sédiments en milieu gréseux, empêche de caractériser leur économie de prédation de la faune et de collecte des plantes.

Fig. 9 : Paysage de la Cité de pierre, Rio Vermelho, Rondonópolis, Mato Grosso. (Cl. A. et D. Vialou).

Les morros sont soit isolés ou répartis en petits groupes soit concentrés sur plusieurs dizaines de km2. C'est dans l'une de ces concentrations appelée par la population locale "Cidade de pedra" (ville de pierre) et alentours que se localisent une quarantaine de sites rupestres, découverts au fil de prospections systématiques (fig. 9). Il est intéressant de noter cette relation entre une implantation humaine dense et la complexité topographique du paysage fermé, difficile à parcourir. L'environnement de l'ensemble des sites est caractérisé comme une aire intermédiaire (écotone) entre le cerrado du plateau et la forêt de la plaine alluviale en bordure du Rio Vermelho : ainsi il peut abriter des espèces des deux écosystèmes. De fait, on a pu observer près de l'abri Ferraz Egreja et des Abrigos Vermelhos la présence d'individus des deux aires : loutres, tapirs, jaguars, singes, nandous, agoutis, etc. Ces conditions optimales pour la chasse dans cette zone ont dû jouer un rôle important pour son occupation.

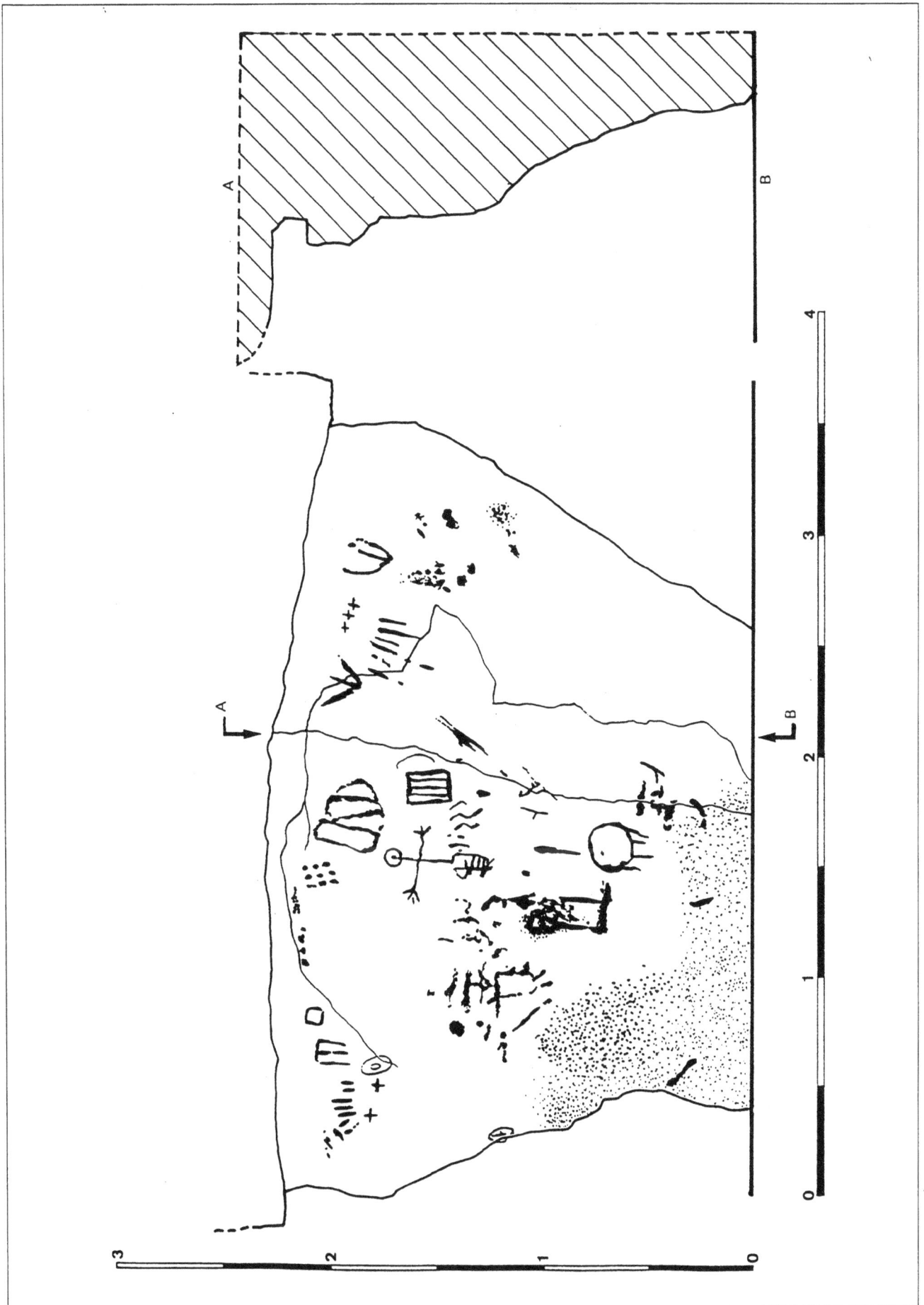

**Fig. 10** : Abrigos Vermelhos, Mato Grosso. Signes et figure humaine. Relevé P. Paillet.

## Sites rupestres et territoires

La distribution géographique des sites rupestres montre deux tendances complémentaires : la concentration et l'isolement. Les concentrations intéressent d'une part des paysages de hautes falaises, relativement peu découpées, par exemple la Chapada de Guimarães près de Cuiabá, des falaises très échancrées, entrecoupées de vallons, comme la région des sites de Perdida, également en aval, ou encore les falaises et affleurements plus ou moins découpés surplombant le Rio Vermelho. Les concentrations intéressent d'autre part les paysages ruiniformes, la Cidade de pedra et ses alentours. L'isolement est net (après des prospections intensives) pour quelques sites, comme Ferraz Egreja ou Antiqueira. Une situation intermédiaire caractérise des sites majeurs comme les Abrigos Vermelhos (4 morros adjacents) avec à proximité des sites satellites modestes.

Sur le plan général, il existe en effet des sites majeurs, à dispositif pariétal complexe et comptant une ou plusieurs centaines de représentations, Ferraz Egreja, Falha, Abrigos Vermelhos, des sites moyens comptant quelques dizaines de représentations, Alvorada, Mano Aroé, et des sites mineurs avec moins de 10 représentations et parfois une seule ! On est en droit de penser que les fonctions symboliques et sociales sont distinctes. Les rapprochements entre des sites, à partir des données thématiques et techno-stylistiques, indiquent une relation de complémentarité, ce qui autorise à parler de territoires rupestres. Ainsi l'unique signe de l'abri Cogumelo, une colonne de petits cercles adjacents, est caractéristique de l'abri voisin de Falha; les personnages-fourmis de l'abri des Anões renvoient à ceux d'un des panneaux des Abrigos Vermelhos...

## Caractères généraux de l'art rupestre de la région du Rio Vermelho

Dans cette région de 200 km2 environ, 41 sites rupestres ont été découverts : 8 à l'est le long du Rio Vermelho, 6 dans le vallon affluent de Ferraz Egreja, 15 dans la Cidade de pedra et 12 en aval, vers l'ouest, dans le vallon affluent des Abrigos Vermelhos. L'inventaire global (en cours) des représentations se stabilisera entre 1000 et 1500 unités dont 95% environ sont des peintures et des dessins au trait (majoritairement rouges).

Les animaux déterminés sont très minoritaires, à peine 32 dans 8 sites seulement : 7 oiseaux, 5 serpents 3 raies et 17 herbivores et carnivores; leur style est figuratif élémentaire.

Les figures humaines, entières ou segmentaires (mains et pieds) sont également peu nombreuses : moins d'une trentaine dans 12 sites, dans un style très schématique pour la plupart.

Environ 90 représentations, dans une vingtaine de sites, offrent une ambiguïté figurative, plus ou moins recherchée, entre des humains vus de face, bras et jambes plus ou moins écartées, et des animaux à corps filiforme ou globuleux et membres étirés raides, pouvant passer pour des lézards ou pour des batraciens anoures.

Les signes géométriques, eux, sont présents dans chaque site. L'éventail des types de signes élémentaires et complexes est très ouvert : environ 80 types. Ceci signifie qu'il existe d'une part une diversité de la symbolique, d'autre part des particularismes locaux dominants. En fait, seulement 5 types de signes comptent plus de 20 unités : dans 11 sites, les alignements horizontaux de tirets et les alignements horizontaux de barres, les cercles concentriques dans 12 sites, les ovales horizontaux à remplissage linéaire dans 8 sites et des rectangles verticaux à barre(s) également dans 8 sites. Cette pulvérisation typologique des signes dans la région du Rio Vermelho pourrait faire croire à une hétérogénéité de la symbolique; l'analyse détaillée de types originaux, peu fréquents, et de leurs répartitions dégage au contraire des relations entre 2, 3 sites (ou plus) : ainsi, 2 types de signes élaborés en croix communs aux Abrigos Vermelhos et à Ferraz Egreja; ou des signes rectangulaires horizontaux barrés présents à Ferraz Egreja, Falha et un de ses sites satellites, Abrigos Vermelhos et 2 de ses sites satellites (fig. 10).

## Unité, diversité et spécificité rupestres

Des analyses comparatives il ressort l'unité et la diversité de cet art rupestre. L'unité résiste à la comparaison avec d'autres régions rupestres proches, comme celle de Taiamã, à quelques dizaines de kilomètres en aval, sur la bordure du Pantanal. Dans la demi-douzaine d'abris qu'elle recèle, nous avons trouvé certains des types de signes de la région du Rio Vermelho mais aussi d'autres différents. Les régions rupestres un peu plus lointaines de Perdida et de la Chapada de Guimarães vers l'ouest, celle du Rio Sucuriu (Mato Grosso do Sul) vers le sud et celle de Serranópolis (Goiás) présentent aussi des types de signes courants élémentaires, les signes ponctués ou linéaires, et complexes, come des rectangles à barres, présents dans la région du Rio Vermelho. Il existe aussi des représentations animales communes entre toutes ces régions, par exemple des oiseaux redressés, ailes déployées. Ces éléments graphiques communs dénotent des contacts entre les groupes ou des sources iconographiques communes, traditionnelles. D'une manière très générale, ces traits communs dessinent une certaine identité de l'art rupestre du Centre-ouest, distincte de celle d'autres régions rupestres du Brésil ou de la Bolivie à moyenne distance.

Cependant, la spécificité de la région du Rio Vermelho réside dans ses signes propres et des dispositifs pariétaux originaux, marqués par la rareté des représentations figuratives animales et humaines, par la rareté des représentations incisées ou piquetées (plutôt des signes). Finalement l'unité et l'autonomie de l'art rupestre pourraient refléter celles du peuplement en une période et pendant une durée encore inconnues.

## Les habitats

Les fouilles et les sondages dans 4 abris rupestres, Ferraz Egreja, Abrigos Vermelhos, Selos et Abrigo da Cerca ont permis de mettre en évidence une succession d'occupations, d'abord lithiques pré-céramiques à Ferraz Egreja, puis lithiques et céramiques dans les trois autres et en surface d'autres sites rupestres (fig. 11).

Les occupations exclusivement lithiques ont été rencontrées au creux de l'abri Ferraz Egreja, protégé par une rangée de blocs éboulés. Dans des sédiments sableux humides ont été décapées deux occupations datées (G. Delibrias, Gif / Y.) de 4610 ± 60 ans BP (Gif 6249) et 3620 ± 60 ans BP (Gif 6248) sur charbons dispersés. L'industrie est faite sur le grès local fortement silicifié : essentiellement du débitage. Les occupations céramistes se sont succédé à Ferraz Egreja, à partir de 1900 ans (M. Fontugne) et simultanément aux Abrigos Vermelhos. La phase datée de 1200 ans (ibid) paraît particulièrement intense dans les deux abris, présente aussi à Selos. Les tessons de céramique sont plus nombreux dans la séquence de Ferraz Egreja qu'aux Abrigos Vermelhos. Certaines céramiques sont incisées et peintes.

Les foyers empierrés sont nombreux et bien structurés dans les deux abris; il existe aussi des tisons isolés et des cendres dispersées.

**Fig. 11** : Abri rupestre Ferraz Egreja, Mato Grosso : fouilles des niveaux céramiques. Cl. A. et D. Vialou.

L'industrie lithique est faite sur grès (brillant), silex, quartz ainsi que sur un grès fins verdâtre. Le débitage sur grès dans les plus anciennes occupations des Abrigos Vermelhos (vers 2000 ans) est de grandes dimensions. Dans les deux sites, les débitages ont été intenses comme en témoignent les nombreux débris et esquilles. Les éclats sont assez longs à talons fins. Les outils les plus courants sont des racloirs, des encoches et denticulés. Dans les deux sites, il existe quelques pièces polies, en particulier des haches en grès verdâtre. Les plaquettes et fragments d'hématite sont abondants, avec de nombreux crayons, et ont servi à la production de pigments.

Les niveaux céramistes de Ferraz Egreja ont fourni quelques coprolithes ayant conservé les seuls pollens du site, indiquant une végétation proche de l'actuelle.

On note enfin quelques éléments de parures, perles globuleuses et tubulaires en quartz et d'autres roches, deux plaquettes d'hématite découpées, l'une anthropomorphe, ayant servi de pendentifs.

Les sites de cette région seront très importants pour la compréhension des peuplements et pour observer les rapports entre les sites rupestres et les villages céramistes sur les rives du Rio Vermelho et du São Lourenço. D'après les recherches en cours ( E. Robran Gonzales, I. Wust, P. I. Schmitz) dans cette région centrale, il y aurait eu plusieurs vagues d'occupations céramistes : la plus ancienne dans des sites rupestres a 2000 ans; elle est présente à Ferraz Egreja. Autour et à partir de 1300-1200 ans BP (niveaux céramiques riches des Abrigos Vermelhos et Ferraz Egreja), divers groupes sont présents dans la région. Leurs céramiques sont attribuées aux traditions Uru, Aratu et Tupi-Guarani. Enfin, les groupes Bororo, venus de l'ouest, peuplent la région vers les XVe et XVIe siècles.

## Conclusion

Les recherches systématiques dans le Centre-ouest révèlent une préhistoire originale, plus ancienne qu'on aurait pu le croire. Elle est contemporaine d'une faune devenue fossile à Santa Elina, à la fin du Pléistocène supérieur. Les peuplements se succèdent jusqu'à une période récente, avec des changements ou des différences notables aussi bien dans les assemblages industriels que dans la céramique. L'art rupestre offre une diversité importante se détachant du fonds rupestre commun général.

Peu à peu, les peuplements et les déplacements des hommes apparaissent dans toute leur amplitude et leur complexité dans cette région singulière, à l'est de la grande chaîne andine, entre deux immenses bassins hydrographiques.

## Bibliographie

BLASIS P. A. D. (de). 1997. "Abris Vermelhos", Mato Grosso. Premiers résultats. *L'Anthropologie*, 101, 3, 546-552.

GONZALEZ E. R. 1995. *Os grupos ceramistas pré-coloniais do Brasil Central : origens e desenvolvimento.* Communication SAB. Porto Alegre.

MARTINS G. R. 1997. *Arqueologia do planalto Maracaju-Campo Grande : estudo do sítio Maracaju-1 através da análise quantitativa de sua indústria lítica.* Thèse de doctorat, MAE-Université de Sao Paulo.

MARTIN P. S., KLEIN R. G. 1984. *Quaternary extinctions, a prehistoric revolution.* Tucson.

MILLER E. T. 1987. Pesquisas arqueológicas paleoindígenas no Brasil Ocidental. Investigaciones al sur de la línea equatorial. *Coleção de Estudos Atacameños*, 8, 37-61.

PAILLET P. 1995. Etude préliminaire de nouveaux abris ornés découverts au Brésil : les abris Vermelhos (Rondonópolis, Mato Grosso). *L'Anthropologie*, 99, 2/3, 444-458.

PAILLET P. 1998. Art rupestre au Mato Grosso (région de Rondonópolis, Brésil) : les abris "Vermelhos". *Inora*, 19, 25-31.

SCHMITZ P. I. *et al.* 1986. *Arqueologia nos cerrados do Brasil central. Caiapônia.* São Leopoldo. (Publicações avulsas; 8).

SCHMITZ P. I. *et al.* 1988. Arqueologia nos cerrados do Brasil central. Serranópolis I Pesquisas. *Antropologia*, 44.

SCHMITZ P. I.*et al.* 1997. *Serranópolis II. As pinturas e gravuras nos cerrados do Brasil Central.* Inst. anchietano de Pesquisas.

VIALOU D., VILHENA VIALOU A., DELIBRIAS G. 1984. Un nouveau site préhistorique brésilien daté : l'abri à peintures et gravures Ferraz Egreja (Mato Grosso). *L'Anthropologie*, 88, 1, 125-127.

VIALOU D., VILHENA VIALOU A. 1996. Art rupestre au Mato Grosso (Brésil). *L'Anthropologie* (Brno), 34, 1-2, 341-352.

VILHENA VIALOU A., VIALOU D. 1989. Abrigo pré-histórico Santa Elina, Mato Grosso : habitats e arte rupestre. *Revista do Instituto de Pré-História da USP*, 8, 34-53.

VILHENA VIALOU A., AUBRY T., BENABDELHADI M., CARTELLE C., FIGUTI L., FONTUGNE M. SOLARI M. E., VIALOU D. 1995. Découverte de Mylodontidae dans un habitat préhistorique daté du Mato Grosso (Brésil). L'abri rupestre de Santa Elina. *C. R. Acad. Sc.*, 320, série IIa, 655-661.

WUST I. 1990. *Continuidade e mudança. Para uma interpretação dos grupos ceramistas pré-coloniais da bacia do rio Vermelho, Mato Grosso.* Thèse de doctorat, Université de Sao Paulo.

---

[1] Programme de recherches pluridisciplinaires "L'homme fossile et ses Paléoenvironnements au Mato Grosso" du Muséum National d'Histoire Naturelle (Paris, France) et du Museu de Arqueologia e Etnologia da Universidade de São Paulo (S. Paulo, Brésil).

[2] E. Miller, recherches en 1977 dans l'Etat de Rondônia et dans l'extrême NO de l'Etat du Mato Grosso où l'abri do Sol (MT-GU-O1) fut daté entre 14'700 ± 195 ans BP (N-2359) et 5'760 ± 60 ans BP (SI-3473).

[3] Recherches dans les aires archéologiques de Serranópolis et Caiapônia conduites par P. I. Schmitz.

[4] Aire du Alto Sucuriu étudiée par S. M. Copé et aires d'Aquidauana et de la Serra de Maracaju étudiées par G. R. Martins.

[5] Sorte de savane arborée, caractéristique du plateau brésilien.

# Panorama de l'archéozoologie au Brésil

Albérico NOGUEIRA DE QUEIROZ[*]

## Abstract

The origins of archaeozoology can be tracked back to the 1970's in Brazil. There is another existing well-known discipline, zooarchaeology, but it has been linked more to archaeology than to zoology. In most cases, archaeozoology has been largely neglected by researchers. In fact, most studies tend to summarize the identification of animal remains from archaeological sites (vertebrates and invertebrates) taxonomically, leaving out observations of other extremely important information such as: the taphonomy, the evaluation of age classes, the sexual dimorphism, natural or anthropical marks, quantification, biometrics, the registration, and the treatment of these data. These are the sorts of information that can be crucial for an archaeozoological study. Environmental factors, and more recently the predatory human action, have been identified as some of the causes for high biodiversity in the country. Despite these obstacles, we hope to see some improvement in current regional projects, such as those of Carajás in the Amazonian region, São Raimundo Nonato, Seridó and Central (Northeast region), Serranópolis (Center-west region), Paranapanema (Southeast region), Itapeva (South region), shells midden of the coastline, to name a few.

## Resumen

La arqueozoología en el Brasil es una disciplina que se empezó a desarrollar en los años 70. Muy conocida como zooarqueología en el país, ella está más íntimamente unida a la arqueología que a las otras ciencias relacionadas, como la zoología por ejemplo. En la mayoría de los casos ésta es una tarea infravalorada de investigaciones y a veces se resume a la sola identificación taxonómica de los restos animales de los sitios arqueológicos (vertebrados e invertebrados); a veces son inexistentes otras informaciones importantes para un estudio arqueozoológico, como la tafonomía, la evaluación de clases de edad y de sexo, los trazos antrópicos naturales, la cuantificación, biometría, el registro y el tratamiento de los datos conseguidos. Se evocan a menudo los aspectos ambientales en razon de la biodiversidad alta en el país, así como debido a problemas llevados por la acción humana, sobre todo en estos últimos períodos. A pesar de los problemas, nosotros esperamos los próximos años para la mejora de proyectos regionales como aquéllos de Carajás en la región amazónica, São Raimundo Nonato, Seridó y Central (región Nordeste), Serranópolis (región del Centro-oeste), Paranapanema (región del Sudeste), Itapeva (región Sur), los concheros del litoral, entre otros.

## Historique

Nous ne pouvons pas commencer un essai sur l'archéozoologie au Brésil, surtout durant les années de plus grand développement, entre 1980 et 1990, sans tenir compte du rapport existant entre celle-ci et l'archéologie. La plupart des gens s'intéressant à l'étude des faunes anciennes ont suivi des cours en histoire, en préhistoire et en archéologie. La zoologie, autre connaissance de base pour ce domaine, attire encore très peu d'intéressés par la faune archéologique. Ainsi, nous proposons tout d'abord quelques commentaires historiques sur l'archéologie au Brésil. Prous (1992) fournit un bref historique de l'archéologie brésilienne. Un premier aperçu est donné par les allusions, plutôt d'ordre ethnographique, dans les rapports des navigateurs colonisateurs au seizième siècle. Pourtant, c'est au début du dix-neuvième siècle, au cours de l'installation de la Cours portugaise au Brésil, que la connaissance des potentialités de la nouvelle colonie est mise en valeur. C'est donc à partir de 1834, avec l'arrivée dans la région de Lagoa Santa (dans l'état de Minas Gerais) du botaniste et "paléontologue amateur", le danois Peter Wilhelm Lund, que l'on trouve les premiers rapports sur l'ancienneté de l'homme et les possibles relations de ce dernier avec la faune pléistocène disparue au Brésil. Dès ce moment, l'archéologie brésilienne passe par différentes phases de développement, comme on peut le constater dans la période de 1870 à 1910 avec l'établissement de trois grandes institutions de recherche : le Musée National à Rio de Janeiro, le Musée Paulista, à São Paulo et le Museu Paraense, aujourd'hui connu Museu Paraense Emílio Goeldi (MPEG), à Belém, ce dernier étant un hommage au célèbre chercheur helvétique Emil Göldi. La période de 1910 à 1950 est connue comme celle intermédiaire, avec un certain ralentissement des travaux archéologiques en raison des guerres mondiales. La phase moderne s'installe entre 1950 à 1965 ; elle est caractérisée par le rôle des archéologues "amateurs" et leurs initiatives concernant la protection des sites archéologiques. Entre 1965 et 1971 avec l'aménagement du Projet National de Recherches Archéologiques (appelé PRONAPA) nous remarquons le développement de nouveaux fronts archéologiques dans le territoire brésilien. Après cette période jusqu'à nos jours, l'archéologie brésilienne vit la période récente de son histoire, avec la formation d'étudiants et de professionnels au sein des institutions d'enseignement et de recherche ainsi que d'organismes nationaux qui la représentent (la Société d'Archéologie Brésilienne-SAB, le Forum Interdisciplinaire pour l'Avance de l'Archéologie, entre autres). Ceux-ci se destinent à la protection efficace (législation), l'étude et la recherche du patrimoine archéologique, historique et naturel. Curieusement, jusqu'à présent, il n'y a pas de cours de formation d'étudiants diplômés en archéologie dans les universités brésiliennes, nous n'en trouvons qu'au niveau du master ou du doctorat en histoire, dont l'unité de formation est l'archéologie historique ou préhistorique.

[*] Département d'Archéozoologie, Muséum d'Histoire naturelle, Genève, Suisse.

Comment peut être considérée l'archéozoologie au Brésil ? Au premier abord, la zooarchéologie, comme nous la connaissons habituellement au Brésil, en raison de la forte influence plutôt nord-américaine qu'européenne dans le domaine des sciences, est dans la plupart des cas une tâche sous-estimée dans les recherches, en se résumant parfois uniquement à l'identification des vestiges animaux (soient ceux des vertébrés ou des invertébrés) provenant des sites archéologiques, il manque souvent l'observation d'autres informations importantes dans une recherche dite archéozoologique elle-même, comme la taphonomie, l'étude de la fragmentation, l'estimation de classes d'âges, le dimorphisme sexuel, la mise en évidence des traces (naturelles et/ou anthropiques), la quantification, la métrique, l'enregistrement et le traitement des données obtenues. Néanmoins, malgré toutes les difficultés existantes, de nos jours certains chercheurs appartenant aux centres d'études archéologiques, anthropologiques et de sciences naturelles d'avant garde ou faisant partie des groupes de coopération internationaux travaillant au Brésil, essaient d'adopter les méthodes les plus convenables par exemple pour l'étude de la contemporanéité homme-mégafaune (Vialou & Vialou, 1997), ou pour la connaissance de l'ancienneté, de l'évolution et du système culturel de l'homme en Amérique du Sud, en y ajoutant les informations sur les relations entre ces individus et les animaux pendant les périodes pré et protohistoriques.

L'aspect environnemental est fréquemment évoqué dans ce d'une part à cause de l'étonnante diversité animale et végétale du pays, diversité également attestée par Guérin *et al.* (1993) pour la faune de mammifères et d'oiseaux du pléistocène dans l'aire archéologique de São Raimundo Nonato, dans l'état du Piauí, au Nord-Est du Brésil, et d'autre part à cause des problèmes engendrés par l'action anthropique prédatrice, surtout ces derniers temps. N'oublions pas cependant, qu'il faut considérer les problèmes sociaux et économiques sur la plupart du territoire brésilien. Pour cette raison, les recherches consacrées à la réintroduction d'espèces animales natives et les projets sur l'alimentation alternative à partir des résultats obtenus par l'archéozoologie s'avèrent intéressants, exécutés conjointement à d'autres spécialités.

Les premiers rapports sur la faune archéologique brésilienne nous semblent dater aux environs des années 50 avec le travail de Tiburtius *et al.* (1950/51), sur les aspects paléoethnographiques à Joinville, dans l'état de Santa Catarina. Il est nécessaire de faire quelques considérations, donnant bien entendu, une idée bien résumée des publications existantes sur ce domaine. Evidemment nous n'excluons pas l'importance d'autres rapports sur la faune dans les sites archéologiques qui n'ont pas été mentionnés dans cet essai. Nous espérons corriger ce manquement dans les commentaires futurs. Il faut également tenir compte des anonymes et des "amateurs", qui se trouvent éparpillés dans tout le pays, la plupart d'entre eux dans les régions peu favorisées ou à accès difficile pour la divulgation scientifique.

Caio Del Rio Garcia (1970a) semble avoir été, à São Paulo, l'un des protagonistes à porter une attention particulière sur les vestiges fauniques provenant des gisements préhistoriques. C'est lui qui a évoqué l'importance des otolithes pour la détermination des poissons téléostéens anciens. C'est encore lui, (1970b) travaillant sur le matériel faunique livré par l'amas de coquillier Piaçaguera, dans l'état de São Paulo, qui a présenté sous forme de mémoire de master, une liste des vertébrés et des invertébrés de ce site. Encore Garcia (1972), sous la forme de thèse de doctorat, qui a entrepris une étude comparative parmi deux populations préhistoriques littorales de l'état de São Paulo, en établissant le lien entre les vestiges animaux et la culture matérielle (surtout du lithique) des groupes humains de la région. C'est donc à partir de ces travaux pionniers que nous disposons d'indicateurs sur la connaissance de la faune provenant des contextes archéologiques brésiliens.

A partir de ces recherches, que nous considérons comme les premiers pas dans cette discipline, d'autres chercheurs ont suivi dans les autres régions du pays. C'est le cas de Schorr (1976), qui a fait l'analyse préliminaire des vestiges fauniques provenant des abris sous roche du Projet Paranaíba, à Serranópolis, dans l'état de Goiás. Bryan (1977), en étudiant l'archéologie de l'amas coquillier Forte Marechal Luz a signalé les outils en os de poissons et de baleine, ainsi que ceux en dents perforées de mammifères et des coquilles de mollusques terrestres, faisant partie de l'ensemble matériel des habitants préhistoriques littoraux. D'autre part, Cunha et Guimarães (1978) ont fourni une liste commentée sur la faune holocène du site Grande Abrigo da Lapa Vermelha (P.L.), dans la célèbre région de Lagoa Santa que Lund a jadis étudiée.

## La période d'essor : les années 80 et 90

Etant encore loin de la production scientifique des grands centres archéozoologiques nord-américains, européens ou même de celle de certains pays voisins, comme le Pérou ou l'Argentine, que ce soit quantitativement ou qualitativement les décennies 1980 et 1990 sont considérées comme les plus productives en ce qui concerne les publications disponibles à ce sujet. L'établissement d'importants projets archéologiques régionaux et la collaboration entre les institutions les plus proches justifient ce progrès. Nous devons ainsi rendre justice aux efforts de certaines équipes de recherche, dont les contributions nous permettent de proposer quelques citations. Il faut signaler néanmoins, que nous trouvons souvent des révisions de travaux précédents sur un ou plusieurs sites, comme c'est le cas de Jacobus & Schmitz (1983) sur la faune de l'abri sous roche appelé "GO-JA-01" (Projet Paranaíba), à Serranópolis, ainsi que Moreira (1984a), qui a entrepris des observations sur cette faune également, en y rajoutant une conception quantitative telles que le Nombre Total de Fragments (NTF) et le Nombre Minimum d'Individus (NMI). Connaissant les problèmes engendrés par l'utilisation des méthodes quantitatives, nous devons tenir compte de la discussion provoquée par leur application dans les échantillons brésiliens.

D'autres considérations sur les vestiges fauniques dans les gisements archéologiques, portant plutôt sur les "repas" des groupes humains préhistoriques et sur les stratégies de subsistance humaines dans le passé ont constitué un important sujet d'études pour la connaissance des habitudes alimentaires et des moyens d'approvisionnement des groupes humains préhistoriques dans les régions défavorisées. Au nord, dans la localité Carajás (Da Silveira 1994), ou au nord-est, comme celles de Lima (1988) et Queiroz (1994) pour le site Furna do Estrago, dans l'état de Pernambuco, ainsi que Luft (1988) pour le site Mirador, dans l'état du Rio Grande do Norte et Locks *et al.* (1993) pour le site Abrigo da Lesma, dans l'état de Bahia.

Des approches semblables ont abordé également l'importance des vestiges animaux dans les autres régions, comme celle de Moreira (1984b) au centre-ouest, ou Gazzaneo *et al.* (1989) au sud du pays. Il faut quand même remarquer que la plupart des travaux, surtout au sud-est du pays, se concentrent sur les amas coquilliers (couramment appelés "sambaquis", en portugais brésilien), comme nous pouvons le constater dans les rapports de Garcia (1970a, 1970b, 1972), Andrade Lima et Silva (1984), Andrade Lima *et al.* (1986), Gazzaneo *et al.* (*op. cit.*), Figuti (1992), Kneip (1994) entre autres.

## Problématique

Malgré l'honorable contribution des chercheurs et des étudiants intéressés au sujet des faunes archéologiques, tenant compte de la grande potentialité du pays dans ce domaine, les difficultés à son développement sont encore remarquables, soit à court ou à moyen terme, parce que plusieurs facteurs y interviennent, tout d'abord à cause des questions naturelles, comme la gigantesque biodiversité animale du pays. Nous trouvons souvent des espèces qui ont des problèmes taxonomiques et qui présent tout de même une catégorie zoologique indéfinie. Or, cela peut évidemment nous conduire à des erreurs sur la détermination du matériel archéologique. Outre cette question plutôt de base systématique, nous pouvons aussi signaler l'absence des ouvrages consacrés aux descriptions ostéologiques des espèces récentes brésiliennes sous la forme d'atlas ou d'autres précis d'ostéologie comparée, particulièrement ceux consacrés aux espèces sauvages. Jusqu'à présent, nous ne trouvons pas de vestiges de la faune domestique dans les sites préhistoriques brésiliens, c'est-à-dire les sites ayant les datations avant l'arrivée des colonisateurs portugais au seizième siècle. Nous ne savons pas si cette situation se présente en raison de l'absence réelle de ce matériel dans les sites ou à cause de l'insuffisante quantité de travaux dévoués à l'étude du matériel faunique des sites historiques. Les études des emplacements historiques (à partir de l'année 1500) pourraient attirer l'attention aux recherches des sites de contact entre les populations locales (indiennes) et les colonisateurs européens. Il faut encore rajouter à ce sujet de

la faune récente, la déficience des collections ostéologiques de référence (collections de comparaison) dans les laboratoires et les musées consacrées à des études fauniques, surtout si l'on cherche des squelettes complets (crâne et post-crâne) ou des os désarticulés, c'est ce qui facilite la tâche de l'archéozoologue. Nous sommes habituellement menés aux collections zoologiques, lesquelles généralement ne possèdent que des crânes préparés et qui couramment n'offrent pas de conditions à des observations anatomiques précises. Il manque encore des bases de données sur les groupes d'âges et des méthodes à la détermination des sexes basées sur les éléments ostéologiques ou métriques des espèces. Cette réalité actuelle empêche d'autres approches vraisemblablement importants et utiles à la compréhension des relations entre les hommes et les animaux dans le passé. La distance entre les principaux centres scientifiques régionaux brésiliens (notamment dans les états de São Paulo, Rio de Janeiro et Rio Grande do Sul) et les autres institutions qui sont localisés dans les régions potentiellement importantes du point de vue archéologique, mais considérées de même lointaines, surtout dans la région amazonienne, se pose comme un autre problème à régler. Il manque quelquefois, la communication entre les chercheurs à cause des réduits financements et des coûts élevés aux déplacements régionaux, c'est ce qui entraîne à la méconnaissance des nouvelles méthodes et de techniques dans le pays.

Pourtant, il ne faut pas négliger le " désintérêt " à la recherche de base, en opposition dans certains cas, à celle appliquée. Cette façon de penser contribue considérablement au retard des recherches dans ce domaine dans le pays.

## Quelques résultats

Ci-après nous présentons un tableau signalant les listes d'espèces livrées de quelques sites préhistoriques holocènes. Les noms des espèces sont maintenus selon les rapports originaux des auteurs, sachant en tout cas que certains d'entre eux pourront avoir une nouvelle orthographe taxonomique actuellement :

| Site Archéologique | Localité | Chronologie | Groupes Fauniques | Référence |
|---|---|---|---|---|
| Piaçaguera, site côtier | Région côtière de l'état de São Paulo | 5000 à 1000 B.P. | Vertébrés : *Panthera onca, Hydrochoerus hydrochaeris, Cuniculus paca, Dasiprocta agouti, Cavia aperea, Tayassu pecari, Procyon cancrivorus, Nasua narica, Mazama sp., Alouatta sp., Didelphis sp., Dasypus novemcinctus, Sotalia sp., Pontoporia blainvillei, Tupinambis teguixin, Caiman sp., Chelone sp., Micropogon furnieri, Pogonias chromis, Cynoscion acoupa, Cynoscion sp., Isopisthus parvipinnis, Larimus breviceps, Bairdiella ronchus, Menticirrhus americanus, Conodon nobilis, Centropomus undecimalis, Mugil brasiliensis, Mugil curema, Mugil incilis, Lobotes surinamensis,* | Garcia (1970b) |

| | | | | |
|---|---|---|---|---|
| | | | *Tachysurus spixii, T. barbus, T. luniscutis, Bagre bagre, Lutjanus griseus, Pomacanthus arcuatus, Archosargus aries, Aetobatus narinari, Rhinoptera brasiliensis, R. bonasus, Pristis sp., Carcharodon carcharias, Odontaspis taurus, Prionace glauca, Galeocerdo cuvier.* Invertébrés : *Ucides cordatus, Callinectes sp., Menippe nodifrons, Mithrax hispidus, Balanus amphitrite, Mitella guyanensis, Crassostrea rhizophorae, Ostrea sp., Phacoides pectinatus, Cyrtopleura costata, Tagelus plebeius, Anomalocardia brasiliana, Atrina rigida, Trachycardium muricatum, Brachidontes darwinianus, Corbula caribaea, Lunarca ovalis, Teredo sp., Thais haemastoma, Olivella verreauxi, Polinices hepaticus, Littorina angulifera, L. nebulosa, Nassarius polygonatus, Melampus coffeus, Neritina virginea, Strophocheilus sp.* | |
| Grande Abrigo da Lapa Vermelha (P.L.), abri sous roche | Lagoa Santa, dans l'état de Minas Gerais | 4000 B.P. | *Tayassu albirostris, Carterodon sulcidens, Cercomys sp., Phyllomys sp., Cavia sp., Calomys sp., Oryzomys sp., Holochilus sp., Akodon sp., Zygodontomys sp., Oxymicterus sp., Sylvilagus brasiliensis, Cebus sp., Eumops sp., Phyllostomus sp., Monodelphis domestica, Marmosa sp., Caluromys sp., Franciscodoras ( ?) sp.* | Cunha & Guimarães (1978) |
| GO-JA-01, abri sous roche | Serranópolis, dans l'état de Goiás | 10400±130 à 1000±75 B.P. | *Mazama sp., Ozotocerus sp., Blastocerus sp., Cabassous sp., Euphractus sp., Hydrochaeris sp., Rhea sp., Podocnemis sp., Tupinambis sp., Megalobulimus sp., Bulimus sp.* | Schmitz & Jacobus (1983/84) |
| GO-JA-01, abri sous roche | Serranópolis, dans l'état de Goiás | 10400±130 à 1000±75 B.P. | *Myrmecophaga sp., Chrysocyon sp., Hydrochoerus sp., Felis onca, Dasyprocta, Mazama (?) sp., Cavia sp., Dasypus sp., Podocnemis sp., Tupinambis sp., Ameiva sp., Megalobulimus sp., Ampullarius sp., Strophocheilus sp., Drymaes sp.* | Moreira (1983/84) |
| Ilha de Santana, site côtier | Macaé, dans l'état de Rio de Janeiro | 1260±330 B.P. | *Rattus norvegicus norvegicus, Cavia sp., Agouti paca, Alouatta sp., Lutra sp., Tayassu albirostriz, Sula leucogaster leucogaster, Fregata magnificens, Aramides cajanea, Sterna (?) sp., Leptotila sp., Tupinambis teguixin, Sphyrna sp., Aetobatus narinari, Myliobates sp., Bagre bagre, Dactylopterus volitans, Epinephelus sp., Mycteroperca sp., Pomatomus saltatrix, Caranx sp., Selene sp., Haemulon sp.,* | Andrade Lima & Silva (1984) |

| | | | | |
|---|---|---|---|---|
| | | | *Archosargus probatocephalus, Diplodus argenteus, Micropogonias furnieri, Kyphosus sectatrix, Chaetodipterus faber, Scarus sp., Sparisoma sp., Balistes vetula, Lagocephalus laevigatus, Diodon hystrix, Mugil sp., Tetraclita stalactifera, Coronula diadema, Cardisoma guanhumi, Ucides cordatus, Menippe nodifrons, Echinometra lucunter, Tegula viridula, Astrea latispina, A. tecta, Cypraea zebra, Cassi tuberosa, Cymatium parthenopeum, Thais haemastoma, Thaumastus achilles, Cochlorina aurisleporis, Megalobulimus sp., Arca imbricata, Glycymeris sp., Pinctata imbricata, Ostrea sp., Diplodon sp., Lyropecten nodosus, Spondylus sp., Lucina pectinata, Codakia orbicularis, Chama sp., Pseudochama radians, Trachycardium muricatum, Ventricolaria rigida, Chione pubera, Tivela mactroides, T. fulminata, T. isabelleana, Pitar fulminatus, Callista maculata, Amiantis purpurata, Dosinia concentrica Donax hanleyanus, Iphigenia brasiliana* | |
| Itapeva, site côtier | Torres, dans l'état de Rio Grande do Sul | 4000 B.P. | *Alouatta sp., Didelphis sp., Otaria byronia, Arctocephalus australis, Tapirus terrestris, Tayassu tajacu, Ozotocerus bezoarticus, Dasyprocta azarae, Myocastor coypus, Spheniscus magellanicus, Odontaspis taurus, Bagre sp., Micropogonias furnieri, Pogonias cromis, Umbrina sp., Adelomelon brasiliana, Buccinanops duartei, Megalobulimus oblongus, Olivancillaria contortuplicata, O. vesica auricularia, O. urceus, Thais haemastoma, Zidona dufresnei, Amiantis purpuratus, Donax hanleyanus, Lucina pectinata, Tivela ventricosa* | Gazzaneo *et al.* (1989) |
| Água Limpa, site en plein air | Monte Alto, dans l'état de São Paulo | 1524 B.P. | *Philander opossum, Didelphis sp., Dasypus novemcinctus, Cabassous tatouay, Euphractus sexcinctus, Cebus appela, Coendou sp., Galea sp., Dasyprocta azarae, Sylvilagus brasiliensis, Dusicyon thous, procyon cancrivorus, Nasua nasua, Eira barbara, Felis tigrina, F. pardalis, Tayassu pecari, Tayassu sp., Mazama sp., Tapirus terrestris, Tupinambis sp., Boa sp., Eunectes sp., Megalobulimus oblongus, Diplodon sp.* | Alves & Calleffo (1996) |

D'une manière générale nous constatons que la majorité des travaux concernant les faunes archéologiques brésiliennes se présentent sous la forme de listes fauniques, se rapportant aux possibles " restes de repas " des populations anciennes. De toute façon nous ne pouvons pas oublier la vocation naturelle à la connaissance de la biodiversité, quand même dans les périodes préhistoriques, puisque la détermination des vestiges, c'est la première étape d'une étude archéozoologique, sans laquelle les enquêtes suivantes deviennent imprécises.

Evidemment si nous prenons les exemples qui ont été exposés et synthétisés antérieurement nous pouvons extraire des données dont l'usage se fait dès le moment de la connaissance des espèces, des divers biotopes où elles sont présentes et des chronologies, puisqu'il s'agit de matériel provenant des contextes archéologiques. A partir des listes des plusieurs sites, nous pouvons établir des hypothèses de l'ordre des paléoenvironnements ainsi que d'ordre archéozoologique, soit dans une même région géographique, soit dans des régions naturellement distinctes. Donc, disposant d'un inventaire archéologique et zoologique nous pourrions disposer d'un cadre géographico-temporal des groupes animaux, permettant la reconnaissance de l'ancienneté et des types de relations existantes entre les animaux et les hommes du passé. Tenons comme aperçus d'après le tableau ci-dessus les genres *Tayassu sp.* (Artiodactyla, Tayassuidae), des porcs sauvages sud-américains, dont les vestiges ont été trouvés dans cinq sites, dont trois ce sont des sites côtiers (Piaçaguera, Ilha de Santana et Itapeva), l'un est un abri sous roche (Grande Abrigo da Lapa Vermelha) et l'autre de plein air (Água Limpa). Autre exemple serait le genre *Tupinambis sp.* (Sauria, Teiidae), le plus grand lacertilien brésilien, lequel a livré des vestiges dans quatre sites, dont deux sites côtiers (Piaçaguera et Ilha de Santana), l'un étant un abri (GO-JA-01) et l'autre de plein air (Água Limpa). Les chronologies des tous sites relatés se situent aux environs de 5000 à 1000 ans B.P. Or, si nous essayons de comprendre les possibles informations d'après une analyse préliminaire, nous arriverons au fait de que la présence de ces deux genres indique d'abord une répartition dans plusieurs biotopes différents, durant au moins cinq millénaires, ce qui entraîne premièrement à une offre variée de nourriture. Certes, en ce qui concerne les possibles relations entre ceux-ci et l'homme préhistorique, les rapports pour les sites Piaçaguera (Garcia 1970b) et Itapeva (Gazzaneo *et. al.* 1989), indiquent l'occurrence des outils en os et en dents de mammifères (Garcia *op. cit.*) dans l'ensemble du matériel récolté. Cependant, il n'y a pas de mention à l'étude des types de fragmentation et des traces sur les pièces.

Alors, ce qui nous aimerions mettre en évidence, c'est qu'à partir de ces études préliminaires et apparemment hors du domaine de l'archéozoologie " classique ", il faut tenir compte des possibilités envisagées suivant les méthodes et les techniques particulières à l'objet d'étude.

### Les perspectives pour l'avenir

En dépit des contraintes, nous espérons vivement dans les années qui suivent la continuité des grands projets archéologiques régionaux, tels comme ceux de Carajás en Amazonie (dans la région Nord), São Raimundo Nonato, Seridó et Central (au Nord-Est), Serranópolis (au Centre-Ouest), Paranapanema (au Sud-Est), Itapeva (Sud), des amas coquilliers du littoral, entre autres. Un grand pas pour cette attente serait l'extension du Programme Basique de l'Archéologie, créé au sein du Conseil National de Développement Scientifique et Technologique brésilien (CNPq), dont le but est d'augmenter la production scientifique dans ce domaine au travers l'accord de bourses d'études et de financement de projets. D'autres mesures supplémentaires pourraient être adoptées à notre avis, telles comme la stimulation aux études inter et pluridisciplinaires dans les institutions d'enseignement et de recherche, encore par l'échange avec des centres les plus puissants dans ce domaine en Amérique du Nord et en Europe, sous forme d'accords de coopération bilatérale (par ex. : les missions nord-américaine/brésilienne en Amazonie et franco/brésilienne à São Raimundo Nonato, Piauí).

## Les institutions d'enseignement et de recherche possédant des conditions pour des études en archéozoologie

Quelques instituts et universités nous semblent présenter des conditions favorables à l'entraînement en l'archéologie et/ou zoologie au sein de leurs départements et des laboratoires, permettant ainsi la formation de groupes d'études en archéozoologie dans l'avenir prochain. Nous en citons quelques-unes lesquelles sont installées dans certaines régions du pays :

1. Secteur d'Archéologie du Museu Paraense Emílio Goeldi (MPEG), à Belém, Pará ;
2. Fundação Museu do Homem Americano (FUMDHAM), à São Raimundo Nonato, Piauí ;
3. Nucleus d'Etudes Archéologiques de l'Universidade Federal de Pernambuco (NEA/UFPE), à Recife-PE ;
4. Secteur d'Archéologie du Museu de História Natural de l'Universidade Federal de Minas Gerais (MHNJB/UFMG), à Belo Horizonte, Minas Gerais ;
5. Départements d'Archéologie, d'Anthropologie et de Zoologie du Museu Nacional de l'Universidade Federal de Rio de Janeiro (MN/UFRJ), à Rio de Janeiro, Rio de Janeiro ;
6. Instituto de Arqueologia Brasileira (IAB), à Rio de Janeiro, Rio deJaneiro ;
7. Fundação Oswaldo Cruz (FIOCRUZ), à Rio de Janeiro, Rio de Janeiro ;
8. Museu de Arqueologia et Etnologia de l'Universidade de São Paulo (MAE/USP), à São Paulo, São Paulo ;
9. Instituto Anchietano de Pesquisa de l'Universidade do Vale do Rio dos Sinos (IAP/UNISINOS), à São Leopoldo, Rio Grande do Sul ;
10. Centro de Estudos e Pesquisa Arqueológica de la Potifícia Universidade Católica do Rio Grande du Sul (CEPA/PUCRS), à Porto Alegre, Rio Grande do Sul ;
11. Centro de Estudos Pesquisa Arqueológica de l'Universidade de Santa Cruz do Sul (CEPA/UNISC), à Santa Cruz do Sul, Rio Grande do Sul.

## Bibliographie

ALVES M. A., CALLEFFO M. E. V. 1996. Sítio de Água Limpa, Monte Alto, São Paulo : estruturas de combustão, restos alimentares e padrões de subsistência. *Revista do Museu de Arqueologia e Etnologia da Universidade de São Paulo*, 6, 123-140.

ANDRADE LIMA T., SILVA R. C. P. 1985. Zooarqueologia : alguns resultados para a pré-história da Ilha de Santana. *Revista de Arqueologia*, 2, 2, 10-40.

ANDRADE LIMA T., MELLO E.M.B., SILVA R.C.P. 1986. Analysis of Molluscan Remains from the Ilha de Santana Site, Macaé, Brazil. *Journal of Field Archaeology*, 13, 1, 83-97.

BRYAN A. L. 1977. Resumo da arqueologia do sambaqui de Forte Marechal Luz. *Arquivos do Museu de História Natural*, 2, 9-30.

CUNHA F. L. S., GUIMARÃES M. L. 1978. A fauna sub-recente de vertebrados do "Grande Abrigo da Lapa Vermelha (P. L.)" de Pedro Leopoldo, Minas Gerais. *Arquivos do Museu de História Natural*, 3, 201-244.

DA SILVEIRA M. I. 1994. *Estudo sobre estratégias de subsistência de caçadores-coletores pré-históricos do sítio Gruta do Gavião, Carajás (Pará).* Dissertation de Master, Universidade de São Paulo.

FIGUTI L. 1992. *Les sambaquis Cosipa (4200 à 1200 ans B.P.) : Etude de la subsistance chez les peuples préhistoriques de pecheurs-ramasseurs de bivalves de la Côte Central de l'état de São Paulo, Brésil.* Thèse de doctorat, Muséum National d'Histoire Naturelle, Paris.

GARCIA C. D. R. 1970a. Levantamento ictiológico em jazidas pré-históricas. In : Estudos de Pré-História Geral e Brasileira, Instituto de Pré-História da Universidade de São Paulo, 475-486.

GARCIA C. D. R. 1970b. *Meios de subsistência de populações pré-históricas no litoral do Estado de São Paulo.* Mémoire de Master, Instituto de Biociências da Universidade de São Paulo.

GARCIA C. D. R. 1972. *Estudo comparativo das fontes de alimentação de duas populações pré-históricas do litoral paulista.* Thèse de doctorat, Universidade de São Paulo.

GAZZANEO M., JACOBUS A. L., MOMBERGER S. 1989. *O uso da fauna pelos ocupantes do sítio Itapeva (Torres, RS).* (Arqueologia do Rio Grande do Sul ; Documentos 03), 123-124.

GUÉRIN C., HUGUENEY M., MOURER-CHAUVIRE C., FAURE M. 1993. *Paléoenvironnement pléistocène dans l'aire archéologique de São Raimundo Nonato (Piauí, Brésil) : apport des mammifères et des oiseaux.* (Document du Laboratoire deGéologie de Lyon ; 125), 187-202.

JACOBUS A. L., SCHMITZ P. I. 1983. Restos alimentares do sítio GO-JA-01, Serranópolis (GO) : nota prévia. *Acta Biologica Leopoldensia*, 2, 265-280.

KNEIP L. M. (ed.). 1994. Cultura material e subsistência das populações pré-históricas de Saquarema, RJ. (Documento de Trabalho, Série Arqueologia ; 2), 1-120.

LIMA J. M. D. 1988. Alimentação do homem pré-histórico na região da Caatinga. *Revista de Arqueologia*, 5 1, 103-112.

LOCKS M., BELTRÃO M. C. M. C., CORDEIRO D. 1993. *Região arqueológica de Central/Bahia, Brasil : N° 2, Abrigo da Lesma : Os mamíferos.* (CLIO-Série Arqueológica ; 1, 9), 69-75.

LUFT V. J. 1989. *Os restos alimentares do sítio Mirador no Boqueirão de Parelhas, RN.* (CLIO-Série Arqueológica ; 5), 26-33.

MOREIRA L. E. 1984a. Caçadores : Dieta e alimentação. *Arquivos do Museu de História Natural*, 8/9, 35-54.

MOREIRA L. E. 1984b. Alimentação do homem pré-histórico do Planalto Central brasileiro : Aspectos mais significativos. *Estudos*, 11, 3/4, 235-243.

PROUS A. 1992. *Arqueologia Brasileira.* Brasília : Universidade de Brasília.

QUEIROZ A. N. 1994. A presença do *Tupinambis* teguixin (Linnaeus, 1758) nos restos alimentares do homem pré-histórico na região do Agreste de Pernambuco, Brasil. *Biociências*, 2, 1, 149-157.

SCHORR M. H. A. 1976. Análise dos restos de alimentos dos abrigos do Projeto Paranaíba. *Arqueologia de Goiás em 1976*, 95-102.

TIBURTIUS G., BIGARELLA I. K., BIGARELLA J. J. 1950/51. Nota prévia sobre a jazida paleoetnográfica de Itacoara, Joinville, Estado de Santa Catarina. *Arquivos de Biologia e Tecnologia*, 5/6, 315-345.

VIALOU D., VIALOU A. V. 1997. Découvertes préhistoriques au Mato Grosso, Brésil. *Les Amis du Muséum National d'Histoire Naturelle*, 190, 18-19.

# Lithic technological analysis : Preceramic Period in Tablada de Lurín (ca. 5500 B.P.), Lima, Peru

Elmo LEON CANALES[*]

*Resumen*

Excavaciones anteriores en el sitio de Tablada de Lurín, han expuesto artefactos precerámicos tallados en varios tipos de rocas. Sin embargo, no se habían descrito, ni documentado satisfactoriamente. El actual Proyecto Arqueológico de Tablada de Lurín de la Universidad Católica del Perú, viene analizando la ocupación precerámica. Aquí se presenta una síntesis de los análisis líticos. Se ha puesto en evidencia que al menos dos tipos de rocas han sido objeto de diferentes tecnologías en función del uso : las rocas del grupo 1, para el desbastado de núcleos, obtención de lascas y trabajo bifacial, todo ello por percusión dura ; de las rocas del grupo 2, por el contrario se han extraído muchas lasquitas delgadas y se ha retocado por presión piezas foliáceas, con posible uso de percusión blanda. Los análisis de esquemas de trabajo lítico junto a la identificación petrográfica aportan una visión más comprehensiva para explicar las tecnologías precerámicas andinas.

*Résumé*

Des fouilles anciennes dans le gisement de Tablada de Lurín au Pérou ont mis en évidence un certain nombre d'artefacts lithiques précéramiques qui n'ont jamais été décrits, ni analysés. Le "Proyecto Arqueológico Tablada de Lurín" se propose actuellement d'analyser cette occupation précéramique. Nous présentons ici une synthèse des études réalisées sur le matériel lithique. Nous avons pu mettre en évidence au moins deux types de roche, dont les techniques respectives de débitage sont directement liées à leur utilisation. Le premier type indique une percussion directe, pour le débitage de nucleus, le dégagement d'éclats et la retouche bifaciale. Le second type révèle à la fois l'utilisation de la percussion douce et de la taille par pression, pour l'obtention de petits éclats et de pièces foliacées. L'analyse des chaînes opératoires sur différents types de roches nous permet d'appréhender avec plus de précision les technologies lithiques précéramiques andines.

## Introduction and background

Research at the preceramic site of Tablada de Lurín started ca. 30 years ago with the excavations carried out by the Seminario del Instituto Riva-Agüero of the Universidad Católica del Perú under the direction of Ramos de Cox. At that time a number of lithic debris and artifacts from the *conchal* (shell-midden) was published. From that report it was obvious that the artifacts were made of various raw material (Quiroga de Corcuera 1970a and 1970b).

From 1992 onwards, the Tablada de Lurín Archaeological Project of the Universidad Católica del Perú carried out new excavations at the site. My involvement as member of the Lithic Department of the Peruvian Museum for Archaeology and Anthropology was to examine the preceramic lithic artifacts at the site.

It had been earlier reported that a number of the small lithic pieces were debris made of silex (cryptocrystalline siliceous rock) and that the big pieces were made of silex (*vide supra*), quartzite, granite and sandstone (Quiroga de Corcuera 1970a, 1970b). However, this documentation was very poor, many of these pieces were misinterpreted (i.e. as artifacts) and an absence of designs was noted. In that sense, the new Project added a number of pieces within their context and provided a controlled system of excavation.

My first impression at the end of 1993 was that the early identification of the raw materials was correct. In fact there are clear differences between the artifacts and the products of their fabrication (debris). So we asked the geologist Carlos Toledo (of the Peruvian Museum for Archaeology and Anthropology) to help us. By preliminary macroscopic determinations he classified the stones into 5 groups : quartzite, microporphyritic andesite, sandstone, chalcedony and pebbles. In order to abbreviate I will refer to the three first groups as Group 1 (because they are similar in the flaking characteristics), the chalcedony as Group 2, and the pebbles as Group 3.

Having established these classifications I conducted a technological analysis which showed that each stone group had particular characteristics. Based on these results I formulated the following hypotheses :

1) Group 1 was procured for the production of flakes from cores, probably for immediate use, and for the manufacturing of small bifaces. Both sequences were carried out in a hard hammer technique.

2) Group 2 was knapped with a hard hammer, a soft hammer and pressure. These techniques were used to produce little foliate pieces and as a consequence a number of soft hammer flakes and

3) Group 3 was knapped for the production of pebble tools and knifes.

The aim of this paper is to examine these hypotheses and to present the results of the analyses. I will also present, based on these results, a typological list and a classification of the débitage.

[*] Rheinstrasse 207-211, 53332 Bornheim-Hersel, Deutschland.

## *Geographical and geological Background*

The site of Tablada de Lurín is situated to the south of Lima, close to the city, in the district of Tablada de Lurín, on the right side of the Lurín basin (Fig. 1). Its coordinates are 76°55'40" longitude West and 12°11'10" latitude South and an altitude of 286 m. Tablada de Lurín is a large arid area surrounded by the mountains of Lomo de Corvina, Lúcumo and Atocongo. These elevations are crossed by ravines (*quebradas*) such as Manchay, Picapiedra and Guayabo, that connect the valley with Tablada de Lurín. The site itself is surrounded by the hills of Castilla, el Olivar, and Tres Marías. The site lies in the fog oases zone (*lomas*) which covers with temporary vegetation the hills, particularly between May and October (Makowski 1994 : 8).

There are three factors which help explain the location of the site : first, the distance between the site and the beach is only of 8 Km (which is why a number of *Mesodesma* – bivalve shell – exist in the excavation) ; second, the site is close to the *lomas* (fog oases) a biotope rich in plants and with a small fauna in winter ; finally, there is the possibility to exploit a source of red hematite that exists near the site.

As far as the geological situation is concerned, Tablada de Lurín lies in the low part of the Lurín valley, dominated by the Pamplona and Atocongo formations. These are characterized by the occurrence of lutite and chalkstone deposits. On top of these deposits, are the deposits of the Atocongo formation, which contain metamorphosed chalkstone and sandstone sediments. The chalkstones of Atocongo were intruded by the facies of the coastal batholith that contains diorites and hypabysaales (andesites). The late formation also indicates a volcanic influence (Palacios, Caldas and Vela 1992 : 49). On the basis of these identifications it is possible to suppose the predominance of sedimentary and metamorphosed stones. This information allows some speculation about the local exploitation of raw material, but the investigation is not yet concluded and even the quarry has not been located.

## *The site and chronological background*

The excavations of the Instituto Riva-Agüero made the results of their research available in a summary report (Cárdenas Martín 1980). The chronology of the site was a crucial issue in this paper, and thus a number of datations were processed to solve this problem. Two datations of the preceramic *conchal* (shell-midden) have resulted in 7880 ± 180 and 9150 ± 200 (Ramos de Cox 1972 : 22-25). It is necessary to point out that the mentioned publication does not specify whether these dates are B.P. or B.C. so that it can be supposed that the author refers to radiocarbonic years before present.

These data were followed by the publication of a synthetic table with the preceramic datations that comprised dates between 7460 ± 100 B.C. and 4400 ± 75 BC. However, from all the samples only one was obtained on charcoal with an age of 5880 years (supposedly radiocarbonic years) B.C. (Cárdenas Martín 1980 : 96). This is the totality of the radiocarbon results.

There are other materials which might help to establish a relative chronology, among them botanic and lithic finds. Unfortunately, the conditions of preservation of the soil are poor due to a high pH level so that plant remains have disappeared. The use of lithics remains for establishing a relative chronology is also limited, because the chronological reference based on lithic typology from Ancón developed by Lanning is not valid (Rick 1983, Chauchat 1988) and furthermore the existent typological lists were prepared for other areas (Bonavia 1992). To try to compare the materials from Tablada de Lurín with those of other areas seems of little value for establishing a relative chronology. Even the lithic débitage cannot be used as it is often unattended and misinterpreted by Peruvian research (with some exceptions in the early Preceramic Period).

## *Typological list*

Between 1993 and 1995, 1750 lithic pieces were analyzed. These come from the Southeast sector of the excavations and from the preceramic strata. I will refer to these lithic pieces as Group 1 of the *chaîne opératoire* when we talk about the probable andesites, quartzites and sandstones. Group 2 will refer to the crystalline material identified as chalcedony. In addition, Group 3 refers to the pebbles and a group that consist of a certain "solidified" or "consolidated" hematite and which shows retouch by pressure.

An important number of points need to be considered for the analysis. To determinate the flakes, the proximal extremity was used to count them as a unity. When it was very difficult to reconstruct the flakes, fragments were assumed as debris. In addition, in line with the work Lavallée *et al* (1985) I have used the notion of module for dimension. So the pieces of module 1 include specimens between 0 and 10 mm, of module 2 between 11 and 20 mm, and so forth. The difference between secondary soft flakes and secondary hard flakes must be assumed as probable. Finally, to examine the retouche, the classic *caractères* were utilized (Tixier *et al* 1980 : 60).

### Tools and debitage

Before presenting the list, it has to be emphasized that the data are limited to the material found in the Southeast sector of the excavation (table 1, graph. 1).

### Description

A) Unifacial tools
1. Modified flakes (fig 2 a, b, c, d)
These are secondary flakes that present modifications as scarred or blunted sides / distal extremities. This is probably the result of use, but it cannot be discounted that it might have been caused by trampling. The pieces are manufactured in groups 1 and 2. All the flakes were produced by hard percussion. Their modules range from 3 to 6, and the trapezoidal figure of the flakes-blanks predominates. The flaking angles measure between 65° and 75°. The appearance is frequently a ventral surface with a pronounced bulbus and scares produced by hard percussion.

| Type / class | Group raw marerial 1 | Group raw marerial 2 | Group raw marerial 3 |
|---|---|---|---|
| **A) Unifacial Tools** | | | |
| 1. Modified flakes | 20 (44,44%) | 3 (6,66%) | – |
| 2. Side scraper | 2 (4,44%) | 1 (2,22%) | – |
| 3. Knife on primary flake | – | – | 3 (6,66%) |
| 4. Denticulated and notched piece | 2 (4,44%) | – | – |
| 5. Uniface | 1 (2,22%) | – | – |
| 6. Chopping tool | – | – | 1 (2,22%) |
| 7. Chopper | – | – | 2 (4,44%) |
| 8. Side scraper-notch | – | 1 (2,22%) | – |
| 9. Piece with modified ridge | 2 (4,44%) | – | – |
| **B) Bifacial Pieces** | | | |
| 10. Ebauche | 1 (2,22%) | – | – |
| 11. Preform | 2 (4,44%) | – | – |
| 12. Projectile point | – | 2 (4,44%) | – |
| **C) Débitage Products** | | | |
| Primary flakes | 91 (5,33%) | 2 (0,12%) | non registered |
| Secondary flakes (hard hammer) | 747 (43,81%) | 107 (6,28%) | |
| Secondary flakes (soft hammer) | 28 (1,64%) | 63 (3,69%) | |
| Déchets | 472 (27,68%) | 153 (8,97%) | |
| Cores | 42 (2,46%) | – | |

**Table 1**

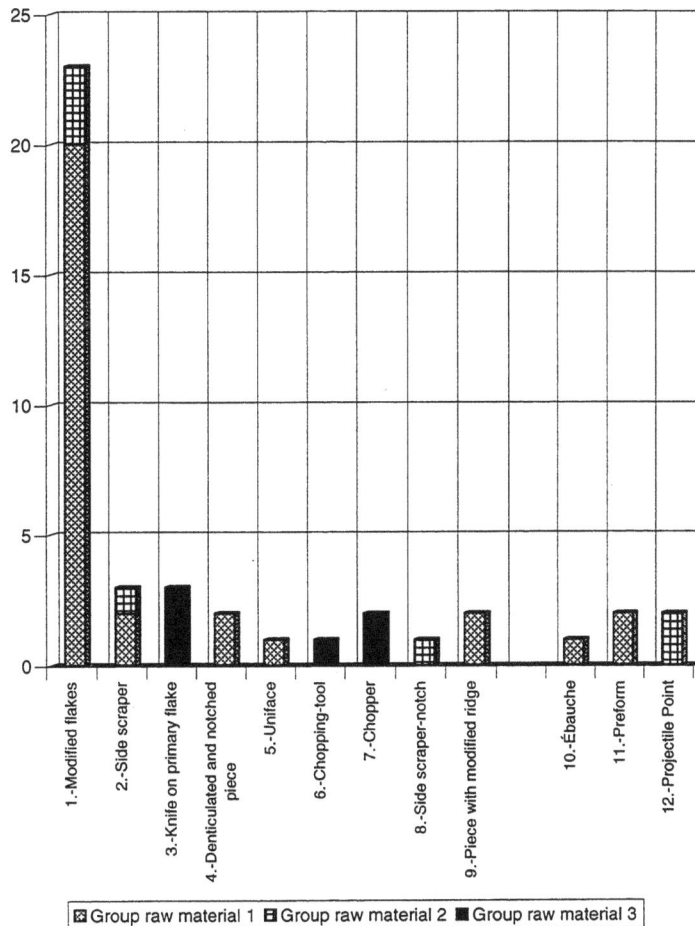

**Graph. 1** : Lithic distribution and raw materials.

33

The negatives are expanded over the dorsal surface which allows the conclusion that these flakes were removed of hard percussion cores. Used microscars are typically unifacial with a small extension, regular morphology and a sharp inclination. The modified angles (*bord actif*) measure between 60° and 80°.

Without an exact analysis of microwear scars and experiments, one can only speculate that the modified flakes served for working materials such as wood or bone. It the search for a possible interpretation, I have experimented with flakes of the same raw materials and after using them against bone, I had scars which are practically identical to the archaeological material.

## 2. Side scraper (fig 2 e and f)

We defined this type on the basis of the description in Merino's handbook (1994). They are made on a blank of a flake or a tabular piece. They are present in groups 1 and 2. The modules vary between 4 and 8. They can also be classified as cores, but the regularity of the negatives tend towards the morphologic type. Their active edges (*bord actif*) measure between 40° and 85°. The flake-blanks resulted in 120° as flaking angle. The longest side or edge was always selected for retouch. That retouch was carried out by hard percussion. It can be characterized as unifacial, short but sometimes large, convex and with a sharp inclination. The side scraper made on group 2 is a convex side scraper and its blank was a hard percussion flake. The measures of the *bord actif* are from 45 to 55°. This piece presented removal of the talon. The retouch is direct, unifacial on the right edge and partial distally. That retouch was carried out by pressure.

Interpretation of use once again is problematic, because no microanalysis or experimental tests have been carried out. But a specimen presented small scars or *esquillements* and it can thus be supposed that its use was involved with processing bones or wood (León Canales 1995 : 187-188 and 218-219).

## 3. Knife on primary flake (fig 3 a)

They are retouched primary flakes pebbles. The pebbles were selected and their peripheral retouch was made by hard hammer. The flake-blanks are oval or circular. On the ventral face one can notice the percussion point and the scars of hard percussion can also bee seen. These flakes show a natural talon that is a sign of the unprepared core percussion surface. The retouch is short, direct irregular and peripheral. The active angle measure between 35° and 55°. Again one has to speculate about its use but one piece showed a retouched blunt edge which may probably have been caused by friction (León Canales 1995 : 173-174, 220-221 and 254-255).

## 4. Denticulated and notched pieces

The denticulate is a questionable piece in terms of sharpness (which also may be caused by trampling), but to document the possible occurrence of other similar pieces it was necessary to isolate it. It was produced on a natural blank and its measures are within the limits of the module 5. The utilized stone was group 1, and the active angle measures between 40° and 50°.

The notches show only one negative which was formed by a single blow. In another item, the negative presented very short extractions possibly to reinforce that angle. Its module measure 5 and the flaking angle is between 70° and 85°. The *angle actif* is between 55°-70° and the notches were manufactured of both groups 1 and 2 (León Canales 1995 : 91-93 and 184-185).

## 5. Uniface

This term does not imply a relationship with the *Paijanien* uniface. We used the name uniface in the absence of another adequate term. It is made of a rock of group 1 material and show an adequate ogival shape and is not larger than module 6. The tabular volume was reduced by a peripheral short and convex retouch. It can be characterized as abrupt and with an active edge between 65° and 80°. All the knapping was carried out by a hard hammerstone. The morphology, technology and the measure of the active edge led us to speculate about its use as a scraping tool (León Canales 1995 : 143).

## 6-7. Chopper and Chopping tool (fig 3 b)

For a definition of both Chopper and Chopping tool we refer to Merino's handbook (1994). The choppers were knapped out of small pebbles with their limit in module 6. They show a few short negatives originated by hard percussion. The resultant outline is oval or elliptical. Their active edge measure between 45° and 80°.

The chopping tool was also made on a pebble and knapped with a hard hammer. Its measure fall into module 10 and its active edge range 80° (León Canales 1995 : 94-95).

## 8. Side scraper-notch

These are very questionable pieces, but it was necessary to define them on the basis of the probability of future occurrence. On one side they present retouch like a side scraper and on the other side a notch. They are made of secondary flakes in both group 1 and 2. The retouch seems to be caused by use and not by pressure. This type requires a new definition.

## 9. Piece with modified ridge

This type is defined by the occurrence of simple natural pieces in group 1 which a relatively sharp ridge that was used. That is why these pieces present *retouche a posteriori*. They have a maximal module range between 6 and 9 and the active edge measure 65°.

## B) Bifacial pieces (fig. 4 a, b)
## 10. *Ebauche* and preforms

Before describing these pieces it is very important to emphasize that bifacial material appeared infrequently. The *ébauches* were defined on the basis of bifacial reduction in the *paijanien* context (Chauchat 1992 : 66-68), even though we are dealing with another context and time. The roughouts are made exclusively of group 1. Their measures fall within the range of module 8 and present their maximal width in the middle of the piece which are normally irregularly oval. This maximal width can be interpreted as a result of the difficulty of a further reduction in this part of the piece. Their lateral edges measure between 65° and 70°. There are very few negatives but one can recognize the sinuous edges.

The preforms are not very different from *ébauches*, in fact the only difference is in the reduction grade (Chauchat 1992 : 66). As there are only a few pieces, it is not possible to even attempt interpretation. However, both the shortness and the diaclases in the stone may be why the pieces were discarded. Further explanations would require more experiments.

11. Projectile point

This was made of probable chalcedony. There is a great possibility that the resultant bifacial little flakes come from the reduction of these points (colors and dimensions are being refitted). The point outline is triangular with a notch at the basis. Fragmented, it falls into module 5 although in reconstruction it may be module 7. The active edge measures between 45° and 50°. It was first knapped by soft percussion and then finished by irregular pressure.

C) Débitage Products

Primary flakes

All these pieces (with the exception of one piece from group 2) are made of group 1 materials. About 50% belong to the pebble group. The modules range between 3 and 5. They are represented from 4,72% to 14,95% comparable with the other débitage pieces. The main talons are natural and flat. The flaking angle measure from 110° to 125° and over the ventral surface on can see the scars and a big bulb product of hard percussion. Frequently the distal edge is fractured having the natural diaclases but other cases presented accidents as hinged and plunging flaking (León Canales 1995 : 72-74, 99-103, 150-152, 196-198 and 222-223).

Secondary flakes

These represent the greatest amount of the *déchets de taille* with 43,81% group 1, and 6,28% for group 2. The modules measure from 1 to 6 and are mainly from 3 to 4. They are relatively broad and trapezoidal. The distal edge presents again the accidents like plunging and hinged flaking as the primary flakes. The flaking angle of both group 1 and group 2 measures between 120° and 135° and the talons are frequently flat and natural. The dorsal faces show irregular lines of the negatives, whereas the ventral surfaces have the typical configuration of scars, ripples and big bulbs that show that the flakes were removed by hard percussion. Flakes with modification come from these secondary flakes. The flakes removed from soft hammers presented an oval silhouette and are more regular as the result of the soft percussion. Because of the fragility at the distal edges, these flakes present fractures by stepping. Their measurement is within module 3 and 4 and the majority is in group 2. Their flaking angles measure 130°. They are very thin in the profiles, and present a flexion as has been defined in relationship with biface work (*vide*, Pelegrin and Chauchat 1993).

*Déchets de taille*

Besides the secondary flakes *the dechets de taille* form another important part of the débitage with 10,28% to 26,41% in group 1 and from 45,68% to 57,89% in group 2. The last percentage could be a result from fragility of the chalcedony fractured by stepping and from the thin sections of the flakes. Due to the difficulty to determine their form a lot of fragments were included in these category. These fragments can be classified as cores or flake's incidental fractures that occurred at the moment of the débitage.

Cores

The cores were classified in order to have a functional interpretation. Otherwise we speak of morphology and negative directions. In the morphology they were divided into 2 forms : tabular and polyedric. In the item of negative directions they are characterized as unidirectional, bidirectional and multidirectional cores. Some of the pieces of these last cores presented the particularity of an alternate

overhang. In fact, on certain edges of big flakes created by hard percussion, show negative direction as an indication of reduction or possibly tool preparation. On the other hand, all the cores – with the only one exception of a very fine piece of chalcedony – are made of group 1 material and worked by hard percussion.

Tabular Cores (fig 5 a)

They represent about 64,44% of the total cores. Their modules (that means the maximal measurement of the striking platform) measure between 6 and 7. This platform is frequently flat so as to facilitate the percussion. When it was not flat it was made regular by one or more few blows – always with hard percussion – and in a way that the flint knapper had a better platform to percussion. Once the platform was flat, hard percussion was applied over the core overhang but only in an average from 3 to 8 blows. The overhang measures were between 65° and 90°. This sharpness indicates that the flakes were removed without a mayor increase in force, but this would have to be confirmed experimentally. Also these measurements are complemented in a perfect relation with the flaking angles of the secondary flakes. Within the tabular cores group we noted the following : the existence of unidirectionals (only one striking platform was used) ; bidirectionals (with two striking platforms) ; and multidirectionals (with two or more platforms) of which only certain specimens have appeared. The main group is composed of unidirectional tabular cores. In these tabular cores, only hard percussion was used and the cortex reduction was of up to 50%.

Polyedrical cores (fig 5 b)

They make up 35,56% of the cores' total. They are made of group 1 material and they measure between modules 6 and 7. The polyedrical cores show hard percussion negatives. Generally, these negatives are multiple and multidirectionals. The blanks in opposition to the tabular cores are hexahedron, octahedron and pieces with many facets or potential percussion surfaces. Their forms are globulous and present overhang angles between 85° and 100°. The hard percussion overall result in a polyedrical figure. Some pieces show a regular and peripheral overhang. When these cores appeared, overhangs presented a sinuosity line just like the bifacial working. Due the small size of the pieces it will be difficult to find an adequate interpretation. It can be a bifacial piece attempt or in fact a tool, but without experiments all this has to remain in the speculative plain.

## Conclusions

The *chaîne opératoire* in Tablada de Lurín was determined at least by three stone groups according to their function :
1) The stones of quartzite, andesite and sandstone were probably knapped to produce tabular and polyedrical cores (the last with a supposed use) to remove flakes by hard percussion (leaving a retouch a posteriori in the type of modified flakes) with the purpose of direct use . Other pieces such as side scrapers and biface outlines / preforms were made of natural blanks. In the absence of primary flakes of these raw material it was possible that the first *décorticage* process was carried out in the outcrop. Later the prepared cores would be transported to the site where they were

35

exploited to obtain secondary flakes for direct use. Yet other pieces were worked to form small bifaces outlines.

2) The stone identified as possible chalcedony, in the light of the absence of cores, was brought to the site in the form of a little *plaquette*. This *plaquette* was worked basically by hard percussion and also by soft hammer with to get fine tools such as small side scrapers and bifacial points finely retouched by pressure.

3) The third group of the worked pebbles show exclusively hard percussion and presents the hardest tools of the ensemble. In one case (i.e., chopping tool) it seems probable that it was transported from the beach (Carlos Toledo, personal communication August 1995). In the site they were worked in two blanks : the pebble itself was crudely retouched by hard percussion to obtain both choppers and chopping tools. On the other hand the pebbles were blown to remove flakes of a average 10 cm diameter and by a partial peripheral retouch, the formation of a knife was made only by a couple of negatives. Noticing only one microwear scar as polish it can be possible to speculate about its use in relationship with friction.

Another 6 probably red hematite pieces show very fine retouch and possible thermal pretreatment but it would be require experiments to prove this hypothesis.

It was indeed very difficult to compare the material of Tablada de Lurín with other such material, because except for research on the Early Preceramic (for example Chauchat 1992, Lavallée *et al.* 1985) and Late Preceramic (Bonavia 1992) we have found no other study in that subject for the Middle Preceramic. Even when dealing with débitage this is only of limited interest for the current research. The situation is more complex, as we must not forget that Tablada de Lurín show many combined components such as *conchal*-camp-workshop.

Not far away from Tablada de Lurín we found Lanning's research sites in Ancón. Lanning reported that the Piedras Gordas Complex used polished flakes and globulous cores and the Luz Complex cóntain large utilized flakes. In addition, the later Complex of Arenal and Canario present flakes with unifacial stepped formed retouch (Lanning 1967 : 63 and 65). These characteristics may correspond not only to the modified flakes but also to the polyedrical cores of Tablada de Lurín. But Paloma, another preceramic site of importance, is even closer. Within its lithic inventory a series of pieces denominated microcores-tools (White 1992 : 48) was documented and despite the absence of descriptions there are illustrations that can be compared in the *chaîne opératoire* with our tabular and polyedrical cores (*vide supra*).

Outside from our area and in another context, but with notable research carried out in lithic tools and débitage, are the studies on Los Gavilanes in the Huarmey Valley and the research on the famous preceramic site of Huaca Prieta in Northern Peru very far away from Tablada de Lurín, which was the first one to be dated. It is interesting that in Los Gavilanes cores appear which are worked from different directions, likewise flakes with distal retouch and choppers and chopping tools (Bonavia 1982 : 80-91). In this lithic inventory the cores and used flakes are similar technological not only with our polyedric cores, but also with the modified flakes and the chopping tool from Tablada de Lurín. The same pebble material is present at the site of Huaca Prieta with its flakes with modifications which resemble the knifes in primary flakes of Tablada de Lurín, but the difference consists in the more regular outline of the Huaca Prieta pieces (Bird, Hyslop and Dimitrievic 1985 : 82).

Despite of these similarities and tentative correlations with other sites any attempt at characterizing the tools as well as the débitage of Peru's Middle Preceramic is not possible for the time being especially as there is no documentation of these lithic materials. Thus we need more research and documentation on the Preceramic Period in order to bring light to this important era in Peruvian Archeology.

## Acknowledgements

I would like to thank Krzysztof Makowski from the Pontificia Universidad Católica del Perú and the Proyecto Arqueológico Tablada de Lurín. My gratitude is extended to Duccio Bonavia from the Laboratory of Prehistory of the Universidad Peruana Cayetano Heredia and Ruth Shady from the Universidad Nacional Mayor de San Marcos both in Lima. This work owes much to the cooperation with the geologist Carlos Toledo from the Museo Nacional de Arqueología, Antropología, Historia del Perú. In this Museum I would like to thank Fernando Rosas and Gabriela Schwörbel. My gratitude also to Prof. Gerhard Bosinski des Institut für Vor-und Frühgeschichte der Universität zu Köln, Sabine Dedenbach from the Seminar für Völkerkunde der Universität Bonn and Martin Street des Römisch-Germanisch Zentralmuseum für Altsteinzeit in Monrepos, Germany. I would also like to express my gratitude to Mr Chevalier and Mr Velarde for kindly inviting me to this seminar, and for giving me the opportunity to present the results of my current research. And finally I am gratefull for the help of my wife Nancy and of my mother Gloria, who died only recently, and encouraged me to carry on with my studies and I owe her much for this and more.

## Bibliography

AGURTO CALVO S. 1984. *Lima prehispánica*. Lima : Municipalidad de Lima Metropolitana y Finanpro Empresa Financiera.

BIRD J. B., HYSLOP J., DIMITRIJEVIC SKINNER M. 1985. The Preceramic Excavations at the Huaca Prieta, Chicama Valley, Peru. Anthropogical Papers of the American Museum of Natural History (New York), 62, 1.

BONAVIA BERBER D. 1982. *Precerámico Peruano. Los Gavilanes : mar, desierto y oasis en la historia del hombre.* Lima : Corporación Financiera de Desarrollo, Oficina de Asuntos Culturales, Instituto Arqueológico Alemán, Comisión de Arqueología General y Comparada.

BONAVIA BERBER D. 1992. Tipología lítica tentativa para el Precerámico Final de la Costa Central y Septentrional del Perú. In : D. BONAVIA BERBER (ed.). *Estudios de Arqueología Peruana.* Lima : Fomciencias, 83-97.

CARDENAS MARTIN M. 1980. *Tablada de Lurín, Informe General de Trabajo (1958-1950).* Lima : Instituto Riva-Agüero, Pontificia Universidad Católica.

CHAUCHAT C. 1988. Early hunter-gatherers on the Peruvian Coast. In : R. Keating (ed.). *Peruvian Prehistory. An Overview of Pre-Inca Society.* Cambridge : Cambridge University Press, 41-66.

CHAUCHAT C. 1992. *Préhistoire de la Côte Nord du Pérou. Le Paijanien de Cupisnique.* Paris : C.N.R.S.

LANNING E. P. 1967. A pre-agricultural Occupation on the Central Coast of Peru. In : J. ROWE, D. MENZEL (ed.). *Peruvian Archaeology. Selected Readings.* Palo Alto (California) : Peek Pubications, 42-53.

LAVALLEE D., JULIEN M., WHEELER J., KARLIN. C. 1985. *Telarmachay. Chasseurs et Pasteurs Préhistoriques des Andes, I.* (Institut Francais d'Etudes Andines ; synthèse 20). Paris : Editions Recherches sur les Civilisations.

LEON CANALES E. 1995. *Análisis de material lítico de las capas precerámicas de Tablada de Lurín, valle de Lurín, Perú.* Lima : Universidad Nacional Mayor de San Marcos. Tesis de Licenciatura.

MAKOWSKI K. 1994. *Informe de las Temporadas de Trabajo 1991 / 1992 y 1992 / 1993. Proyecto Arqueológico Tablada de Lurín.* Lima : Pontificia Universidad Católica del Perú.

MERINO J. M. 1994. *Tipología Lítica.* San Sebastián : Sociedad de Ciencias Aranzadi. (Munibe, Antropología-Arkeología ; suplemento 9).

PALACIOS O., CALDAS J., VELA C. 1992. Geología de los Cuadrángulos de Lima, Lurín, Chancay y Chosica (Hojas 25 i, 25j, 24i, 24j). *Carta Geológica Nacional,* 43, serie A. Lima : Instituto Geológico Minero y Metalúrgico del Perú.

PELEGRIN J., CHAUCHAT C. 1993. Tecnología y función de las puntas de paiján. El aporte de la experimentación. *Latinamerican Antiquity,* 4, 4, 367-382.

RAMOS DE COX J. 1972. *Estratos marcadores y niveles de ocupación en Tablada de Lurín, Lima.* Lima : Pontificia Universidad Católica del Perú. (Arqueología PUC ; 13. Instituto Riva-Agüero ; 86).

VALLE QUIROGA DE CORCUERA R. (del). 1970a. Antiguas Industrias Líticas en Tablada de Lurín. Choppers (1). *Boletín del Seminario de Arqueología,* 6, 23-50.

VALLE QUIROGA DE CORCUERA R. (del). 1970b. Antiguas Industrias Líticas en Tablada de Lurín (conclusión). *Boletín del Seminario de Arqueología,* 8, 22-128.

RICK J. W. 1983. *Cronología, Clima y Subsistencia en el Precerámico Peruano.* Lima : Instituto Andino de Estudios Arqueológicos.

TIXIER J., Inizan M.-L., Roche H. 1980. *Préhistoire de la Pierre Taillée 1. Terminologie et Technologie.* Valbonne : Cercle de Recherches et d'Etudes Préhistoriques.

WHITE E. J. 1992. *The Lithic Assemblage from the Preceramic Site of Paloma, Chilca Valley, Peru.* Master of the University of Missouri-Columbia.

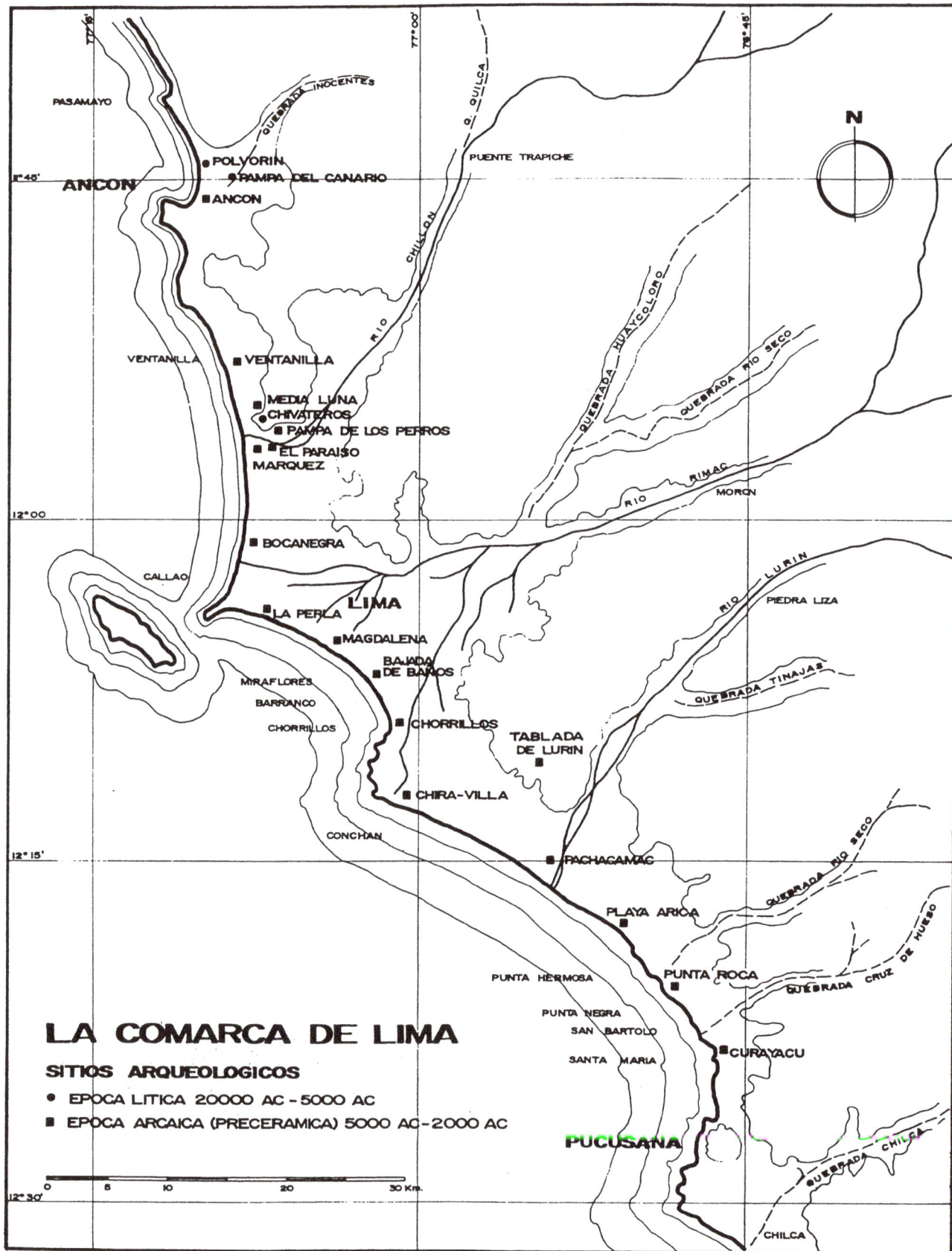

**Fig. 1** : Ubication of the site of Tablada de Lurín, Lima, on the coast of Peru. Probably Middle Preceramic Period (6000 years B.C.). (Mape from Agurto Calvo 1984).

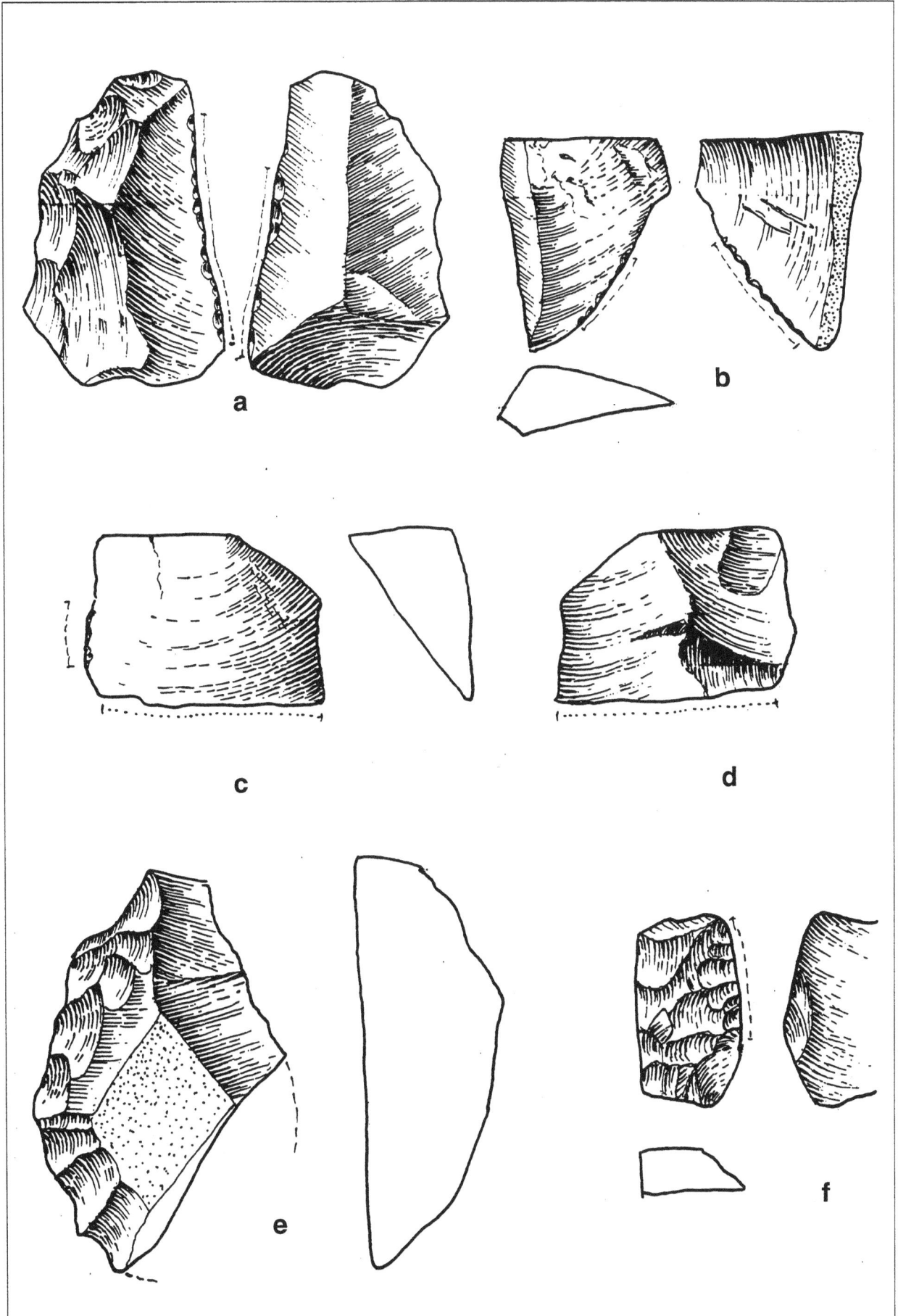

**Fig. 2 a, b, c, d,** : modificated flakes (polish and scars) ; **e, f** : side-scrapers in groups 1 and 2.

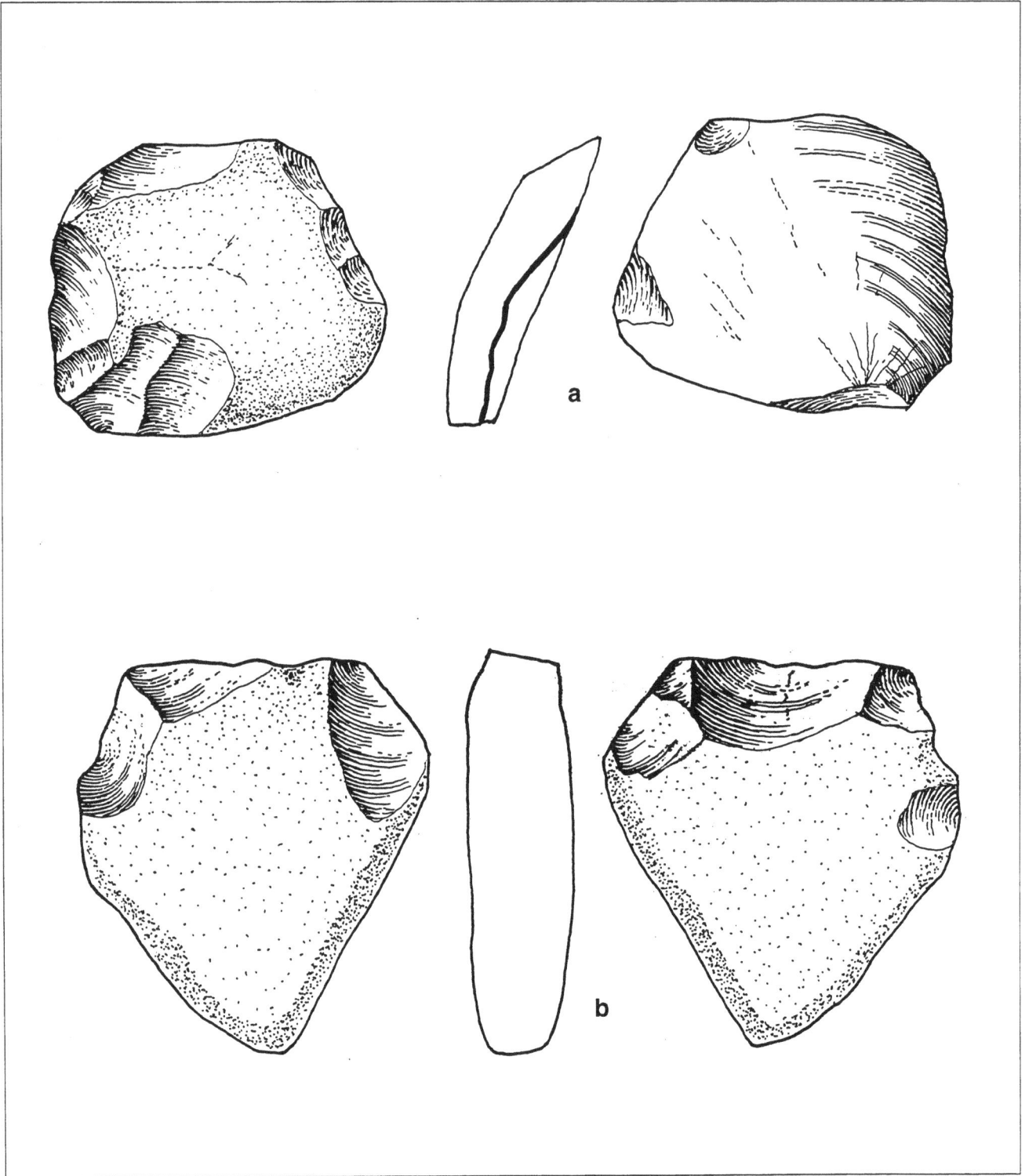

**Fig. 3 a** : Knife in pebble first flake (*entame retouché*) ; **b** : chopping tool.

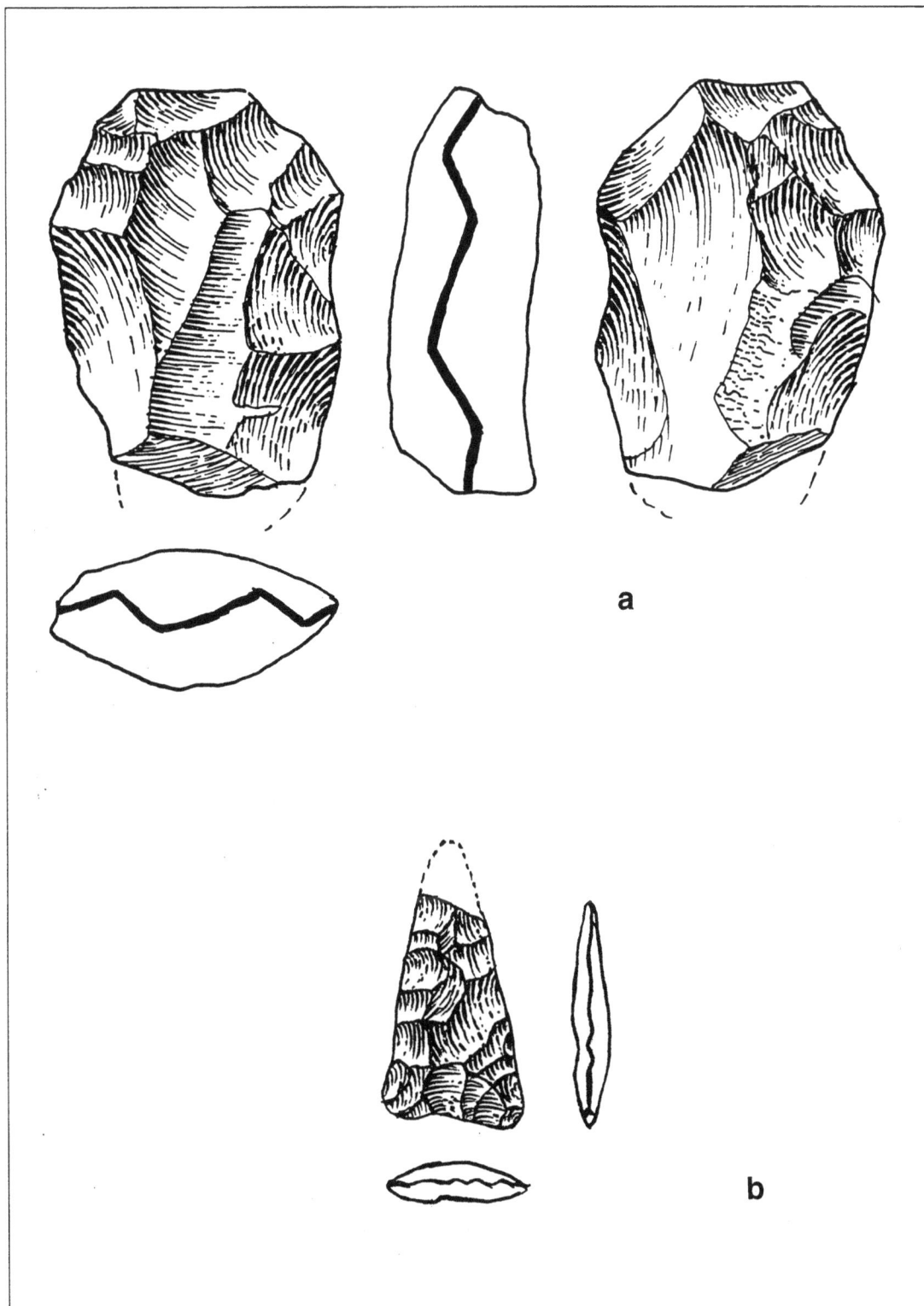

**Fig. 4** : Bifacial material. **a** : preform (group 1) ; **b** : projectil point (group 2).

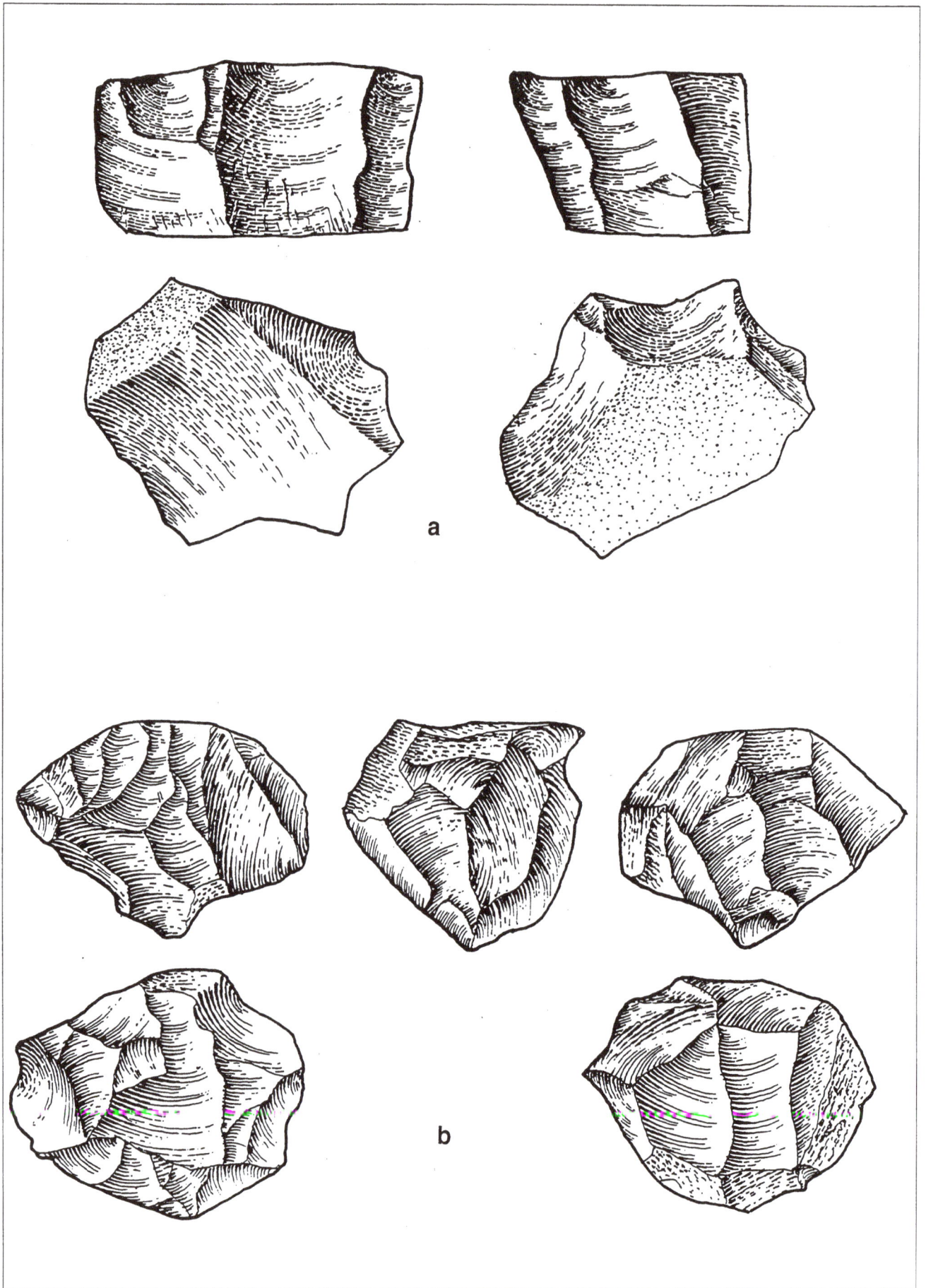

Fig. 5 a : Exemple of unidirectional tabular core ; b : Exemple of multidirectional polyedrical core.

# De la pomme de terre à la coca : statut de l'archéobotanique au Pérou et revue critique des données

Alexandre CHEVALIER[*]

*Resumen*

En este artículo revisamos algunos de los problemas claves vinculados con los análisis arqueobotánicos en el Perú tomando como ejemplo dos plantas (*Solanum tuberorsum* L. y *Erythroxylum coca* Lam.), y describemos rapidamente los diferentes tipos de análisis arqueobotánicos para entender mejor sus ventajas pero también sus límites. A continuación tratamos del desarrollo de esta disciplina en el Perú, y recordamos los problemas que encontramos ahora. Finalmente presentamos una síntesis de las primeras apariciones de varios taxones en contexto arqueológico en el Perú, limitándonos a mencionar uniquamente los datos cuya identificación e inserción cronológica no presenta ninguna duda. Concluímos esta síntesis con una evaluacíon crítica de algunos de estos datos.

*Abstract*

In this article we review some of the main problems encountered by archeobotanical research in Peru as illustrated by studies conducted on two plants (i.e., *Solanum tuberorsum* L. and *Erythroxylum coca* Lam.) and briefly describe different archeobotanical analyses in order to understand their contributions, but also their limitations. Moreover, we discuss the development of this discipline in Peru, and retrace some of the main problems encountered. In addition, we present a table containing the first indices of different taxons in Peru. In this table we have purposely presented only data that is accurate in terms of identification and chronological context. Finally, we present a synthesis and a critical evaluation of some of this data.

## Problématique

Quelles autres plantes pourraient mieux définir les Andes, et en particulier le Pérou, que la pomme de terre (*Solanum tuberosum* L.) et la coca (*Erythroxylum coca* Lamarck) ? Plantes emblématiques des agri-cultures andines passées et présentes, ces deux taxons synthétisent extrêmement bien la problématique archéobotanique, ou paléoethnobotanique, au Pérou.

Dans un pays présentant des contrastes écologiques et climatiques importants, tout les sépare, ou presque, non seulement au niveau botanique mais également au niveau social, écologique, économique et symbolique.

Ainsi, ils évoluent dans des écosystèmes complètement différents ; ils exigent une production et un investissement agricole distincts ; s'ils possèdent une importance économique identique, les deux taxons ont une utilisation alimentaire et symbolique différente, non seulement au sein des groupes andins, précolombiens ou contemporains, mais également dans nos sociétés occidentales.

En dépassant ces couples d'opposition pour se placer dans une perspective purement scientifique et archéobotanique, ces deux plantes constituent un très bon miroir des problèmes auxquels les chercheurs son constamment confrontés, soit en raison de la nature même des végétaux, ou de leur utilisation préhistorique, soit en raison des biais méthodologiques de l'archéobotanique.

En effet, les parties des plantes consommées ne sont pas les mêmes, et vont donc laisser des restes de nature hétérogène ;

la conservation de ces restes est très variable, non seulement en raison de leur composition, mais également en fonction de leur taphonomie. A leur tour, les procédures d'échantillonnage peuvent être sélectives, inégales ou incomplètes ; une destruction partielle ou complète du matériel peut intervenir lors de sa préparation pour étude ; le manque de collection de référence peut entraîner des imprécisions, voire une confusion taxonomique ; la publication incomplète de la flore péruvienne freine sérieusement, et à tous les échelons, la reconnaissance des plantes surtout lorsque la diversité biologique est importante (i.e. l'Amazonie) ou que la spéciation ou racialisation est très poussée (plus de 280 espèces de "pommes de terre", ou *Solanum* sp., par exemple) ; enfin le manque de description des graines et des fruits dans les quelques ouvrages existant sur le thème rend les analyses encore plus ardues et les conclusions encore plus hypothétiques.

Cette étude ne prétend pas répondre aux problèmes que nous venons de décrire, encore moins les résoudre, mais vise à poser des jalons et à entraîner une réflexion sur les méthodologies de fouilles et d'interprétations archéobotaniques, en tout cas pour le Pérou et par extension les Andes.

Nous nous proposons donc, après un bref rappel des méthodes et limitations de l'archéobotanique, d'effectuer l'état des recherches au Pérou dans ce domaine. Nous continuerons notre analyse par une revue critique des données principales, plante par plante. Enfin nous tenterons de dégager des voies de recherches futures.

[*] Département d'Anthropologie et d'Ecologie, Université de Genève, Suisse.

## Définitions

L'archéobotanique a pour but la récupération, l'identification taxonomique et la conservation des restes végétaux retrouvés en contexte archéologique. La paléoethnobotanique, corollaire "interprétatif" de l'archéobotanique, tente d'interpréter la relation hommes-plantes, et couvre les domaines culturels, sociaux, politique et économique de l'utilisation des végétaux par l'Homme (fig. 1).

Ces deux disciplines constituent donc des domaines privilégiés de la botanique et de l'archéologie pour la compréhension des structures socio-économiques et politiques d'un groupe humain, et de leur évolution. Ils concernent en effet, à la fois les systèmes économiques, sociaux et politiques par l'organisation, la gestion et le maintien des sources de production permettant la survie et le développement des sociétés. Comme le souligne Towle (1961, 1), "il n'est pas de facette de la vie humaine qui ne soit associé d'une manière ou d'une autre au monde végétal".

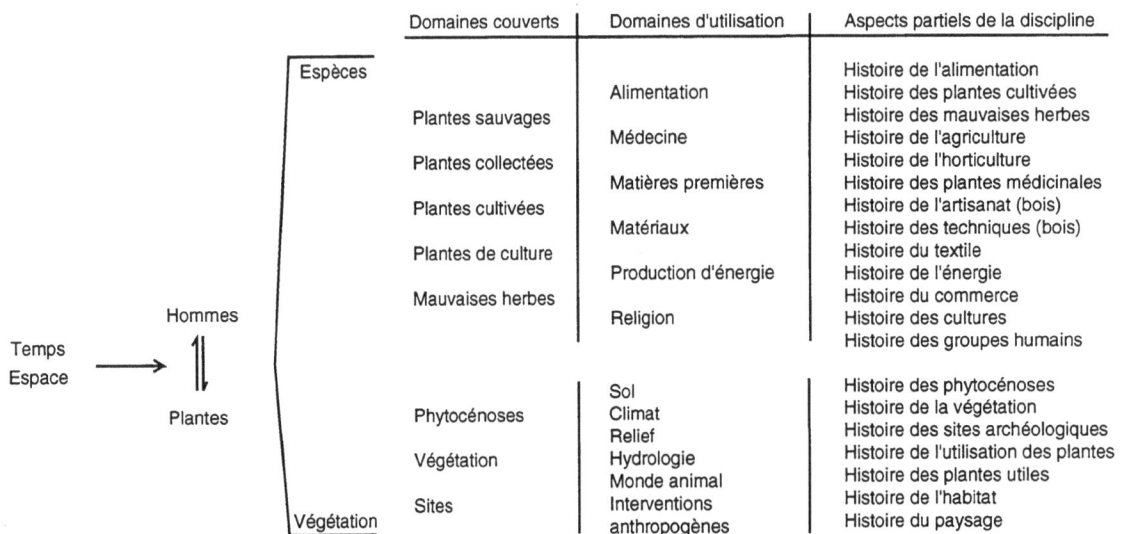

Fig. 1 : Domaines d'étude de la paléoethnobotanique.

Elles recouvrent cependant d'autres différences, plus historiques et méthodologiques.

En effet, l'archéobotanique c'est tout d'abord développée en Europe et a visé essentiellement la détermination des restes et leur attribution écologique, et leur utilisation comme marqueur chronoculturel (Ford 1985).

Ce n'est que par la suite, après différentes études sur des sites du Proche-Orient que les archéobotanistes s'intéresseront aux relations plante / personne, et que "naîtra" le terme paléoethnobotanique (Helbaek 1959), rejoignant en cela l'approche de l'analogie ethnographique utilisée aux Etats-Unis.

Cette longue tradition "paléoethnobotanique" américaine, est due en partie aux courants anthropologiques majoritaires dans la première moitié de ce siècle, mais également au grand nombre d'études ethnobotaniques réalisées sur des groupes historiques amérindiens. Cette "longueur d'avance" de la recherche états-unienne dans l'interprétation fonctionnelle des restes végétaux s'accompagne en revanche d'un grand retard dans l'expérimentation archéobotanique et une grande faiblesse descriptive au niveau taxonomique (Ford

1985). Actuellement, il s'agit plus d'une différence linguistique : un européen est archéobotaniste, tandis que son collègue états-unien sera paléoethnobotaniste.[1]

L'archéobotanique englobe plusieurs disciplines : la carpologie ou études des macrorestes végétaux non ligneux (graines, noyaux, fruits, feuilles, etc.) ; la dendrologie, ou étude des macrorestes ligneux, et son corollaire l'anthracologie ou étude des macrorestes ligneux carbonisés ; la palynologie, ou étude des grains de pollen ; les phytolithes, ou étude des cristaux de silice opaline et d'oxalate de calcium ; les grains d'amidons et les composés organiques (lipides essentiellement).

Les supports d'études sont très divers et incluent, entre autres : sols naturels, sols archéologiques, dépotoirs (latrines, silo, douves, canal), structures de conservation (silos, greniers, caves, récipients en bois ou céramique), structures de combustion (fours, foyers), tombes, lieux de cultes et autels, parois en terre crue ou cuite, corps (dents, contenu intestinal, fèces), outils (silex, bois, moulins, meules), textiles, coprolithes animaux, etc.

Chaque discipline a ses propres apports et limites dont nous résumons les principaux dans le tableau 1.

44

| Discipline | Apports | Limites |
|---|---|---|
| Carpologie | - permet de reconstituer des pratiques agricoles et des modalités de transformation des végétaux<br>- permet de reconstituer des pratiques de conservation, des manières de cuisiner, et une diète végétale<br>- permet de reconstituer des pratiques rituelles. | - toutes les plantes consommées ne laissent pas de restes (parties riches en amidon, feuilles)<br>- les activités de transformation peuvent avoir lieu en dehors d'une structure archéologique reconnue<br>- le matériel carbonisé peut changer radicalement de forme et de taille, empêchant ainsi une identification précise, voire correcte. |
| dendrologie/ anthracologie | - permet de reconstituer les paléovégétations et leurs évolutions à partir d'une sélection humaine (bois de chauffe, artefacts, bois de construction)<br>- permet de connaître les sélections conscientes d'essences en vue d'une utilisation précise. | - peut donner une image partielle des paléovégétations car il ne s'agit que de taxons ligneux<br>- la sélection ne peut s'opérer que sur un échantillonnage réduit de la végétation ligneuse présente<br>- il peut y avoir des importations de bois exotiques n'ayant rien à voir avec la végétation locale<br>- il faut qu'il y ait combustion incomplète ou en atmosphère réductrice pour qu'il y ait des restes carbonisés. |
| palynologie | - permet de reconstituer les paléovégétations et leurs évolutions (dégradations dues à l'action humaine par exemple), indépendamment d'une intervention humaine<br>- peut servir pour l'établissement d'une chronologie relative<br>- permet, en contexte archéologique, de repérer des actions humaines spécifiques. | - les mouvements aériens peuvent modifier fortement les pluies polliniques et donc donner une image erronée des paléovégétations<br>- la reconstitution des paléovégétations s'effectue par comparaison avec les données phytosociologiques actuelles, or la composition des communautés végétales peut ne pas avoir été la même au cours du temps. |
| phytolithes (silice hydratée) | - résistent assez bien aux dégradations biochimiques et, dans une moindre mesure, aux actions mécaniques<br>- donnent des informations dans des contextes où les restes organiques ne se conservent pas<br>- permettent de reconstituer les paléovégétations et leurs évolutions.<br>- permet l'identification de plantes à valeur économique<br>- permet de reconstituer des diètes alimentaires à long terme. | - toutes les plantes ne produisent pas de phytolithes<br>- il existe des phytolithes de morphologie identique pour plusieurs taxons<br>- une plante produit généralement plusieurs types de phytolithes<br>- toutes les plantes n'ont pas de phytolithes diagnostiques<br>- la précision taxonomique est très faible dans le cas des Poaceae<br>- les sols à pH élevé détruisent les phytolithes. |
| grains d'amidon et composé organiques | - affinent l'identification des macrorestes<br>- permettent de différencier des tubercules taxonomiquement très proches<br>- permettent de reconstituer des activités<br>- permettent de connaître le contenu et la composition de plats cuisinés (caramels alimentaires)<br>- permettent d'identifier des substances hallucinogènes, toxiques ou volatiles. | - exige des méthodes physico-chimiques importantes et coûteuses<br>- il n'est pas toujours possible de déterminer un élément végétal à partir d'une palette de composants chimiques<br>- subordonné à l'existence de supports spécifiques : céramiques conservées, matériaux lithiques poreux, éléments kératinisés humains. |

**Tableau 1**

Il faut encore noter que la limite fondamentale des disciplines archéobotaniques consiste dans l'utilisation d'analogues modernes pour l'identification des restes. Il ne nous est donc pas possible, par les méthodes courantes, d'identifier un reste si le taxon qui l'a produit n'existe plus. Seules des méthodes moléculaires permettraient éventuellement de nous donner une indication sur sa filiation taxonomique.
En ce qui concerne les macrorestes, la sélection inconsciente des échantillons en cours de fouille peut provoquer des distorsions très grandes. Ce risque est moins grand pour les microrestes puisqu'il s'agit de prélèvements de sols. Toutefois, et dans tous les cas, plus les manipulations sont nombreuses, plus le risque de destructions accidentelles et de sélection est important.

## Historique des recherches au Pérou

La recherche archéobotanique au Pérou se développe très tôt, et est en fait concomitante du développement de la discipline dans le reste du monde, en particulier la Suisse et la Scandinavie, pays "pionniers".
Mis à part les descriptions des premiers chroniqueurs comme Huaman Poma de Ayala (1987), Garcilaso de la Vega

(1960a, 1960b, 1986) pour les plus connus, concernant l'agriculture et les plantes utilisées par les Incas, et les récits de voyages des 18ème et 19ème siècle écrits par les "scientifiques-humanistes", tels Alexandre von Humboldt (1810, 1811, 1814, 1972, 1980), Charles Wiener (1880) ou encore Tschudi (1846), ce n'est que vers le milieu du 19ème siècle, suite aux travaux de DeCandolle (1855) que des scientifiques vont commencer à considérer les plantes en contexte archéologique en tant que tel, a savoir un élément du passé qui permet de reconstruire "l'origines des plantes cultivées", titre de livre de DeCandolle parut pour la première fois en 1882 (Candolle 1886).

La première mention "scientifique" provient des descriptions du Dr. Saffray (1876) dans l'article "Les Antiquités péruviennes à l'exposition de Philadelphie" où les différentes plantes d'une tombe d'Ancón tentent d'être identifiées.

Ce n'est donc pas si loin des propres travaux de Heer sur les plantes alimentaires de diverses civilisations et continents (Heer 1855), et sur les macrorestes végétaux des sites palafittiques des lacs suisses publiés en 1866. Ce dernier ouvrage représente du reste la première étude scientifique réalisée sur des restes végétaux retrouvés en contexte archéologique.

Pour revenir au Pérou, un autre ouvrage paraît en 1879, intitulé : "Recherches d'ethnographie botanique sur la flore des sépultures péruvienne d'Ancón", par le botaniste Alphonse Trémeaux de Rochebrune.

Il faut mentionner ensuite " la Nécropole d'Ancón au Pérou " de Reiss et Stubel en 1880-87 dont les déterminations sont faites par Wittmack (Reiss & Stübel 1880-87), qui publie l'année suivante " Les plantes utiles des ancien péruviens " à l'occasion du congrès des Américanistes de Berlin (Wittmack 1888) ; puis les analyses de J. Costantin et D. Bois (Costantin & Bois 1910) sur du matériel provenant de Pachacamac, Ancón et Chorrillos, récolté par le Capitaine Berthon en 1910. A la fin du siècle, les fouilles extensives de Max Uhle (Uhle 1903) donnent lieu à quelques découvertes botaniques analysées par Harshberger (1989). En 1917, Safford publie un ouvrage sur les plantes et textiles d'Amérique du Sud, et en 1922 von Harms étudie les restes de plantes retrouvés en contexte funéraire dans les sites de la côte centrale (Pachacamac, Ancón, Chuqitanta, et d'autre sites dans le département d'Ica) ; il reprend en fait les premières analyses de Safford en affinant et corrigeant certaines déterminations.

Il faudra ensuite attendre le travail de Yacovleff et Herrera " El mundo vegetal de los antiguos peruanos" publié en 1934-35 : ce travail ne se base par directement sur du matériel archéobotanique, mais plutôt sur les plantes décrites par les chroniqueurs, les analyses iconographique de la flore précolombienne et des observations ethnographiques. En ce sens, Yacovleff et Herrera réalisent à ce moment le saut qualitatif et interprétatif, de l'archéobotanique à la paléoethnobotanique, quand bien même le concept puisse apparaître comme anachronique dans ce cas, le terme paléoethnobotanique n'étant "inventé" qu'en 1959 par Helbaek (1959). De plus leurs interprétations se basent sur un ethno-comparatisme de bon aloi, avec tous les problèmes y afférents ; mais il s'agit bien-là d'un premier pas vers la paléoethnobotanique andine que Margareth Towle ne franchira qu'en 1961 avec son œuvre "The Ethnobotany of Pre-colombian Peru".

Jusqu'à la fin des années 50, la majorité des analyses archéobotaniques sera réalisée sur du matériel carpologique provenant de sites côtiers en contexte essentiellement funéraire. Nous retiendrons surtout les fouilles de Bird à Huaca Prieta dans les années 1946-47 qui marque un tournant dans les "études" archéobotaniques au Pérou (Bird et al. 1985). Outre son apport méthodologique général, Bird va systématiquement collecter les vestiges non-céramique, en particulier les végétaux, et les soumettre à un nombre impressionnant de spécialistes pour détermination : Thomas Whitaker, tout d'abord, publie en 1949 la première étude sur les Cucurbitaceae de Huaca Prieta (Whitaker & Bird 1949) ; ce sera ensuite Joseph Hutchinson qui fera la première référence aux cotons (Hutchinson 1959, 25-28 et 30-32) dont l'analyse sera poursuivie par Bird lui-même (Bird & Mahler 1951-52), et S. Stephens (1975) ; Margareth Towle (1952) s'intéressera particulièrement aux graines du genre *Lagenaria* déjà traitées en partie par Whitaker en 1949 ; Hugh Cutler reprendra la collection des Cucurbitaceae au Field Museum à Chicago et intégrera ces informations dans un article de 1961 (Cutler & Withaker 1961) ; les Fabaceae seront étudiées par Jonathan Sauer (Sauer & Kaplan 1969), et Lawrence Kaplan (Kaplan et al. 1973) ; les maïs seront analysés successivement par H. Pinkley, Paul Mangelsdorf (Mangelsdorf & Camara-Hernandez 1967), Alexander Grobman (1961) et Robert McK Bird (McK Bird & Bird 1980) ; Barbara Pickersgill (1969) et Charles Heiser (analyses non publiées) analyseront les piments du genre *Capsicum* en 1969 ; plusieurs autres analyses seront effectuées en outre à la demande de Margareth Towle, dont celles réalisées par C. Kukachka (Bird et al. 1985). Sans oublier les analyses sur les contenus intestinaux et coprolithes menées à bien par Eric Callen et T. Cameron. En tout plus de trente ans d'analyses archéobotaniques…

Durant la même période il faut signaler les efforts de Frédéric Engel pour intégrer les vestiges botaniques dans ses analyses, et aborder les problématiques paléoécologiques (Engel 1957a, 1957b, 1960). Si ses déterminations sont, dans l'ensemble, correctes et peu remises en question, ce sont les contextes archéologiques qui sont parfois problématiques, et forcent quelque fois à ne pas prendre en considération ses données.

En 1961 Margareth Towle publie son "Ethnobotany of Pre-Columbian Peru" : une synthèse des connaissances archéobotaniques au Pérou jusqu'à cette date. Elle y présente les vestiges archéobotaniques à la fois dans une perspective purement botanique et selon leur chronologie d'apparition et d'utilisation. Cet ouvrage peut être qualifié, encore actuellement, comme un ouvrage de référence, faute d'une publication plus récente faisant l'état de la question paléoethnobotanique au Pérou.

A partir de cette date, l'archéobotanique andine va s'enrichir d'autres disciplines, entre autre la palynologie, s'étendre à d'autres zones écologiques et culturelles, et aborder d'autres contextes archéologiques.

Citons le "Ayacucho Archaeological-Botanical Project" dirigé par MacNeish entre 1969 et 1972, dont les résultats définitifs concernant l'archéobotanique sont malheureusement toujours attendus (MacNeish et al. 1980, 1981, 1983). Seules, en effet, quelques informations préliminaires concernant la carpologie et la palynologie ont été publiées. (MacNeish 1969, 1977, 1979, MacNeish et al. 1970). Les informations données sont de plus relativement lacunaires, et nombre de contextes, et en particulier ceux renfermant les évidences botaniques, semblent avoir subi des perturbations, nous obligeant ainsi à prendre les informations pour ce qu'elles sont : des données provisoires sur lesquelles on ne devrait pas se baser.

Durant la même période, des recherches dirigées par Thomas Lynch se déroulent à l'abri du Guitarrero, dans le Callejón de Huaylas (Lynch 1967, 1973, 1980, Lynch et al. 1985). Un certain nombre d'analyses archéobotaniques spécialisées seront menées à bien par Lawrence Kaplan (Kaplan 1980, Kaplan et al. 1973) sur le genre *Phaseolus*, et par Earl Smith (1980b, 1980c) pour les autres macrorestes en présence dont le maïs (Smith 1980a). Une étude palynologique de la zone d'étude sera également effectuée, par Robert Krautz (1980).

En fait ces études, ainsi que les projets de recherches archéologiques postérieurs, intègrent désormais un volet environnemental et paléoécologique. Faut-il y voir une influence des études quaternaristes, dont les récents développements au Pérou donnent des indications précieuses sur les paléoclimats andins de la fin du Pléistocène et de l'Holocène (Cardich 1964, 1980, Clapperton 1972, 1981, Dollfus 1965, 1976, Hastenrath 1967, Nogami 1976, Van der Hammen 1974, Wright 1980, Wright & Bradbury 1975) ?

Tel est le cas, par exemple, du programme de recherches Junín et des fouilles de l'abri de Telarmachay dirigés par Danièle Lavallée dès 1974, qui intégrera une étude palynologique effectuée par Thomas van der Hammen (1985). Ou encore des études de John Rick (1980, 1989), sur le Précéramique andin, avec les analyses paléoclimatologiques de Wright (1980) dans la région de Junín (Wright 1983). Cette nouvelle tendance, qui essaie d'intégrer l'étude des groupes humains dans un environnement spécifique, non seulement reste relativement limitée en raison des coûts engendrés par des telles études environnementales, mais ne donne en outre que des résultats limités, voire décevants, en raison d'un manque évident de corpus de comparaison.

En 1975 Michael Moseley publie un ouvrage qui fera couler beaucoup d'encre : "The Maritime Foundation of Andean civilization, dans lequel il y défend une genèse des civilisations andines basées sur l'exploitation des richesses marines, avec une horticulture servant essentiellement des fins industrielles, plutôt que nutritives.

Si le débat qui a été engendré par cette position théorique s'est révélé bénéfique dans un premier temps en renouvelant l'intérêt des études archéobotaniques, il s'est révélé bien vite très limitant, voire stérile, à force de ne se centrer que sur cette question : genèse maritime, ou non ?

Fort heureusement certaines études sortent de ce contexte. Mentionnons l'analyse archéobotanique de Shelia Pozorski (1976) sur la vallée de Moche, et le début des recherches dans la vallée de Huarmey entre 1974 et 1975 par Duccio Bonavia qui se continueront sous le nom de Proyecto Arqueológico Huarmey en 1976, 1977 et 1979 (Bonavia 1982, Bonavia & Grobman 1979). Des analyses spécialisées seront réalisées sur les différentes espèces retrouvées par Kaplan, Moran Val, Popper et Stephens (Bonavia 1982) avec un accent particulier sur *Zea mays* L. par A. Grobman (Bonavia 1982, Bonavia & Grobman 1989a, Bonavia & Grobman 1989b), dont l'insertion chronologique est contestée par d'aucuns (McK Bird 1989, McK Bird 1990, Pearsall 1994)[2].

Mentionnons encore les travaux réalisés entre 1976 et 1987 dans la haute vallée de Zaña par Tom Dillehay et Patricia Netherly (Dillehay & Netherly 1983, Dillehay et al. 1989, Nertherly & Dilehay 1986a, 1986b, Rossen et al. 1996) les fouilles de Shelia et Thomas Pozorski dans la vallée de Casma qui débutent en 1979 (Pozorski 1983, Pozorski & Pozorski 1979), et le travail de Donald Ugent (Ugent 1983, 1986, Ugent et al. 1981, 1982, 1984) sur les tubercules rencontrés lors de ces fouilles (*Canna indica* L. (syn. =

*Canna edulis* Ker-Gawl), *Manihot esculenta* Crantz, *Ipomoea batata* (L.) Lamarck, *Solanum tuberosum* L.). Ou encore le Upper Mantaro Archaeological Research Project (UMARP) qui démarre dès 1982, pour se poursuivre jusqu'en 1986 (Costin & Timothy 1989, Earle et al. 1978, 1987, Hastorf et al. 1989) et les études carpologiques de Christine Hastorf (1987, 1990, 1993).

Pour des raisons qui tiennent essentiellement à la violence politique, la plupart des recherches qui vont suivre, soit seront très ponctuelles, voire anecdotiques dans le cadre péruvien, avec les études sur des coprolithes de John Jones (1988, 1993) et de Glendon Weir (Weir et al. 1988, Weir & Dering 1986, Weir & Bonavia 1985) par exemple, soit se déplaceront au sud du Pérou, sur une ligne Ilo-Moquegua-Tiwanaku, avec entre autre le programme Contisuyu, avec bon nombre de recherches agro-pastorales (Stanish 1990, Moseley & Clement 1990).

Il convient enfin de mentionner le Proyecto Wila Jawira, mené à bien par Alan Kolata depuis 1986, et centré sur des problèmes d'agro-écologie dans le bassin ouest du lac Titicaca (Kolata 1987, 1991, 1996).

## Etat de la recherche au Pérou

L'on pourrait donc s'attendre à un corpus de données relativement exhaustif et complet pour le Pérou, or il n'en est rien. De nombreux facteurs concourent à cet état de fait, parmi lesquels les méthodologies de fouilles occupent une place de choix ; l'ignorance totale des archéologues concernant les possibilités offertes par l'archéobotanique dans l'interprétation des faits du passé constitue un autre facteur important.

Ainsi, nous n'avons connaissance d'aucune analyse anthracologique publiée,[3] et ne possédons que deux analyses phytolithiques, l'une pour Kotosh en 1963 (Matsutani 1963) et la seconde pour Cardal en 1993 (Umlauf 1993).

Les analyses palynologiques ont été dirigées uniquement vers une problématique paléoclimatique et d'archéologie du paysage, à l'exception certes des analyses sur des coprolithes de Glendon Weir (Weir et al. 1988, Weir & Dering 1986, Weir & Bonavia 1985) et John Jones (1988, 1993) ; nous n'avons donc pas d'indications directes concernant l'utilisation de plantes (fleurs) en archéo-palynologie péruvienne.

Enfin les analyses carpologiques ont presque toujours été effectuées à partir de matériel prélevé par les fouilleurs, et non à partir d'échantillons de sols, provoquant simplement des erreurs d'appréciation en ce qui concerne l'alimentation et les économies précolombiennes. Il faut savoir en effet que la grande majorité des restes de plantes sylvestres ne dépassent par 2 mm ; or en deçà de 2 mm un fouilleur ne peut généralement plus distinguer un vestige archéologique des sédiments, surtout s'il n'est pas expérimenté. Toutes les activités de récoltes de plantes sauvages et leur importance dans la diète nous sont donc inconnues.

La répartition des données est en outre très mauvaise : les analyses palynologiques concernent en totalité les Andes, malgré la présence sur la côte de lieux favorables à la conservation du pollen. Seules quelques analyses ponctuelles de quelques sites de la côte nord ont été réalisées, mais sans résultats apparents (Kurt Graf, comm. pers.) ; la distribution des analyses carpologiques révèle en revanche une plus grande concentration d'analyses pour la côte, et s'il s'agit des Andes, ce n'est bien souvent qu'en contexte de grotte ou d'abri sous roche, ce pour des raisons bien évidentes de qualité de conservation en milieu aride.

Enfin l'utilisation du nom vernaculaire pour décrire et identifier les plantes provoque des confusions et des erreurs jusque dans les rangs des archéobotanistes. Des termes comme "algarrobo" désignera plusieurs types d'arbres du genre *Prosopis sp.*, "totora" peut être un représentant du genre *Typha* sp. ou *Scirpus* sp., ou encore "calabaza" peut indiquer indistinctement les genres *Lagenaria siceraria* (Mol.) Standl. et *Cucurbita* L. A l'inverse une même plante peut avoir plusieurs noms vernaculaires, comme le notait très paradoxalement F. Engel (1957b, 135) : *Bunchosia armeniaca* (Cav.) Rich. peut être le "cansaboca", la "ciruela", la "ciruela del fraile" ou encore el "cerezo"...

Enfin indiquer "pomme de terre" en regard de la détermination "*Solanum* sp." ou "quinua" pour "*Chenopodium* sp." est un abus manifeste de langage, et n'apporte rien à la connaissance des agri-cultures précolombiennes, si ce n'est des erreurs inadmissibles : il existe environ 281 espèces pour le genre Solanum au Pérou, et une dizaine de sous-espèces (Brako & Zarucchi 1996), et toutes ne sont de loin pas consommables. Certes toutes n'ont pas de tubercules, mais un tubercule de *Solanum* n'est pas forcément une "potato" au sens où on l'entend communément ; et il existe 9 espèces de *Chenopodium* dont seulement deux sont consommées: *C. quinoa* Willd. et *C. pallidicaule* Aellen.

## Evidences archéobotaniques pour le Pérou

Deux méthodes s'offrent à nous : répertorier systématiquement toutes les mentions de restes végétaux, ou ne considérer que les indications précises, autant en ce qui concerne la détermination de la plante que le contexte archéologique de découverte.

Quand bien même la première méthode permet d'obtenir une quantité non négligeable d'informations, entre autres, des indications sur des recherches futures, i.e. sites à fouiller, sondages à compléter, etc.[4], la seconde alternative offre un gain de temps et de sécurité évidents. C'est cette démarche que nous allons suivre ici : nous ne considérerons que les restes ayant reçu une analyse botanique exacte utilisant la nomenclature binomiale et dont le contexte de découverte est indiscutable.

Le tableau de synthèse est donc sensiblement différent de ce que nous sommes généralement habitués de voir dans la littérature, mais nous estimons qu'il est indispensable que les discussions sur l'agriculture, la consommation végétale et l'économie de groupes précolombiens se basent sur des faits avérés, et non plus sur des hypothèses sans fondements.

De manière générale, nous n'indiquerons que les premières occurrences des plantes, dans la mesure du possible pour la Côte et pour les Andes.

| Plante | Espa/fra | Statut | Date av. J.-C. | Site | Période culturelle | Commentaire |
|---|---|---|---|---|---|---|
| *Opuntia floccosa* Salm-Dyck | | sylv | 13'200-7700[5] | Pachamachay | Phase 1, Précéramique | Pearsall 1978, 1980, 1989 ; Matos Mendieta 1978 |
| *Chenopodium* sp. | cf. quinoa | sylv | 13'200-7700 | Pachamachay | Phase 1, Précéramique | Pearsall 1978, 1980, 1989 ; Matos Mendieta 1978 |
| *Chenopodium* cf. *quinoa* Willd. | | sylv | 7090-6370 | Las Pircas 1 | level 3-4, Précéramique | Dillehay & al. 1989, Rossen & al. 1996 |
| *Chenopodium* sp. | | sylv | 5560-5250 | La Paloma | Level 500, Précéramique | Benfer 1984, Engel 1980, Jones 1988 |
| | | sylv ? | 2890-2480 | La Galgada | Précéramique | Grieder & al. 988 |
| | | sylv ? | 2700-2490 | Panaulauca | level 21, Précéramique | Pearsall 1988, 1989, 1992 |
| | | sylv ? | 1720-1480 | Chilca I | Level 900, Précéramique | Jones 1988 |
| *Ribes* sp. | | sylv | 13'200-7700 | Pachamachay | Phase 1, Précéramique | Pearsall 19878, 1980, 1989 ; Matos Mendieta 1978 |
| *Amaranthus* sp. | achis/amaranthe | sylv | 13'200-7700 | Pachamachay | Phase 1, Précéramique | Pearsall 1978, 1980, 1989 ; Matos Mendieta 1978 |
| . | | sylv | 2890-2480 | Los Gavilanes | Epoca 2, Précéramique | Popper 1982, Bonavia 1982 |
| | | sylv | 2120-1840 | Panaulauca | level 18, 16P, Précéramique | Pearsall 1988, 1989, 1992 |
| *Euphorbia* sp. | | sylv | 13'200-7700 | Pachamachay | Phase 1, Précéramique | Pearsall 1978, 1980, 1989 ; Matos Mendieta 1978 |
| *Plantago* sp. | | sylv | 13'200-7700 | Pachamachay | Phase 1, Précéramique | Pearsall 1978, 1980, 1989 ; Matos Mendieta 1978 |
| *Luzula* sp. | | sylv | 13'200-7700 | Pachamachay | Phase 1, Précéramique | Pearsall 1978, 1980, 1989 ; Matos Mendieta 1978 |
| *Phaseolus* spp. | | | 10'800-6180 | Cueva del Guitarrero | Complexe II Précéramique | Kaplan 1980, Smith 1980, Lynch 1980, Lynch & al. 1985 |
| | | | 6680-3720 | La Paloma | level 300-600, Précéramique | Benfer 1982, 1984 ; Dering & al. 1979, 1981 ; Weir & al. 1986, Pearsall 1992 |
| | | | 3700-2400 | Chilca I | Précéramique | Engel 1962 |
| | | | 2890-2480 | Los Gavilanes | Epoca , PC | Popper 1982 |

| | | | | | | |
|---|---|---|---|---|---|---|
| *Phaseolus vulgaris* L. | Frejol/haricot | | 10'800-6180 | Cueva del Guitarrero | Complexe II Précéramique | Kaplan 1980, Smith 1980, Lynch 1980, Lynch & al. 1985 |
| | | | 3400-2100 | Huaca Prieta | Précéramique | Bird 1985 |
| | | | 2870-1920 | La Galgada | Précéramique | Grieder & al. 1988 |
| | | | 2600-1170 | Moxeque-Pampa de las Llamas | Période Initiale | Ugent & al. 1984, Pozorski & al. 1987 |
| *Phaseolus lunatus* L. | pallar/haricot Lima | | 10'800-6180 | Cueva del Guitarrero | Complexe II Précéramique | Kaplan 1980, Smith 1980, Lynch 1980, Lynch & al. 1985 |
| | | | 3400-2100 | Huaca Prieta | Précéramique | Bird 1985 |
| | | | 2870-2640 | Tank (PV45-2) | phase Conchas, Précéramique | Patterson & al. 1964, 1968, Cohen 1978 |
| | | | 2870-1920 | La Galgada | Précéramique | Grieder & al. 1988 |
| | | | 2450-1940 | Los Gavilanes | Epoca 3, PC | Popper 1982, Bonavia 1982 |
| | | | 2260-1170 | Moxeque-Pampa de las Llamas | Période Initiale | Ugent & al. 1984, Pozorski & al. 1987 |
| *Oxalis tuberosa* Mol. | | sylv ? | 10'800-6180 | Cueva del Guitarrero | Complexe II Précéramique | Kaplan 1980, Smith 1980, Lynch 1980, Lynch & al. 1985 |
| | | | 940-1236AD | Jauja valley | Wanka 1, Horizon Moyen | Hastorf 1989, 1993 |
| *Solanum hispidum* R. & P. | | sylv | 10'800-6180 | Cueva del Guitarrero | Complexe II Précéramique | Kaplan 1980, Smith 1980, Lynch 1980, Lynch & al. 1985 |
| *Capsicum chinense* Jacqu.[6] | Ají/piment | | 10'800-6180 | Cueva del Guitarrero | Complexe II Précéramique | Kaplan 1980, Smith 1980, Lynch 1980, Lynch & al. 1985 |
| | | Primitif | 3400-2100 | Huaca Prieta | Précéramique | Bird 1985 Pickersgill 1969 |
| *Pouteria lucuma* (R. & P) Kuntze (syn. *Lucuma bifera* Mol.) | Lúcuma | | 10'800-6180 | Cueva del Guitarrero | Complex II | Kaplan 1980, Smith 1980, Lynch 1980 Lynch & al. 1985 |
| | | | 6680-3720 | La Paloma | level 300-600 Précéramique | Weir & al. 1986, Jones 1988, Benfer 1984 |
| | | | 3400-2100 | Huaca Prieta | Précéramique | Bird 1985 |
| | | | 2890-2480 | Los Gavilanes | Epoca 2 Précéramique | Popper 1982, Bonavia 1982 |
| | | | 2870-2640 | Tank (PV45-2) | phase Conchas, Précéramique | Patterson & al. 1964, 1968, Cohen 1978 |
| | | | 2870-1920 | La Galgada | Précéramique | Grieder & al. 1988 |
| *Polygonum* sp. | | sylv | 7700-5200 | Pachamachay | Phase 2, Précéramique | Pearsall 1978, 1980, 1989 ; Matos Mendieta 1978 |
| *Malvastrum* sp. | | sylv | 7700-5200 | Pachamachay | Phase 2, Précéramique | Pearsall 1978, 1980, 1989 ; Matos Mendieta 1978 |
| *Polylepsis* sp. | | sylv | 7700-5200 | Pachamachay | Phase 2, Précéramique | Pearsall 1978, 1980, 1989 ; Matos Mendieta 1978 |
| *Dodonea viscosa* Jacqu. | | sylv | 7700-5200 | Pachamachay | Phase 2, Précéramique | Pearsall 1978, 1980, 1989 ; Matos Mendieta 1978 |
| *Proustia cuneifolia* D. Don (ex. *Proustia pungens* Peop.) | | sylv | 7700-5200 | Pachamachay | Phase 2, Précéramique | Pearsall 1978, 1980, 1989 ; Matos Mendieta 1978 |
| *Margyricarpus strictus* Kunze[7] | | sylv | 7700-5200 | Pachamachay | Phase 2, Précéramique | Pearsall 1978, 1980, 1989 ; Matos Mendieta 1978 |
| *Sisyrinchium* sp. | | sylv | 7700-5200 | Pachamachay | Phase 2, Précéramique | Pearsall 1978, 1980, 1989 ; Matos Mendieta 1978 |
| *Stipa* sp. | | sylv | 7700-5200 | Pachamachay | Phase 2, Précéramique | Pearsall 1978, 1980, 1989 ; Matos Mendieta 1978 |
| *Celtis* sp. | | sylv | 7180-6530 | Las Pircas 3 | level 1-5, Précéramique | Dillehay & al. 1989, Rossen & al. 1996 |
| *Sporolobus* sp. | | sylv | 7090-6370 | Las Pircas 1 | level 3-4, Précéramique | Dillehay & al. 1989, Rossen & al. 1996 |
| *Echinopsis* sp. | | sylv | 7090-6370 | Las Pircas 1 | level 3-4, Précéramique | Dillehay & al. 1989, Rossen & al. 1996 |

| | | | | | | |
|---|---|---|---|---|---|---|
| Manihot esculenta Crantz | Yuca/manioc | | 7090-6370 | Las Pircas 1 | level 3-4, Précéramique | Dillehay & al. 1989, Rossen & al. 1996 |
| | | | 2890-2480 | Los Gavilanes | Epoca 2, Précéramique | Popper 1982, Bonavia 1982 |
| | | | 1000-420 | Pampa Rosario | Période Initiale, Horizon Ancien | Ugent & al. 1984, Pozorski & al. 1987 |
| | | | 760-210 | San Diego | Horizon Ancien | Ugent & al. 1984, Pozorski & al. 1987 |
| Cucurbita cf ecuadorense[8] | Zapallo/courge | sylv | 7090-6370 | Las Pircas 1 | level 3-4, Précéramique | Dillehay & al. 1989, Rossen & al. 1996 |
| Cucurbita sp. | Zapallo/courge | sylv ? | 10'800-6180 | Cueva del Guitarrero | Complexe II, Précéramique | Kaplan 1980, Smith 1980, Lynch 1980, Lynch & al. 1985 |
| | | | 6680-6450 | La Paloma | dès level 600, Précéramique | Benfer 1982, 1984 ; Dering & al. 1979, 1981 ; Weir & al. 1986, Pearsall 1992 |
| | | | 3780-3540 | Chilca I | level 1070, Précéramique | Jones 1988, Engel 1962 |
| | | | 2890-2480 | Los Gavilanes | Epoca 2, Précéramique | Popper 1982, Bonavia 1982 |
| Cucurbita ficifolia Bouché | Zapallo/courge | | 6680?-3720 | La Paloma | level 300-600? Précéramique | Benfer 1982, 1984 ; Dering & al. 1979, 1981 ; Weir & al. 1986, Pearsall 1992 |
| | | | 3400-2100 | Huaca Prieta | Précéramique | Bird 1985, Pickersgill 1969 |
| | | | 3300-2960 | Pampa de Ventanilla | phase Pampa, Précéramique | Patterson & al. 1964, 1968, Cohen 1978 |
| | | | 2870-2000 | Huaynuma | Précéramique | Ugent & al. 1984, Pozorski & al. 1987 |
| | | | 2450-1410 | El Paraíso | Précéramique | Quilter & al. 1993 |
| Arachis hypogaea L. | Maní/cacahuète | sylv ? forme primitive | 7090-6370 | Las Pircas 1 | level 2, Précéramique | Dillehay & al. 1989, Rossen & al. 1996 |
| | | | 2890-2480 | Los Gavilanes | Epoca 2, Précéramique | Popper 982, Bonavia 1982 |
| | | | 2870-1920 | La Galgada | Précéramique | Grieder & al. 1988 |
| | | | 2450-2020 | Tank (PV45-2) | phase Gaviota, Précéramique | Patterson & al. 1964, 1968, Cohen 1978 |
| Bunchosia armeniaca (Cav.) Rich | Cansaboca/cerise verte | sylv ? | 7180-6530 | Las Pircas 3 | level 4, Précéramique | Dillehay & al. 1989, Rossen & al. 1996 |
| | | | 3400-2100 | Huaca Prieta | Précéramique | Bird 1985 |
| | | | 2870-1920 | La Galgada | Précéramique | Grieder & al. 1988 |
| Begonia geraniifolia Hooker | Begonia | | 6680?-3720 | La Paloma | level 300-600 Précéramique | Benfer 1982, 1984 ; Dering & al. 1979, 1981 ; Weir & al. 1986, Pearsall 1992 |
| | | | 3700-2800 | Chilca I | Précéramique | Jones 1988 |
| | | | | Cette plante n'a été observée que dans ces deux sites. | | |
| Lagenaria siceraria (Mol.) Standl. | | | 6680-3720 | La Paloma | dès level 600, Précéramique | Benfer 1982, 1984 ; Dering & al. 1979, 1981 ; Weir & al. 1986, Pearsall 1992 |
| | | | 6340-5320 | Lomas de Ancón | | Patterson & al. 1964, 1968, Cohen 1978 |
| | | | 5220-4800 | AS8A, valle de Supe | Précéramique | Feldman 1980 |
| | | | 3700-2400 | Chilca I | Précéramique | Engel 1962 |
| | | | 3400-2100 | Huaca Prieta | Précéramique | Bird 1985, Pickersgill 1969 |
| | | | 2890-2480 | Los Gavilanes | Epoca 2, Précéramique | Popper 1982, Bonavia 1982 |
| | | | 2870-1920 | La Galgada | Précéramique | Grieder & al. 1988 |
| Psidium guajava L. | Guayaba/goyave | sylv/dom | 6680?-3720 | La Paloma | level 300-600? Précéramique | Benfer 1982, 1984 ; Dering & al. 1979, 1981 ; Weir & al. 1986, Pearsall 1992 |
| | | | 3400-2100 | Huaca Prieta | Précéramique | Bird 1985 |
| | | | 3300-2960 | Pampa de Ventanilla | phase Pampa, Précéramique | Patterson & al. 1964, 1968, Cohen 1978 |
| | | | 2890-2480 | Los Gavilanes | Epoca 2, Précéramique | Popper 1982, Bonavia 1982 |
| | | | 2870-1920 | La Galgada | Précéramique | Grieder & al. 1988 |
| Carica candicans A. Gray | Mito | sylv | 6680?-3720 | La Paloma | level 300-600? Précéramique | Benfer 1982, 1984 ; Dering & al. 1979, 1981 ; Weir & al. 1986, Pearsall 1992 |
| | | | | Présence unique[9] | | |

| | | | | | | |
|---|---|---|---|---|---|---|
| *Haageocereus* sp. | | sylv. | 3950-3630 | La Paloma | level 400, Précéramique | Benfer 1982, 1984 ; Dering & al. 1979, 1981 ; Weir & al. 1986, Pearsall 1992 |
| | | | 1470-930 | Mina Perdida | Période Initiale | Chevalier nd. |
| | | | 1470-770 | Cardal | Période Initiale | Chevalier nd., Umlauf 1988, 1993 |
| *Solanum* sp. | | sylv | 6680-6450 | La Paloma | dès le level 600, Précéramique | Benfer 1984, Jones 1988 |
| | | sylv | -3700 | Chilca I | Level 1100, Précéramique | Jones 1988 |
| | | sylv | 2120-1840 | Panaulauca | level 18, 16P, Précéramique | Pearsall 1988, 1989, 1992 |
| *Festuca* sp. | | sylv | 5270-3800 | Pachamachay | Phase 3, Précéramique | Pearsall 1978, 1980, 1989 ; Matos Mendieta 1978 |
| | | sylv | 2700-2490 | Panaulauca | level 21, Précéramique | Pearsall 1988, 1989, 1992 |
| *Scirpus* sp. | | sylv | 5270-3800 | Pachamachay | Phase 3, Précéramique | Pearsall 19878, 1980, 1989 ; Matos Mendieta 1978 |
| Cf. *Scirpus/Cyperus* | Junco, enea/jonc | sylv | 3400-2100 | Huaca Prieta | Précéramique | Bird 1985 |
| *Scirpus* sp. | Junco, enea/jonc | sylv | 2890-2480 | Los Gavilanes | Epoca 2, Précéramique | Popper 1982, Bonavia 1982 |
| | | sylv | 2700-2490 | Panaulauca | level 21, Précéramique | Pearsall 1988, 1989, 1992 |
| *Scirpus americanus* Persoon | Junco/jonc | sylv | 2450-1940 | Los Gavilanes | Epoca 3, Précéramique | Popper 1982, Bonavia 1982 |
| *Schinus molle* L. | molle /faux poivrier | sylv | 5270-3800 | Pachamachay | Phase 3, Précéramique | Pearsall 1978, 1980, 1989 ; Matos Mendieta 1978 |
| | | | 3300-2960 | Pampa de Ventanilla | phase Pampa, Précéramique | Patterson & al. 1964, 1968, Cohen 1978 |
| | | sylv | 2890-2480 | Los Gavilanes | Epoca 2, Précéramique | Popper 1982, Bonavia 1982 |
| *Nicotiana* sp. | | sylv | 3780-3540 | Chilca I | Level 1050, Précéramique | Jones 1988 |
| *Canavalia* sp. | Pallar/haricot épais | | 3700-2400 | Chilca I | Précéramique | Engel 1962 |
| | | | 3300-2960 | Pampa de Ventanilla | phase Pampa, Précéramique | Patterson & al. 1964, 1968, Cohen 1978 |
| | | | 2870-1920 | La Galgada | Précéramique | Grieder & al. 1988 |
| *Canavalia plagiosperma* Piper | Pallar de gentiles | | 3400-2100 | Huaca Prieta | Précéramique | Bird 1985, Sauer 1969 |
| *Gynerium sagittatum* (Aubl.) Beauv. | Caña brava/jonc | sylv | 7090-6370 | Las Pircas 1 | level 3-4, Précéramique | Dillehay & al. 1989, Rossen & al. 1996 |
| | | sylv | 3700-2400 | Chilca I | Level 1050-1200, Précéramique | Jones 1988, Donan 1964 |
| | | | 3400-2100 | Huaca Prieta | Précéramique | Bird 1985 |
| | | | 2450-1940 | Los Gavilanes | Epoca 3, Précéramique | Popper 982, Bonavia 1982 |
| *Cyperus* sp. | Junco /jonc | sylv | 3700-2400 | Chilca I | Level 1050-1200 | Jones 1988, Donan 1964 |
| Cf. *Cyperus/Scirpus* sp. | " coco " si tubercule | sylv | 3400-2100 | Huaca Prieta | Précéramique | Bird 1985 |
| *Prosopis* sp. | Algarrobo/carou be | sylv | 3700-2400 | Chilca I | Level 1050-1200, Précéramique | Jones 1988, Donan 1964 |
| *Prosopis chilensis* (Mol.) Stuntz | Algarrobo/carou be | sylv | 2900-2400 | Los Gavilanes | Epoca 2, Précéramique | Popper 1982, Bonavia 1982 |
| *Furcraea* sp. | Magey/hénequin | sylv | 3700-2400 | Chilca I | Précéramique | Jones 1988 |
| | | sylv | 2450-1940 | Los Gavilanes | Epoca 3, Précéramique | Popper 1982, Bonavia 1982 |
| | | sylv | 2870-1920 | La Galgada | Précéramique | Grieder & al. 1988 |
| *Tillandsia* sp. | Achupaya/ | sylv | 6340-5320 | Lomas de Ancón | | Patterson & al. 1964, 1968, Cohen 1978 |
| | | sylv | 3700-2400 | Chilca I | Précéramique | Jones 1988 |
| | | sylv | 3400-2100 | Huaca Prieta | Précéramique | Bird 1985 |
| | | sylv | 2870-1920 | La Galgada | Précéramique | Grieder & al. 1988 |
| | | sylv | 2450-1940 | Los Gavilanes | Epoca 3, Précéramique | Popper 1982, Bonavia 1982 |
| *Cyclanthera* cf. *pedata* (L.) Schrader | Cayhua/ | | 3700-2400 | Chilca I | Précéramique | Jones 1988 |
| *Cucumis* sp.[10] | Mashisi/ | sylv | 3700-2400 | Chilca I | Précéramique | Jones 1988 |
| *Canna* indica L. | Achira/ | sylv ? | 3700-2400 | Chilca I | Précéramique | Jones 1988 |
| | | | 3400-2100 | Huaca Prieta | Précéramique | Bird 1985 |

| | | | | | | |
|---|---|---|---|---|---|---|
| (ex. *Canna edulis* Ker-Gawl) | | | 2260-1170 | Moxeque-Pampa Las Llamas | Période Initiale | Ugent & al. 1984, Pozorski & al. 1987 |
| *Typha angustifolia* L. | Totora/canne de jonc | sylv | 3400-2100 | Huaca Prieta | Précéramique | Bird 1985 |
| | | sylv | 2450-1410 | El Paraíso | Précéramique | Quilter & al. 1993 |
| | | | 3300-2960 | Pampa de Ventanilla | phase Pampa, Précéramique | Patterson & al. 1964, 1968, Cohen 1978 |
| | | | 2890-2480 | Los Gavilanes | Epoca 2, Précéramique | Popper 1982, Bonavia 1982 |
| | | | 2870-1920 | La Galgada | Précéramique | Grieder & al. 1988 |
| *Pachyrrhizus tuberosus* (Lam.) Spreng. | Jiquima/dolique tubéreux | | 3700-2400 | Chilca I | Précéramique | Jones 1988 |
| *Pachyrrhizus* sp. | | | 2450-1940 | Los Gavilanes | Epoca 3, Précéramique | Popper 1982, Bonavia 1982 |
| *Gossypium barbadense* L. | Algodón/coton | | 3700-2400 ? | Chilca I, provient d'une tombe adjacente | Précéramique | Jones 1988 |
| | | | 3400-2100 | Huaca Prieta | Précéramique | Bird 1985, Stephens 1975 |
| | | | 2890-2480 | Los Gavilanes | Epoca 2, Précéramique | Popper 1982, Bonavia 1982 |
| | | | 2870-1920 | La Galgada | Précéramique | Grieder & al. 1988 |
| | | | 3300-2960 | Pampa de Ventanilla | phase Pampa, Précéramique | Patterson & al. 1964, 1968, Cohen 1978 |
| *Cucurbita moschata* Duch. ex. Poir. | | | 3400-2100 | Huaca Prieta | Précéramique | Bird 1985, Pickersgill 1969 |
| | | | 2890-2480 | Los Gavilanes | Epoca 2, Précéramique | Popper 1982, Bonavia 1982 |
| | | | 2870-1920 | La Galgada | Précéramique | Grieder & al. 1988 |
| | | | 2450-1410 | El Paraíso | Précéramique | Quilter & al. 1993 |
| *Cucurbita maxima* Duch. | | | 3400-2100 | Huaca Prieta | Précéramique | Bird 1985, Pickersgill 1969 |
| | | | 2870-1920 | La Galgada | Précéramique | Grieder & al. 1988 |
| | | | 2870-2000 | Huaynuma | Précéramique | Ugent & al. 1984, Pozorski & al. 1987 |
| | | sylv | 2450-1410 | El Paraíso | Précéramique | Quilter & al. 1993 |
| *Sapindus saponaria* L. | Jaboncillo/savonnier | sylv | 7180-6530 | Las Pircas 3 | level 1-5, Précéramique | Dillehay & al. 1989, Rossen & al. 1996 |
| | | sylv | 3400-2100 | Huaca Prieta | Précéramique | Bird 1985 |
| | | sylv | 2870-2640 | Tank (PV45-2) | phase Conchas, Précéramique | Patterson & al. 1964, 1968, Cohen 1978 |
| | | sylv | 2870-1920 | La Galgada | Précéramique | Grieder & al. 1988 |
| *Capsicum baccatum* L. (var. *pendulum* Willd.) | Aji/piment | | 3400-2100 | Huaca Prieta | Précéramique | Bird 1985 Pickersgill 1969 |
| | | | 2320-1020 Problème de datatation | Punta Grande | cf. phase Conchas, Précéramique | Patterson & al. 1964, 1968, Cohen 1978 |
| *Equisetum* sp. | Uña de caballo/prêle | sylv | 3400-2100 | Huaca Prieta | Précéramique | Bird 1985 |
| | | sylv | 2870-1920 | La Galgada | Précéramique | Grieder & al. 1988 |
| | | sylv | 2450-1410 | El Paraíso | Précéramique | Quilter & al. 1993 |
| Cf. *Echinocloa crusgali* (L.) Beauv. | | | 3400-2100 | Huaca Prieta | Précéramique | Bird 1985 |
| *Salix* sp. | | sylv | 3400-2100 | Huaca Prieta | Précéramique | Bird 1985 |
| | | sylv | 2450-1410 | El Paraíso | Précéramique | Quilter & al. 1993 |
| *Mimosa* sp. | | | 3400-2100 | Huaca Prieta | Précéramique | Bird 1985 |
| Cf. *Capparis scabrida* H.B.K.[1] | | | 3400-2100 | Huaca Prieta | Précéramique | Bird 1985 |
| cf. *Dolichos* sp. | | | 3400-2100 | Huaca Prieta Présence unique | Précéramique | Bird 1985 |
| *Eleocharis* sp. | | | 3400-2100 | Huaca Prieta | Précéramique | Bird 1985 |
| Cf. *Asclepias* sp. | | | 3400-2100 | Huaca Prieta | Précéramique | Bird 1985 |
| | | | 3300-2960 | Pampa de Ventanilla | phase Pampa, Précéramique | Patterson & al. 1964, 1968, Cohen 1978 |
| *Cucurbita andreana* Naud | | | 3300-2960 | Pampa de Ventanilla | phase Pampa, Précéramique | Patterson & al. 1964, 1968, Cohen 1978 |

| | | | | | | |
|---|---|---|---|---|---|---|
| *Galactia striata* (Jacqu.) Urban | | | 3300-2960 | Pampa de Ventanilla | phase Pampa, Précéramique | Patterson & al. 1964, 1968, Cohen 1978 |
| *Capsicum* spp. | | | 3290-2950 | Camino | phase Playa Hermosa | Patterson & al. 1964, 1968, Cohen 1978 |
| | Ají/piment | | 2890-2480 | Los Gavilanes | Epoca 2, Précéramique | Popper 1982, Bonavia 1982 |
| | | | 2870-1920 | La Galgada | Précéramique | Grieder & al. 1988 |
| | | | 2870-2000 | Huaynuma | Précéramique | Ugent & al. 1984, Pozorski & al. 1987 |
| *Juncus* sp. | Juncus/jonc | sylv | 2890-2480 | Los Gavilanes | Epoca 2, Précéramique | Popper 1982, Bonavia 1982 |
| *Persea americana* Mill. | Aguacate, palta/avocat | sylv ? | 2890-2480 | Los Gavilanes | Epoca 2, Précéramique | Popper 1982, Bonavia 1982 |
| | | | 2870-1920 | La Galgada | Précéramique | Grieder & al. 1988 |
| *Cenchrus* sp. | | sylv | 2890-2480 | Los Gavilanes | Epoca 2, Précéramique | Popper 1982, Bonavia 1982 |
| *Cenchrus myosuroides* H.B.K. | cenchrus | | 2450-1940 | Los Gavilanes Présence unique | Epoca 3, Précéramique | Popper 1982, Bonavia 1982 |
| *Zea mays* L. | Maíz/maïs | | 2890-2480 ? | Los Gavilanes | Epoca 2, Précéramique | Popper 1982, Bonavia 1982 |
| | | | 1510-1260 | La Galgada | Période Initiale | Grieder & al. 1988 |
| | | | 1470-930 | Mina Perdida | Période Initiale | Burger 1987, Chevalier nd. |
| | | | 1470-770 | Cardal | Période Initiale | Burger 1987, Chevalier nd., Umlauf 1988, 1993 |
| | | | 1320-1000 | Las Haldas | Horizon Ancien | Ugent & al. 1984, Pozorski & al. 1987 |
| | | | 1000-410 | Pampa Rosario | Période Initiale, Horizon Ancien | Ugent & al. 1984, Pozorski & al. 1987 |
| | | | 760-210 | San Diego | Horizon Ancien | Ugent & al. 1984, Pozorski & al. 1987 |
| *Distichlis spicata* (L.) Greene | gama salada/avoine des dunes | sylv | 2890-2480 | Los Gavilanes | Epoca 2, Précéramique | Popper 1982, Bonavia 1982 |
| Malvaceae | | sylv | 2890-2480 | Los Gavilanes | Epoca 2, Précéramique | Popper 1982, Bonavia 1982 |
| *Inga feuilli* D.C. | Pacay | sylv ? | 3300-2960 | Pampa de Ventanilla | phase Pampa, Précéramique | Patterson & al. 1964, 1968, Cohen 1978 |
| | | sylv ? | 2890-2480 | Los Gavilanes | Epoca 2, Précéramique | Popper 1982, Bonavia 1982 |
| | | | 2870-1920 | La Galgada | Précéramique | Grieder & al. 1988 |
| *Solanum tuberosum* L. | papa, patata/pomme de terre | | 3300-2960 | Pampa de Ventanilla | phase Pampa, Précéramique | Martin-Farias 1976 |
| | | | 2870-2000 | Huaynuma | Précéramique | Ugent & al. 1982, 1983, 1984 ; Pozorski & al. 1987 |
| | | | 2260-1170 | Moxeque-Pampa de Las Llamas | Période Initiale | Ugent & al. 1984, Pozorski & al. 1987 |
| | | | 1600-1200 | Las Haldas | Période Initiale | Ugent & al. 1984, Pozorski & al. 1987 |
| *Ipomoea batata* (l.) Lam. | camote/patate douce | | 2870-2000 | Huaynuma | Précéramique | Ugent & al. 1982, 1983, 1984 ; Pozorski & al. 1987 |
| | | | 2450-2020 | Tank (PV45-2) | phase Gaviota, Précéramique | Patterson & al. 1964, 1968, Cohen 1978 |
| | | | 2260-1170 | Moxeque-Pampa de Las Llamas | Période Initiale | Ugent & al. 1984, Pozorski & al. 1987 |
| *Ipomoea* sp. | | | 2450-1940 | Los Gavilanes | Epoca 3, Précéramique | Popper 1982, Bonavia 982 |
| *Typha* sp. | Totora/canne de jonc | sylv | 2870-1920 | La Galgada | Précéramique | Grieder & al. 1988 |
| *Passiflora* sp. | | sylv ? | 2870-1920 | La Galgada | Précéramique | Grieder & al. 1988 |
| *Erythrina* sp. | | sylv | 2870-1920 | La Galgada | Précéramique | Grieder & al. 1988 |
| *Lepidium* cf. *meyenii* Walp. | Maca | sylv | 2700-2490 | Panaulauca | level 21, Précéramique | Pearsall 1988, 1989, 1992 |
| *Echinocactus* sp. | | sylv | 2700-2490 | Panaulauca | level 21, Précéramique | Pearsall 1988, 1989, 1992 |
| *Trifolium* sp. | | sylv | 2700-2490 | Panaulauca | level 21, Précéramique | Pearsall 1988, 1989, 1992 |
| *Annona cherimolia* Miller | Chirimolia/anon-ne | | 2450-1940 | Los Gavilanes | Epoca 3, Précéramique | Popper 1982, Bonavia 1982 |

| | | | | | | |
|---|---|---|---|---|---|---|
| *Cereus* sp. | | sylv | 2450-1410 | El Paraíso | Précéramique | Quilter & al. 1993 |
| *Tessaria integrifolia* R. & P. | pájaro bobo/ | sylv | 2450-1410 | El Paraíso | Précéramique | Quilter & al. 1993 |
| *Myrsine* (Mez) Pipoly (ex *Rapanea* sp. Mez) | manglio/myrsine | sylv | 2450-1410 | El Paraíso | Précéramique | Quilter & al. 1993 |
| *Phragmites communis* Trin. | | sylv | 2450-1410 | El Paraíso | Précéramique | Quilter & al. 1993 |
| *Pennisetum* sp. | | sylv | 2450-1410 | El Paraíso | Précéramique | Quilter & al. 1993 |
| *Baccharis* sp. | | sylv | 2450-1410 | El Paraíso | Précéramique | Quilter & al. 1993 |
| *Ambrosia* sp. | | sylv | 2450-1940 | Los Gavilanes | Epoca 3, Précéramique | Popper 1982, Bonavia 1982 |
| *Ranunculus* sp. | | sylv | 2330-1910 | Pachamachay | Phase 5, Précéramique | Pearsall 19878, 1980, 1989 ; Matos Mendieta 1978 |
| *Calamagrostis* sp. | | sylv | 2330-1910 | Pachamachay | Phase 5, Précéramique | Pearsall 19878, 1980, 1989 ; Matos Mendieta 1978 |
| *Erythroxylum* sp. cf. coca Lamarck | coca | | 2260-1150 | Tank (PV45-2) | Période Initiale | Patterson & al. 1964, 1968, Cohen 1978 |
| *Portulaca* sp. | | sylv | 2120-1840 | Panaulauca | level 18, 16P, Précéramique | Pearsall 1988, 1989, 1992 |
| *Lupinus* sp. | tarwi/lupin | sylv | 1910~500 | Pachamachay | Phase 7, Précéramique | Pearsall 19878, 1980, 1989 ; Matos Mendieta 1978 |
| | | | 608-990 ap. J.-C. | Jauja valley | Huacrapukio | Hastorf 1989, 1993 |
| *Physalis* sp. | | sylv sylv | 2450-1410 1720-1480 | El Paraíso Chilca I | Précéramique Level 900, Précéramique | Quilter & al. 1993 Jones 1988 |
| (*Capsicum frutescens* L.) = *Capsicum. anuum* L | ají/piment | | 1950-400 | Huaca Prieta | Période Initiale, Horizon Ancien | Bird 1985, Pickersgill 1969 |
| *Ullucus tuberosus* Loz. | olluco/melloco | | 940-1236 ap. J.-C. | Jauja valley | Wanka 1, Horizon Moyen | Hastorf 1989, 1993 |
| *Tropaeolum tuberosum* R.&P. | mashua | | 940-1236 ap. J.-C. | Jauja valley | Wanka 1, Horizon Moyen | Hastorf 1989, 1993 |

**Tableau 2**

Pour les insertions chronologiques 1s, 68,2% de confiance, Stuiver & Kra 1993 (Stuiver et al. 1993) avec Oxcal 3.b.2.

Pachamachay : Phase 1 : UCLA 2118A 11'800±930BP [13'200-10'700 av. J.-C.], UCR 554 9010±285BP [8400-7700 av. J.-C.]. Phase 2 (fin) : UCR 557 6580±255BP [5690-5220 av. J.-C.]. Phase 3 (fin) UCLA 2118D 5080±60BP [3950-3800 av. J.-C.]. Phase 5 UCLA 2118B 3800±60BP [2330-2130 av. J.-C.], UCLA 2118C 3640±60BP [2100-1910 av. J.-C.].
Cueva del Guitarrero, Complexe IIa : GX-1778 10535±290BP [10800-9700 av. J.-C.], Complexe IIe : GX-1860 7575±200BP [6620-6180 av. J.-C.].
Las Pircas 1 : level 3 : Beta-12385 7950±180BP [7090-6600 av. J.-C.], Beta-30778 7640±80BP [6530-6370 av. J.-C.]. Level 4 Beta-30779 7690±70BP [6560-6430 av. J.-C.].
Las Pircas 3 : level 2 : Beta-30781 8080±70BP [7180-6810 av. J.-C.]. Level 3 Beta-12384 9870±120BP [9650-9000 av. J.-C.]. Level 4 : Beta-33525 7850±140BP [6950-6530 av. J.-C.].
Lomas de Ancón : Phase Luz : Y-1303 7380±120BP [6340-6060 av. J.-C.].
Ancón, Tank (PV45-2) : Y-1304 6520±120BP [5540-5320 av. J.-C.]. Phase Conchas : UCLA-968 4200±80BP [2870-2640 av. J.-C.]. Phase Gaviota : N-86 3810±150BP [2450-2020 av. J.-C.], GX-1231 3455±105BP [1890-1620 av. J.-C.]. Période Initiale, 1ère phase : GX-1135a 3150±110BP [1520-1250 av. J.-C.]. Période Initiale, 2ème phase : GX-1129 3235±120BP [1650-1350 av. J.-C.], GX-1241 3680±130BP [2260-1880 av. J.-C.]. Période Initiale 3ème phase : GX-1234 3275±95BP [1660-1440 av. J.-C.], GX-1233 3070±95BP [1410-1150 av. J.-C.].
Aspero AS8A : GX-3863 6085±180BP [5220-4800 av. J.-C.].
Paloma : Level 300 : UGa-4120 5020±85BP [3930-3720 av. J.-C.]. Level 400 : UCR-1870 4990±150BP [3950-3630 av. J.-C.]. Level 500 : Ny-243 6510±180BP [5560-5250 av. J.-C.]. Level 600 : UGa-3892 7735±100BP [6680-6450 av. J.-C.].
Chilca I : NZ-1053 5700±136BP [4720-4410 av. J.-C.], I-958 4400±320BP [3500-2600 av. J.-C.]. Level 1050 et 1070 : UCR-1874 4880±100BP [3780-3540 av. J.-C.]. Level 900 : UCR-1873 3320±100BP [1720-1480 av. J.-C.].

Huaca Prieta : C-316 4380±270 [3400-2600 av. J.-C.] C-362 4044±300BP [3000-2100 av. J.-C.], C-322 3310±250BP [1950-1250 av. J.-C.], et C-323 2632±300BP [1150-400 av. J.-C.].
Pampa de Ventanilla (PV45-136), Phase Pampa GX-1134 4450±110BP [3300-2960 av. J.-C.].
Camino (PV45-100A), Phase Playa Hermosa : GX-1141 4440±110BP [3290-2950 av. J.-C.].
Huaynuma : UGA-45224200±80BP [2870-2640 av. J.-C.], UGA-4521 3725±75BP [2240-2000 av. J.-C.].
Panaulauca : level 21 WSU-3001 4040±60BP [2700-2490 av. J.-C.]. Level 18, 16P WSU-3000 3630±90BP [2120-1840 av. J.-C.].
La Galgada : TX-3664 4110±50BP [2830-2580 av. J.-C.], TX-4448 3650±60BP [2110-1920 av. J.-C.], TX-4446 3130±80BP [1480-1270 av. J.-C.].
El Paraíso : PUCP-71, 3890±130BP [2540-2150 av. J.-C.], PUCP-72 3230±80BP [1600-1410 av. J.-C.].
Los Gavilanes : Epoca 2, GX-5076 4140±160BP [2890-2480 av. J.-C.] ; Epoca 3, GX-5078 3755±155BP [2390-1950 av. J.-C.].
Punta Grande (PV45-100B), Phase Conchas : GX-1130 3760±95BP [2320-2020 av. J.-C.].
Moxeque-Pampa de las Llamas : UGA-4505 3735±75BP [2260-2010 av. J.-C.], UGA-4504 3070±85BP [1400-1170 av. J.-C.].
Cardal : I-14130 3120±90BP [1470-1230 av. J.-C.], I-14771 2690±90BP [950-770 av. J.-C.].
Mina Perdida : I-14254 3120±90BP [1470-1230 av. J.-C.], I-14252 2870±90BP [1190-930 av. J.-C.].
Las Haldas : UGA-4526 2990±75BP [1320-1080 av. J.-C.], UGA-4527 2915±60BP [1200-1000 av. J.-C.].
Pampa Rosario : UGA-4535 2760±75BP [1000-840 av. J.-C.], UGA-4536 2400±70BP [710-410 av. J.-C.].
San Diego : UGA-4514 2510±115BP [760-460 av. J.-C.], UGA-4516 2245±60BP [360-210 av. J.-C.].
Jauja valley : Huacrapukio : QL-4204 1420±40BP [608-656AD], I-12737 1380±210BP [450 -890AD]. Wanka 1 : I-12739 1020±80BP [940-1140AD], I-12736 890±90BP [1050-1230AD].

## Commentaires

Des données plus anciennes que les dates figurant dans le tableau sont mentionnées par F. Engel (1970, 56) pour *Solanum* sp., *Ullucus* sp., *Manihot* sp., *Ipomoea* spp, *Pachyrrhizus tuberosus* (Lam.) Spreng., *Lagenaria* sp. et *Opuntia ficus-indica* (L.) Mill.[12], soit 10'030±170BP (I-3091), ou : 8260-7910 av. J.-C. Il s'agit du niveau 10 du site de Tres Ventanas Cave 1 dans la Quebrada de Chilca. Nous ne pouvons cependant pas considérer ces données. En effet, à l'exception de *Solanum tuberosum* L. dont la détermination est établie (Ugent et al. 1982), le doute subsiste quant à l'identification des autres restes, surtout pour *Ullucus* sp. - "could be *Ullucus* sp." (Engel 1970, p.56). Les indications données par Engel sont surtout peu précises et contradictoires : il n'indique pas la provenance des macrorestes, sauf qu'ils ont été retrouvés "in all levels" (idem). En fait les restes semblent provenir uniquement de 6 couches de tuf "that contains plant remains and human occupation" (idem), dont le niveau le plus ancien est effectivement daté de 10'030BP, mais dont le niveau supérieur se situe sous une couche datée de 6290±120BP (I-3092), soit 4470-4220 av. J.-C. Si l'on accepte le fait de n'avoir que deux dates pour cadrer chronologiquement ces couches, les macrorestes doivent être datés quelque part entre 4470 et 8260 av. J.-C. Bien évidemment la date la plus ancienne est la plus intéressante...
Dans une affirmation postérieure, il ne mentionne plus que le terme Holocène : "jíquima (*Pachyrrhizus tuberosus* (Lam.) Spreng.), potato (*Solanum* sp.), olluco (*Ullucus* sp.) yuca (*Manihot* sp.) and sweet potato (*Ipomoea* sp.), and fruits like the tuna (*Opuntia* sp.) are present in some very early Holocene settlements (e.g. in the 10'000BP level in Chilca Cave)" " (Engel 1973, p. 274). Enfin, le genre *Lagenaria* n'est plus mentionné, la détermination de la tuna devient moins précise[13], mais par contre l'olluco semble être devenu une évidence.
Curieusement ces références sont reprises par divers auteurs (Chevalier 1993, Pearsall 1992, 1978, Smith 1980c), en ne citant que certains taxons, ou leur totalité, sans que le lecteur comprenne les raisons qui ont dirigé leurs choix respectifs.
Une autre référence présentant des problèmes certains, et systématiquement mentionnée, est celle de Mac Neish pour le site de Pikimachay dans la région d'Ayacucho. Les analyses botaniques ne sont pas encore publiées (voire pas encore réalisées), et seuls quelques publications font référence à un certain nombre de plantes retrouvées par phases culturelle, plantes mentionnées uniquement par leur nom vernaculaire (MacNeish 1969, MacNeish et al. 1970, 1980, 1981, 1983). Mais il n'y a aucune indication de site, sauf pour la phase Cachi, ni de niveau archéologique du reste.
En fait comme le relève Bonavia (1993-1995, 89) : "La poca información que se puede entresacar de lo publicado es muy pobre, carece de puntualidad, en algunos casos es contradictoria y plantea graves interrogantes", ou encore Piperno & Pearsall (1998, 5-6) :" interpretation of [...] a series of sites in the Ayacucho region, Peru, is complicated by potential disturbance of dry sediments, dating ambiguities, and [...] incomplete publication"[14].
En prenant comme référence l'introduction du troisième volume de "Prehistory of the Ayacucho basin, Peru" (MacNeish et al. 1980), voici, pour information, les plantes qui pourraient être présente pour la région d'Ayacucho.
Phase Jaywa, 7100-5800 BC[15] : des graines d'achiote, ou *Bixa orellana* L., et dans trois coprolithes des tiges de baies et des graines d'herbes (MacNeish et al. 1980, 8).
Phase Piki, 5800-4400 BC : domesticated gourd, quinoa, and perhaps squash (*Cucurbita andina*) (idem, 9 ). Soit : *Lagenaria siceraria* (Mol.) Standl., *Chenopodium quinoa* Willd. et *Cucurbita andina*. Pour cette dernière plante, il doit s'agir d'une erreur, car *C. andina* est inexistante taxonomiquement ; il doit probablement s'agir de *C. andreana* Naud, qui elle est sylvestre.
Phase Chihua : "there does seem to be some evidence of common bean, achiote, tree gourd, lucuma, coca, and perhaps potato, and at the very end of the phase, primitive Ayacucho-type corn" (idem, 10). Soit : *Phaseolus vulgaris* L., *Bixa orellana* L., *Crescienta cujete* L., Erythroxylum coca Lam., peut-être *Solanum tuberosum* L., et à la fin *Zea mays* L.

Phase Cachi : "Foodstuffs and feces from Pikimachay cave included corn, squash, beans, gourd, tara, and lucuma, possibly cotton, pepper, quinoa, and achira". (idem, 11). Soit : *Zea mays* L., *Cucurbita* sp., *Phaseolus vulgaris* L., *Lagenaria siceraria* (Mol.) Standl., *Caesalpinia spinosa* (Mol.) Kuntze, et *Pouteria lucuma* (R.&P.) Kuntze, et probablement *Gossypium* sp., *Capsicum* sp., *Chenopodium quinoa* Willd., et Canna indica L. (= *Canna edulis* Ker-Gawler)

Les données de la Cueva del Guitarrero (Kaplan 1980, Lynch 1980, Smith 1980b), dans le Callejón de Huaylas ont également été critiquées(Bonavia 1982), non pas tant en ce qui concerne la détermination des restes, mais encore une fois pour des problèmes de datations et de stratigraphies (intrusions). Nous avons choisi de faire figurer ces données dans le tableau 2 car les dernières datations effectuées (Lynch et al. 1985) semblent à présent fiables.

Bonavia donne comme datations pour les différentes époques du site de Los Gavilanes des versions fort différentes selon les publications, au point qu'il est très difficile de s'y retrouver. Du reste, les auteurs qui ont repris les données radiocarbones de Bonavia ont en fait toujours cité des dates calibrées, en les comparant avec d'autres dates non calibrées. C'est ce que fait du reste Pearsall dans son article de 1992. Des trois périodes déterminées par Bonavia, seule la deuxième et la troisième sont cadrées par des dates C14. Quant au terminus *ante quem* de la première période, 6000 av. J.-C. (Bonavia 1993-1995)elle est déterminée par chronologie relative sur la base de la géomorphologie de la terrasse sur laquelle repose la phase 1. Cependant, comme le dit Bonavia lui-même :"Los Gavilanes 1 está presente sólo en cuatro lugares y - como ya se vió - con escaso material cultural." [Bonavia, 1982, p275 #62]. Si sa position stratigraphique ne fait aucun doute, elle semble mal définie culturellement, avec un terminus *ante quem* mal défini par une chronologie indirecte. Aussi, nous préférons ne pas inclure les plantes de la Période 1 (*Canna* sp., *Arachis hypogaea* L., *Inga feuilli* D.C., *Lagenaria siceraria* (Mol.) Standl., *Cenchrus* sp., *Tillandsia* sp., *Juncus* sp., *Furcraea* sp., *Schinus molle* L.) (Popper 1982).

La présence de *Zea mays* L. à Los Gavilanes dès la Période 2 a suscité, et suscite encore de nombreuses critiques. La date C14 effectuée directement sur une glume a donné une date très récente, que Bonavia a estimé erronée (Bonavia 1982). Il explique que ce problème est dû à un oubli de correction de la part du laboratoire au moment de la mesure[16] et maintient l'insertion chronologique de ce matériel. Alors intrusion, ou première apparition de *Zea mays* L. au Pérou ? A moins de redater directement ce spécimen, ou à défaut d'autres découvertes semblables, le doute subsistera malheureusement. Nous avons décidé de la faire figurer dans le tableau, quand bien même il ne s'agit que de la seule occurrence précéramique. *Zea mays* L apparaît dans les autres sites péruviens au début de la période initiale (~2200 av. J.-C.), et ne devient réellement abondant qu'à la fin de l'Horizon Ancien (~150 av. J.-C.)

Les données de la Côte centrale posent certains problèmes (Cohen 1978, Lanning 1967, Martin-Farias 1976) ; ils sont en partie liés aux datations radiocarbones, inexistantes ou problématiques, et en partie dus à l'utilisation de chronologies relatives imprécises, se basant soit sur des sériations lithique qui ne sont plus utilisées, soit sur des styles céramiques locaux qu'il est difficile de dater. Ainsi, nous n'avons pas retenu les données de la Phase Arenal : en effet, la date C14 sur laquelle se base cette phase provient de Lauricocha (Cardich 1958), et a été appliquée à la

phase Arenal en raison d'une analogie des industries lithiques (Patterson & Lanning 1964, p. 119). Il en va de même avec les données sur les macrorestes de la phase Encanto, dont la datation C14 a été appliquée par analogie avec le matériel lithique (Patterson & Moseley 1968, 115).

Malgré les très importants recoupements chronologiques des phases Conchas et Gaviota nous avons quand même décidé de les individualiser en suivant la chronologie de Patterson & al. (1968) établie sur la base de modifications de techniques de tissage.

La sériation stylistique de la Période Initiale sur le site de Tank à Ancón n'est pas supportée par les dates C14, qui s'échelonnent entre 2260 et 1150 av. J.-C. Aussi nous n'avons pas indiqué de quelle phase il s'agissait, mais simplement "Période Initiale".

Enfin, nous n'avons pas de date C14 pour l'Horizon Ancien à Tank (PV45-2), aussi nous n'avons pas indiqué la présence de *Campomanesia lineatifolia* (Cohen 1978) dans notre tableau.

Enfin, c'est volontairement que nous n'avons pas fait figurer les données que nous avons obtenues sur les sites de Cardal, Mina Perdida et Pampa Chica dans la vallée de Lurín.[17] En effet, les analyses ne sont pas terminées et les insertions chronologiques ne sont pas encore établies de manière certaine.

## Conclusions

Nous sommes conscients de ce que notre position a de radical : le passage de la spéculation aux faits ne se fait pas sans heurts et sans une réelle mise en question de nos connaissances.

La lecture du tableau est à cet égard instructive : deux taxons qui font partie de ce que l'on appelle les plantes du complexe andin - *Solanum tuberosum* L., et *Ullucus tuberosum* - apparaissent relativement tardivement dans la chronologie alors qu'ils sont placés généralement comme les premières plantes à être domestiquées. Leur position tardive dans le tableau est très probablement le résultat d'un artefact de la recherche, mais c'est la réalité archéobotanique actuelle. Seul un changement dans les méthodes de fouilles et d'analyses archéobotanique permettra d'atteindre une certaine "réalité" archéologique.

Mais il faudrait encore affiner cette synthèse, en contrôlant stratigraphiquement l'occurrence des taxons afin d'établir sans aucun doute les premières apparitions des plantes et de pouvoir effectuer des comparaisons valables entre sites. Travail futur qui permettra d'appréhender les évolutions d'utilisations et de consommations des groupes précolombiens.

Mais, nous aimerions insister surtout sur le manque de données concernant les plantes sylvestres. En nous référant au tableau, nous pouvons constater qu'elles n'ont été reconnues qu'au coup par coup, selon la finesse des méthodes employées pour les analyses. Malgré ce que prétend Cohen (Cohen 1978), seules des méthodes très précises permettront de récupérer de manière exhaustive les vestiges végétaux dans un site archéologique, entre autres, l'échantillonnage systématique des sols et leurs flotations.

Ce manque de données concernant la flore sauvage est d'autant plus dommageable que nous ignorons, encore à l'état actuel, quels types de plantes sylvestres ont pu être récoltés à des fins alimentaires ou pharmaceutiques, et quelle est leur importance dans les économies des groupes précolombiens.

En fait, et nous le constatons dans nos propres recherches, les analyses archéobotaniques effectuées sur des sites précolombiens indiquent à chaque fois une présence très importante de la flore sylvestre, particulièrement lorsqu'il s'agit de sites précéramiques.

Si la part des végétaux domestiqués, ou en voie de domestication, dans les groupes nomades ou pré-sédentarisés est généralement considérée comme faible, qu'en est-il réellement de leur dépendance à l'égard des végétaux sylvestres ? Et quel statut ont les plantes sauvages dans les sociétés hiérarchisées précolombiennes, outre les plantes pharmceutiques, en particulier lors de périodes de disette ? Autant de questions qui n'ont pas de réponse pour le moment.

Ce travail a effectuer sur les flores sylvestres et leurs utilisations doit également s'accompagner d'un effort sur l'expérimentation archéologique et archéobotanique actuellement inexistante dans les Andes, afin de pouvoir différencier les gestes produisant les restes archéologiques. Ainsi il nous est très difficile de pouvoir séparer les vestiges de plantes provenant d'un acte humain, de ceux qui ont été ingérés par des herbivores dont on a récupéré les fèces pour en faire du combustible. Or il est a peu près certain, d'après les autres études menées essentiellement en Europe et au Proche-Orient, que la composition des assemblages de flores permettrait de reconnaître ces différences.

Mais encore : séparer très nettement les hypothèses des faits archéologiques, et ne prendre en compte que les données qui ont des identifications et des contextes clairement établis devraient nous permettre de comprendre un peu mieux le statut des plantes dans les sociétés précolombiennes.

## Bibliographie

AITKEN M. J. 1990. *Science-based dating in archaeology*. London, New.York : Longman. (Longman Archaeology Series).

BENFER R. 1982. Proyecto Paloma de la Universidad de Missouri y el centro de Investigaciones de Zonas Aridas. *Zonas Aridas (Lima)*, 2, 34-73.

BENFER R. 1984. The challenges and rewards of sedentism : the Preceramic village of Paloma, Peru. In : COHEN M. N., ARMELAGOS G. (eds). *Paleopathology at the origins of agriculture*. New York : Academic Press, 531-558.

BIRD J., HYSLOP J., DIMITRIJEVIC SKINNER M. 1985. *The Preceramic excavations at Huaca Prieta, Chicama valley, Peru*. New York : Museum of Natural History. (Anthropological papers of the American Museum of Natural History ; 62).

BIRD J., MAHLER J. 1951-52. America's oldest cotton fabrics. *American Fabrics*, 20, 7378.

BONAVIA D. 1982. *Los Gavilanes : precerámico peruano, mar, desierto y oásis en la historia del hombre*. Lima : Cooperación Financiera de Desarrollo S.A. et Inst. Arqueol. Alemán.

BONAVIA D. 1993-1995. La domesticación de las plantas y los orígenes de la agricultura en los Andes centrales. *Revista histórica (Lima)*, 38, 77-107.

BONAVIA D., GROBMAN A. 1979. Sistema de depositos y almacenamiento durante el período Precerámico en la Costa del Perú. *Journal de la Société des Américanistes*, 66, 21-42.

BONAVIA D., GROBMAN A. 1989a. Andean maize : its origins and domestication. In : HARRIS D. R., HILLMAN G. C. (eds.). *Foraging and Farming : the evolution of plant exploitation*. London : Unwin Hyman. (One World Archaeology ; 13), 456-470.

BONAVIA D., GROBMAN A. 1989b. Preceramic Maize in the Central Andes : A necessare Classification. *American Antiquity*, 54, 4, 836-840.

BRAKO L., ZARUCCHI J. L. 1996. *Catalogue of the flowering plants and gymnosperms of Peru*. St. Louis : Missouri Botanical Garden. (Monographs in systematic botany from the Missouri Botanical Garden ; 45).

BURGER R. L. 1987. U-shaped complex, Cardal, Peru. *Nat. Geographic Research*, 3, 3, 363-375.

CALLEN E. O., CAMERON T. W. 1960. A prehistoric diet revealed in coprolites. *New Scientist*, 8, 190, 35-40.

CANDOLLE A., de. 1886 (3ème ed). *Origine des plantes cultivées*. Paris : Félix Alcan. (Bibliothèque scientifique internationale ; 43).

CANDOLLE A. d. 1855. *Géographie botanique raisonnée, ou exposition des faits principaux et des lois concernant la distribution géographique des plantes de l'époque actuelle*. Genève : J. Kessmann.

CARDICH A. 1958. *Los yacimientos de Lauricocha : nuevas interpretaciones de la prehistoria peruana*. Buenos Aires : Centro Argentino de Estudios Prehistóricos. (Studia Praehistorica ; 1).

CARDICH A. 1964. *Lauricocha : fundamentos para une prehistoria de los Andes Centrales*. Buenos Aires : Centro Argentino de Estudios Prehistóricos. (Studia Praehistorica ; 3).

CARDICH A. 1980. Origen del Hombre y de la Cultura andinos. In : *Historia del Perú*. Lima : Mejía Baca. Vol. 1, 31-165.

CHEVALIER A. 1993. *La côte centrale péruvienne du Précéramique final a l'Horizon Ancien : état des lieux*. Diplôme, Département d'Anthropologie, Université de Genève.

CLAPPERTON C. 1972. The pleistocene moraine stage of West Central Peru. *Journal of Glaciology*, 11, 62, 255-263.

CLAPPERTON C. H. 1981. Quaternary glaciation in the Cordillera Blanca, Peru, and Cordillera Real, Bolivia. *Revista CIAF*, 6, 1/3, 93-111.

COHEN M. N. 1978. Archaeological plant remains from the Central Coast of Peru. *Ñawpa Pacha*, 16, 23-51.

COSTANTIN J., BOIS D. 1910. Sur les graines et tubercules des tombeaux péruviens de la Période Incasique. *Revue Générale de Botanique*, 22, 242-265.

COSTIN C., TIMOTHY E. 1989. Status distinction and legitimation of power as reflected in changing patterns of cosumption in late prehispanic Peru. *American Antiquity*, 54, 4, 691-714.

CUTLER H., WiTHAKER T. 1961. History and distribution of the cultivated cucurbits in the Americas. *American Antiquity*, 26, 4, 469-485.

DILLEHAY T., NETHERLY P. 1983. Exploring the Upper Zaña valley in Peru : a unique tropicla forest settin offers insights itno the Andean past. *Archaeology*, 36, 4, 22-30.

DILLEHAY T., NETHERLY P. et ROSSEN J. 1989. Middle Preceramic publis and residential sites on the forested slope of the Western Andes, Northern Peru. *American Antiquity*, 54, 4, 733-759.

DOLLFUS O. 1965. *Les Andes centrales du Pérou et leurs piémonts : études géomorphologiques*. Lima : IFEA. (Trav. de l'Inst. fr. d'étud. andines ; 10).

DOLLFUS O. 1976. Les changements climatiques holocènes dans les hautes Andes tropicales. *Bulletin de l'Association des géographes français*, 433, 95-103.

DONNAN C. B. 1964. An early house from Chilca, Peru. *American Antiquity*, 30, 2, 137-144.

EARLE T., D'ALTROY T. et LEBLANC C. 1978. Arqueología regional de los períodos prehispánicos tardíos en el Mantaro. In : Matos Mendieta R., ed. *El hombre y la cultura andina : actas y trabajos del III congreso*. Lima : UMNSM, 641-672.

EARLE T., HASTORF C., SCOTT C., et al. 1987. *Archaeological Field Research in the Upper Mantaro, peru, 1982-1983 : Investigations of Inka Expansion and Exchange*. Los Angeles : University of California. (Institute of Archaeology ; 28).

ENGEL F. 1957a. Early sites on the Peruvian coast. *Southwestern Journal of Anthropology*, 13, 1, 54-60.

ENGEL F. 1957b. Sites et établissements sans céramique de la côte péruvienne. *Journal de la Société des Américanistes*, 46, 67-151.

ENGEL F. 1960. Datos con referencia al estudio de sitios prehistóricos en su contexto morfológico y climatológico. In : MATOS MENDIETA R. (ed.). *Antiguo Peru : espacio y tiempo*. (Lima, 9-14 de noviembre 1958). Lima : Mejía Baca, 119-128.

ENGEL F. 1962. *Elementos de prehistoria peruana*. Lima : Stylos.

ENGEL F. 1970. Exploration of the Chilca Canyon, Peru. *Current Anthropology*, 11, 1, 55-58.

ENGEL F. 1973. New facts about Pre-Columbian life in the Andean lomas. *Current Anthropology*, 14, 3, 271-280.

ENGEL F. 1980. Paloma : village 613. In : ENGEL F. (ed.). *Prehistoric Andean Ecology*. New York : Humanities Press, 103-135.

FELDMAN R. 1980. *Aspero, Peru : architecture, subsistence economy, and other artifact of a Preceramic chiefdom*. Unpublished PhD thesis.Harvard University.

FORD R. I. 1985. Paleoethnobotany : european style. *Quaterly Review of Archæology*, 6, 1, 1-2.

GARCILASO DE LA VEGA I. 1960a (1609). *Comentarios reales de los Incas*. Cuzco : Univ. Nacional San Antonio Abad.

GARCILASO DE LA VEGA I. 1960b (1617). *Historia general del Perú*. Madrid : Atlas. (Biblioteca de Autores Españoles ; 134, 135).

GARCILASO DE LA VEGA I. 1986 (1605). *La Florida del Inca*. Madrid : Historia 16. (Crónicas de América ; 22).

GRIEDER T., BUENO MENDOZA A., SMITH C. E. Jr, et al. 1988. *La Galgada, Peru : a preceramic culture in transition*. Austin : Univ. of Texas Press.

GROBMAN A., SALHUANA W., SEVILLA R., et al. 1961. *Races of maize in Peru*. Washington : National Academy of Sciences. (National Research council Publication ; 915).

GUAMAN POMA DE AYALA F. 1987 (1613). *Nueva corónica y buen gobierno*. Madrid : Historia 16. (Crónicas de América ; 29).

HARMS H. (von). 1922. Übersicht der bisher altperuanischen Gräbern gefundenen Pflanzenreste. In : *Festschrift Eduard Seler*. Stuttgart, 157-186.

HARSHBERGER J. W. 1989. Use of plants among the ancient Peruvians. *Bulletin of the Museum of Science and Art (Philadelphia, Univ. of Pennsylvania)*, 1, 1-4.

HASTENRATH S. 1967. Observation on the snowline in the Peruvian Andes. *Journal of Glaciology*, 6, 541-550.

HASTORF C., EARLE T., WRIGHT H., et al. 1989. Settlement archaeology in the Jauja region of Peru : evidence from the Early Intermediate Period through the Late Intermediaite Period : a report on the 1986 field season. *Andean Past*, 2, 81-129.

HASTORF C. A. 1987. Archaeological evidence of Coca (Erythroxylum coca) in the Upper Mantaro valley. *Economic Botany*, 41, 2, 292-301.

HASTORF C. A. 1990. The effect of the Inka stse on Sausa agricultural production and crop comsumption. *American Antiquity*, 55, 2, 262-290.

HASTORF C. A. 1993. *Agriculture and the onset of political inequality before the Inka*. Cambridge : Cambridge Univ. Press. (New Studies in Archaeology).

HEER O. 1855. *Les plantes alimentaires les plus utiles, leur distribution sur la surface du globe et leur influence sur la civilisation*. Lausanne : Genton, Voruz et Vinet.

HEER O. 1866. Die Planzen der Pfahlbauten. *Neujahrsblatt der Naturforschenden Gesellschaft Zürich für das Jahr 1866*, 68, 1-54.

HELBAEK H. 1959. THe domestication of food plant in the Old World. *Science*, 130, 365-372.

HUMBOLDT A. (von). 1810. *Vues de Cordillères et monuments des peuples de l'Amérique*. Paris : F. Schoell.

HUMBOLDT A. (von). 1811. *Atlas géographique et physique du royaume de la Nouvelle-Espagne*. Paris : F. Schoell.

HUMBOLDT A. (von). 1872 (réed. de 1814). *Atlas géographique et physique du Nouveau Continent : fondé sur des observations astronomiques, des mesures trigonométriques et des nivellemens barométriques*. Paris : F. Schoell.

HUMBOLDT A. (von). 1972 (réed. de 1815). *Nova genera et species plantarum*. New York : Hildesheim.

HUMBOLDT A. (von). 1980. *Voyages dans l'Amérique équinoxiale*. Paris : Maspero. (La découverte).

HUTCHINSON J. 1959. *The application of genetics to cotton improvment*. Cambridge, Mass. : Cambridge Univ. Press.

JONES J. G. 1988. *Middle to Late Preceramic (6000-3000 BP) subsistence patterns on the Central coast of Peru : the coprolite evidence.* Department of Anthropology, Texas A&M University. 112 pp.

JONES J. G. 1993. Analysis of pollen and phytolith in residue from a colonial period ceramic vessel. In : PEARSALL D. M., PIPERNO D. R. (eds.). *Current research in phytolith analysis : applications in archaeology and paleoecology.* Philadelphia : Univ. of Pennsylvania. (MASCA Research Papers in Sci. and Archaeol. ; 10), 31-36.

KAPLAN L. 1980. Variation in the cultivated beans. In : LYNCH T. F. (ed.). *Guitarrero cave : early man in the Andes.* New York : Academic Press, 145-148.

KAPLAN L., LYNCH T. SMITH C. E. 1973. Early cultivated beans (Phaseolus vulgaris) from an Intermontane Peruvian valley. *Science*, 179, 76-77.

KOLATA A. 1987. Tiwanaku and its Hinterland. *Archaeology*, 40, 1, 36-41.

KOLATA A. 1991. The Technology and Organization of Agricultural Production int eh Tiwanaku state. *Latin American Antiquity*, 2, 99-125.

KOLATA A., ed. 1996. *Tiwanaku and its Hinterland : archaeology and paleoecology of an Andean civilization.* Washington : Smithsonian Institution Press.

KRAUTZ R. 1980. Pollen Analysis and Paleoethnobotany. In : LYNCH T. F. (ed.). *Guitarrero cave : early man in the Andes.* New York : Academic Press, 45-63.

LANNING E. P. 1967. *Peru before the Incas.* Englewoods Cliffs, NJ : Prentice-Hall Inc.

LYNCH T. F. 1967. *The nature of the Central Andean Preceramic.* Pocatello : Idaho State Univ. (Occasional Papers of Idaho Univ. Mus. ; 21).

LYNCH T. F. 1973. Harvest timing, Transhumance, and the Process of Domestication. *American Anthropologist*, 75, 5, 1254-1269.

LYNCH T. F. (ed.). 1980. *Guitarrero cave : early man in the Andes.* New York : Academic Press.

LYNCH T. F., GILLEPSIE R., GOWLETT J. A. J., et al. 1985. Chronology of Guitarrero Cave, Peru. *Science*, 229, 864-867.

MACNEISH R. S. 1969. *First annual report of the Ayacucho archaeological-botanical project.* Andover, Mass : Peabody Foundation for Archaeology.

MACNEISH R. S. 1977. The beginning of agriculture in Central Peru. In : REED C. A. (ed.). *Origins of agriculture.* La Hague, Paris : Mouton, 753-780.

MACNEISH R. S. 1979. The early man remains from Pikimachay cave, Ayacucho basin, Higland Peru. In : HUMPHREY R. L., STANFORD D. (eds.). *Pre-llano cultures of the Americas : paradoxes and possibilities.* Washington : Anthropological Society of Washington, 1-48.

MACNEISH R. S., GARCIA-COOK A., LUMBRERAS L. G., et al. 1981. *Prehistory of the Ayacucho Basin. Excavations and chronology.* Andover, Mass : Phillips Academy.

MACNEISH R. S., NELKEN-TERNER A. et GARCIA-COOK A. 1970. *Second annual report of the Ayacucho archaeological-botanical project.* Andover, Mass : Peabody Foundation for Archaeology.

MACNEISH R. S., VIERA R. K., NELKEN-TERNER A., et al. 1983. *Prehistory of the Ayacucho Basin. Peru-Teh Preceramic way of Life.* Ann Arbor : University of Michigan Press.

MACNEISH R. S., VIERA R. K., NELKEN-TERNER A., et al. 1980. *Prehistory of the Ayacucho Basin. Nonceramics Artifacts.* Ann Arbor : University of Michigan Press.

MANGELSDORF P. C., CAMARA-HERNANDEZ J. 1967. Prehistoric maize from Huaca Prieta. *Maie Genetic Cooperation Newsletter*, 41, 48.

MARTIN-FARIAS R. 1976. *New archaeological techniques for the study of ancient root crops in Peru.* PhD Thesis, University of Birmingham.

MATOS MENDIETA R., RICK J. 1978-80. Los recursos naturales y el poblamiento precerámico de la puna de Junín. *Revista del Museo Nacional (Lima)*, 54, 23-68.

MATSUTANI A. 1963. Spodographic analysis of ash from the Kotosh site. In : IZUMI S., TERADA K. (eds.). *Andes 4 : excavations at Kotosh, Peru, 1963 and 1966.* Tokyo : University of Tokyo Press, 319-326.

McK BIRD R. 1989. Maize, Man, and Vegetation in North-central Peru. In : BOCK J., LINHART Y. (eds.). *The Evolutionary Ecology of Plants.* Boulder, CO : Westview Press, 447-468.

McK BIRD R. 1990. What are the Chances of Finfding Maize in Peru Dating Berfore 1000 B.C. ? Reply to Bonavia and Grobman. *American Antiquity*, 55, 4, 828-840.

McK BIRD R., BIRD J. 1980. Gallinazo maize from the Chicama valley. *American Antiquity*, 45, 2, 325-332.

MOSELEY M., CLEMENT C. 1990. Patrón de colapso agrario en Carrizal, Ilo, Perú. In : WATANABE L., MOSELEY M., CABIESES F. (eds.). *Trabajos arqueológicos en Moquegua, Perú.* Lima : Meza Pinto, 161-176.

MOSELEY M. E. 1975. *The maritime foundations of andean civilization.* Menlo Park, CA : Cumming Publishing.

NERTHERLY P., DILEHAY T. 1986a. Duality in public architecture in the Upper Zaña valley, Norther Peru. In : SANDWEISS D., KVIETOK D. (eds.). *Andean prehistory and protohistory.* Ithaca : Cornell University Press.

NERTHERLY P., DILEHAY T. 1986b. Trabajos arqueológicos en el Alto Zaña : un informe preliminar. *Boletín de Lima*, 48, 31-42..

NOGAMI M. 1976. Altitude of the modern snowline and Pleistocene snowline in the Andes. *Geographical Reports of Tokyo Metropolitan University*, 11, 71-86.

PATTERSON T. C., LANNING E. P. 1964. Changing settlements patterns on the Central Peruvian Coast. *Ñawpa Pacha*, 2, 113-123.

PATTERSON T. C., MOSELEY M. E. 1968. Late Preceramic and Early Ceramic cultures of the Central Coast of Peru. *Ñawpa Pacha*, 6, 115-133.

PEARSALL D. 1978-80. Recursos y utilización de plantas en Pachamachay. *Revista del Museo Nacional (Lima)*, 54, 65-68.

PEARSALL D. 1992. The origins of plant cultivation in South America. In : COWAN C. W., WATSON P. J. (eds.). *The origins of agriculture : an international perspective*. Washington : Smithsonian Institution Press, 173-205.

PEARSALL D. 1994. Issues in the analysis and interpretation of archaeological maize in South America. In : JOHANNESSEN S., HASTORF C. (eds.). *Corn and culture in the prehistoric New World*. Boulder (CO) : Westview Press, 245-272.

PEARSALL D. M. 1978. Paleoethnobotany in Western South America : progress and problems. In : FORD R. I. (ed.). *The nature and status of ethnobotany*. Ann Arbor : Mus. of Anthropology, Univ. of Michigan. (Anthropological papers ; 67), 389-416.

PEARSALL D. M. 1980. Pachamachay ethnobotanical report : plant utilization at a hunting base camp. In : RICK J. W. (ed.) *Prehistoric hunters of the High Andes*. New York : Academic Press, 191-231.

PEARSALL D. M. 1988. Interpreting the meaning of macroremain abundance : the impact of sourc and context. In : HASTORF C. A., POPPER V. S. (eds.). *Current paleoehtnobotany : analytical methods and cultural interpretations of archaeological plant remains*. Chicago : Univ. of Chicago Press. (Prehistoric archaeology and ecology series), 97-118.

PEARSALL D. M. 1989. Adaptation of prehistoric hunter-gatherer to the high Andes : the changing role of plant resources. In : HARRIS D. R., HILLMAN G. C. (eds.). *Foraging and Farming : the evolution of plant exploitation*. London : Unwin Hyman. (One World Archaeology ; 13), 318-334.

PICKERSGILL B. 1969. The archaeological record of chili peppers (Capsicum spp.) and the sequence of plant domestication in Peru. *American Antiquity*, 34, 54-61.

PIPERNO D., PEARSALL D. 1998. *The origin of Agriculture in the Lowland Neotropics*. San Diego, London : Academic Press.

POPPER V. 1982. Restos botánicos : análisis general de las muestras. In : BONAVIA D. (ed.). *Los Gavilanes : precerámico peruano, mar, desierto y oásis en la historia del hombre*. Lima : Cooperación Financiera de Desarrollo S.A. et Inst. Arqueol. Alemán, 148-156.

POZORSKI S. 1976. *Prehistoric Subsistence Patterns and Site Economics in the Moche Valley, Peru. (Ph.D., University of Texas, Austin)*. Ann Arbor : University Microfilms.

POZORSKI S. 1983. Changing subsistence priorities and early settlement patterns on the North coast of Peru. *Journal of Ethnobiology*, 3, 1, 15-38.

POZORSKI S., POZORSKI T. 1979. Alto Salaverry : A Peruvian Coastal Preceramic site. *Annals of Carnegie Museum of Natural History*, 49, 337-375.

POZORSKI S., POZORSKI T. 1987. *Early settlement and subsistence in the Casma valley, Peru*. Iowa City : Univ. of Iowa Press.

QUILTER J., OJEDA B., PEARSALL D., et al. 1991. Subsistence economy of El Paraíso, an Early Peruvian site. *Science*, 251, 277-283.

REISS W., STÜBEL A. 1880-87. The necropolis of Ancón. New York.

RICK J. W. 1980. *Prehistoric hunters of the High Andes*. New York : Academic Press.

RICK J. W. 1989 (2e). The character and context of highland Preceramic society. In : KEATINGE R. (ed.). *Peruvian prehistory*. New-York : Cambridge Univ. Press, 3-40.

ROSSEN J., DILLEHAY T. D., UGENT D. 1996. Ancient cultigens or moderne intrusions ? Evaluytiong plant remains in an Andean case study. *Journal of Archeological Science*, 23, 391-407.

SAFFORD W. E. 1917. Food-Plant and Textiles of Ancient America. In : *International Congress of Americanists, 19*. Washington, 12-30.

SAFFRAY C. 1876. Les antiquités péruviennes à l'exposition de Philadelphia. *La Nature*, 4, 401-407.

SAUER J., KAPLAN L. 1969. Canavalia beans in American prehistory. *American Antiquity*, 34, 4, 417-424.

SMITH E. C. 1980a. Ancien peruvian highlan maize. In : LYNCH T. (ed.). *Guitarrero cave : early man in the Andes*. New York : Academic Press, 121-143.

SMITH E. C. 1980b. Plant remains form Guitarrero cave. In : LYNCH T. (ed.). *Guitarrero cave : early man in the Andes*. New York : Academic Press, 87-119.

SMITH E. C. 1980c. Vegetation and land use near Guitarrero Cave. In : LYNCH T. (ed.). *Guitarrero cave : early man in the Andes*. New York : Academic Press, 65-83.

STANISH C. 1990. Economías agrarias Post Tiwanaku en la cuenca del río Moquegua. In : WATANABE L., MOSELEY M., CABIESES F. (eds.). *Trabajos arqueológicos en Moquegua, Perú*. Lima : Meza Pinto, 115-160.

STEPHENS S. G. 1975. A reexamination of the cotton remains form Huaca Prieta, north coastal Peru. *American Antiquity*, 40, 4, 406-419.

STUIVER M., LONG A. et KRA R. S. 1993. *Radiocarbon*, 35, 1.

TOWLE M. 1952. The Pre-Columbian occurrence of Lagenaria seeds in coastal Peru. *Botanical Museum Leaflets*, 15, 171-184.

TOWLE M. 1961. *The ethnobotany of Pre-columbian Peru*. Chicago : Aldine Publishing Co. (Viking Found Publ. in Anthrop. ; 30).

TREMEAU DE ROCHEBRUNE A. 1879. Recherches d'ethnographie botanique sur la flore des sépultures péruviennes d'Ancón. *Actes de la Soc. Linéenne de Bordeaux*, 3, 343-358.

TSCHUDI J. J. (von). 1846. *Peru : Reiseskizzen aus den Jahren 1838-1842*. St-Gallen : Verl. von Scheitlin und Zollikofer.

UGENT D. 1983. Restos arqueológicos de tubérculos de papas y camotes del valle de Casma en el Perú. *Boletín de Lima*, 25, 1-17.

UGENT D. 1986. Archaeological Manioc from Coastal Peru. *Economic Botany*, 40, 78-102.

UGENT D., POZORSKI S. et POZORSKI T. 1981. Prehistoric remains of the sweet potato from the Casma valley of Peru. *Phytologia*, 49, 5, 401-415.

UGENT D., POZORSKI S., POZORSKI T. 1982. Archaeological potato tuber remains from the Casma valley of Peru. *Economic Botany*, 36, 2, 182-192.

UGENT D., POZORSKI S., POZORSKI T. 1984. New evidence for ancient cultivation of Canna edulis in Peru. *Economic Botany*, 38, 4, 417-432.

UHLE M. 1903. *Pachacamac : report of the William Pepper, M. D., LL. D. Peruvian expedition of 1896*. Philadelphia : Dept of Archaeol., Univ. Pennsylvania.

UMLAUF LA VIEVE M. 1988. *Paleoethnobotanical investigations at the Inital Period site of Cardal, Peru*. M.A. thesis, Department of Anthropology, University of Missouri-Columbia.

UMLAUF M. 1993. Phytolith evidence for Initial Period maize at Cardal, Central coast of Peru. In : PEARSALL D. M., PIPERNO D. R. (eds.). *Current research in phytolith analysis : applications in archaeology and paleoecology*. Philadelphia : Univ. of Pennsylvania. (MASCA Research Papers in Sci. and Archaeol. ; 10), 125-130.

VAN DER HAMMEN T. 1974. The Pleistocene changes of vegetation and climate intropical South America. *Journal of Biogeography*, 1, 3-26.

VAN DER HAMMEN T. 1985. Pollenanalysis of the Telarmachay Rockshelter (Peru). In : LAVALLEE D., (ed.). *Telamarchay : chasseurs et pasteurs préhistoriques des Andes*. Paris : Eds Rech. sur les Civilisations. (Synthèse ; 20), 379-387.

WEIR G., BENFER R. A. et JONES J., G. 1988. Preceramic to Early Formative subsistence on the Central Coast. In : WING E. S., WHEELER J. C. (eds.). *Economic Prehistory of the Central Andes*. Oxford : Oxford University Press. (BAR International Series ; 427), 55-94.

WEIR G., DERING P. 1986. The lomas of Paloma, human-environment relationship in a Central Peruvian fog oasis : archaeobotany and palynology. In : MATOS MENDIETA R. (ed.). *Andean Archaeology*. Los Angeles : UCLA. (Monographs in Anthropology ; 27), 18-44.

WEIR G. H., BONAVIA D. 1985. Coprolitos y dieta del Precerámico tardío de la costa peruana. *Bulletin de l'Institut français d'études andines*, 14, 1-2, 85-140.

WHITAKER T., BIRD J. 1949. Identification and significance of the Cucurbit materials from Huaca Prieta, Peru. *American Museum Novitates*, 1426, 1-15.

WIENER C. 1880. *Pérou et Bolivie*. Paris : Hachette.

WITTMACK L. 1888. Die Nutzplanfzen der alten Peruaner. In : *Congreso Internacional de Americanistas*. Berlin.

WRIGHT H. E. 1980. Environmental history of the Junin Plain and the Nearby mountains. In : RICK J., (ed.). *Prehistoric Hunters of the High Andes*. New York : Academic Press, 253-256.

WRIGHT H. E. 1983. Late Pleistocene glaciation and climate around the Junín Plain, central Peruvian Highlands. *Geografiska Annaler*, 65, 1-2, 35.43.

WRIGHT H. E., BRADBURY P. J. 1975. Historia ambiental del Cuaternario en el área de la planicie de Junín, Perú. *Revista del Museo Nacional*, 41, 75-76.

---

[1] A cela il faudrait rajouter le terme "paléobotanique" malheureusement utilisé en France avec le même sens que les termes archéobotanique et paléoethnobotanique, alors qu'il ne devrait être utilisé uniquement lorsqu'il s'agit de restes végétaux retrouvés en contextes non humains (études des flores Tertiaires par exemple) dans un but de phylogénétique. Répétons-le : un reste végétal ayant une relation avec les êtres humains sera du domaine de l'archéobotanique ; un reste végétal retrouvé en contexte naturel non modifié par l'Homme sera du domaine de la paléobotanique.

[2] Nous devrions ajouter les fouilles mutlidisciplinaires sur le site de La Paloma, engagées dès 1976. Malheureusement les analyses archéobotaniques ne sont toujours pas effectuées.

[3] Quant aux analyses dendrologiques, il faut généralement se contenter des déterminations effectuées par les ouvriers péruviens travaillant sur le site en question, sans le nom vulgaire des plantes...

[4] Il faut en effet savoir que très peu de sites ont été fouillés de manière extensive et que très souvent les interprétations sont faites sur la base de sondages, pas forcement corrélés entre eux du reste

[5] Il s'agit de dates calibrées à 1s, 68,2% de confiance, Stuiver & Kra 1993 (Stuiver et al. 1993), avec Oxcal 3.b.2

[6] Non inclus par Brako & Zarucchi dans leur catalogue sur le Pérou (Brako & Zarucchi 1996)

[7] Margyricarpus strictus (Kunze ex Poepigg) J.F. Macbride=Tetraglochin alatum (Gillies ex Hooker & Arnott) Kuntze, n'est pas connu au Pérou selon Brako & Zarucchi (Brako & Zarucchi 1996).

[8] Descripteur non retrouvé.

[9] Signifie qu'elle n'a pas été identifiée dans d'autres sites

[10] Détermination très étonnante puisque le genre *Cucumis* est originaire du "Vieux Monde". S'agirait-il du même cas que *Lagenaria* sp., avec une diffusion précolombienne ? Ou une contamination des coprolithes sur lesquelles Jones a effectué ses analyses ?

[11] Indiqué comme Caparris angulata R.&P. ex D.C.(syn.= Capparis scabrida H.B.K.).

[12] Engel ne mentionne que Opuntia ficus (op.cit.)

[13] Ce qui en fait est plus honnête puisque le genre Opuntia a 28 espèces reconnues pour l'instant (Brako & Zarucchi 1996), et qu'il est très difficile de faire la différence entre les différentes espèces uniquement à partir de la peau s'il n'y plus d'épines.

[14] Ce qui ne les empêche pas de référer le lecteur à une publication de Pearsall (Pearsall 1992) dans laquelle elle inclut les données d'Ayacucho sans autres critiques ou précaution, et de plus seulement les données de plantes cultivées.

[15] Non calibré, date moyenne obtenue à partir des dates BP -1950

[16] d13 C -10±2 pour Zea mays (Aitken 1990)

[17] Ces données constituent le corpus de macrorestes que nous utilisons pour notre thèse de Doctorat.

# La transición Paracas-Nasca en el Valle de Chincha

Leonid VELARDE[*]

*Résumé*

Dans la vallée de Chincha, sur la côte sud du Pérou, pendant les phases Nasca 3 à 5, des évidences montreraient l'existence d'un développement culturel propre. Ces évidences sont assez caractéristiques pour la céramique et pour les grands établissements de type urbain et rural. Les antécédents, au moins pour la céramique et les établissements, sont liés à la culture Paracas, déjà à la phase Cavernas, mais surtout et particulièrement à la phase immédiatement antérieure à Carmen : phase Nécropolis ou Tradition Topara. La qualité des données existantes pour la transition Paracas-Nasca dans la vallée de Chincha pourrait amener à la proposition d'un dévéloppement culturel important, culture que l'on pourrait appeler "Proto chinchana". Néanmoins, d'importants problèmes d'ordre chronologique restent à résoudre.

*Abstract*

In the valley of Chincha on the south coast of Peru, between the phases of Nasca 3 to 5, there has been some evidence of independent cultural development. This has been shown mostly through ceramics, but also through rural and urban constructions. The antecedents, at least for ceramics and constructions, have been linked to the culture of Paracas in the phase Cavernas, but mostly to the phase immediately preceding Carmen known as phase NÈcropolis or Tradition Topara. The quality of the existing evidence for the transition Paracas-Nasca in the valley of Chincha, could lead us to propose an important cultural development: a culture that could be called "Proto chinchana". However, there are some important chronological problems that need to be resolved.

## El Medio Geográfico

El valle de Chincha se sitúa en la costa peruana, a 200 km. al sur de Lima, la capital del Perú, y a algunos 30 km. al norte de la Península de Paracas, precisamente en una región que preferimos llamarla "Costa centro-sur" pues se ubica en la transición entre la desértica costa sur y la más fértil costa central (fig. 1).

El medio ambiente natural es árido y desértico. La topografía del valle se presenta ligeramente plana, sin bien el valle costero ha sido formado por 2 brazos del río San Juan. Este río se caracteriza por ser uno de los más irregulares de la costa peruana : 80 % del agua que acarrea corresponde a los tres meses del verano austral (O.N.E.R.N. 1970).

Sin embargo, la agricultura en el valle siempre ha dependido de las aguas del río, tal como lo muestran las múltiples obras de canalización presentes, algunas de las cuales datan de períodos prehispánicos, tal como ocurre con aquellas que sirven para irrigar la plataforma desértica (donde se encuentra el emplazamiento de la actual capital de la provincia de Chincha : Chincha Alta) al norte del valle, sobre la cual existen sitios arqueológicos pertenecientes al Intermedio Tardío e Inca (Huaca Ortiz, PV 57-104 o la Huaca Grande, PV 57-105) (Wallace 1972).

## La Cronología general del valle

Los restos arqueológicos identificados en el valle de Chincha han permitido establecer una secuencia cronológica entre el Período Formativo (Pozuelo-Paracas) y el Período Imperial Inca y Colonial español (fig. 2).

Aparentemente el valle de Chincha siempre mostró una dinámica importante en su desarrollo cultural tal como lo evidencian la presencia de culturas como la de Paracas o el importante desarrollo, en el Intermedio tardío, del reino de Chincha y el conocido tráfico de "mercancías" (Rostworowski-de-Diez-Canseco 1977).

## El Período Formativo y la cultura Paracas : antecedentes y problemática

### La influencia "chavinoide"

La primera fase definida en Chincha para el Formativo se caracteriza solamente por la existencia de un estilo cerámico, aparentemente aislado estratigráficamente (Menzel 1971), llamado Pozuelo. Este estilo corresponde a la influencia "chavinoide" pan-andina, pues tendría muy fuertes influencias de los estilos chavinoides de la costa central, particularmente de Curayacu 3 o C (Menzel 1971).

[*] Departamento de Antropología y Ecología, Universidad de Ginebra, Suiza.

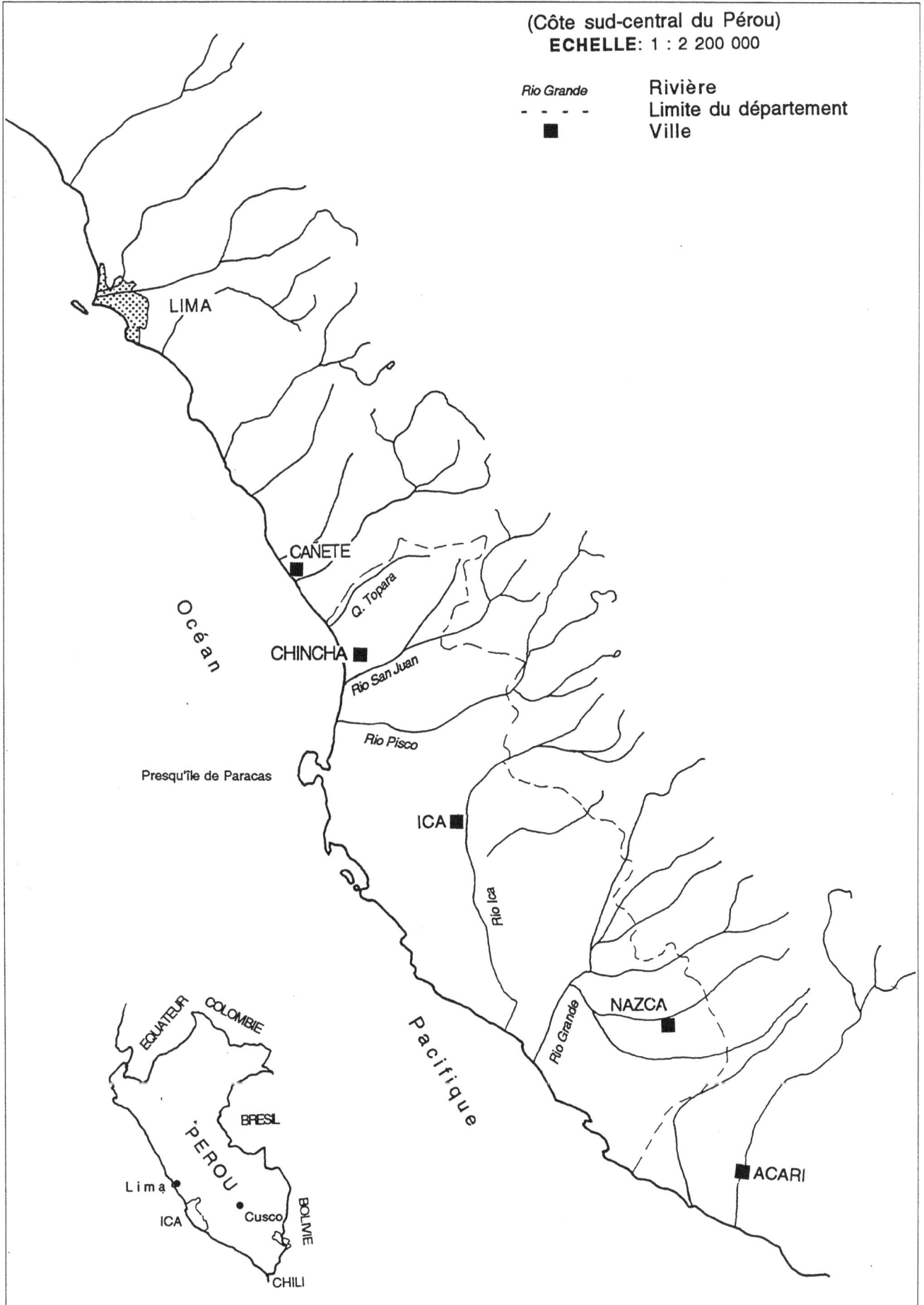

(Côte sud-central du Pérou)
**ECHELLE**: 1 : 2 200 000

*Rio Grande*      Rivière
- - - -     Limite du département
■     Ville

**Fig. 1** : Mapa del Departamento de Ica.

| Fecha | PERIODOS | | ESTILOS CERAMICOS | CULTURAS |
|---|---|---|---|---|
| 1450 | HORIZONTE TARDIO | | Inca - Chincha | IMPERIO INCA |
| 1000 | INTERMEDIO TARDIO | | Chincha / Chincha - Soniche / Chulpaca | REINO DE CHINCHA |
| 500 | HORIZONTE MEDIO | | Cerro del Oro ? / Nasca 9 ? | IMPERIO WARI ? |
| A.D. 0 B.C. | INTERMEDIO TEMPRANO | 8 / 7 / 6 / 5 / 4 / 3 / 2 / 1 | Estrella / Carmen / Campana / Chongos | NASCA ? o PROTO-CHINCHA / PARACAS NECROPOLIS (Tradición Topará) |
| 200 | | 10 / 9 / 8 / 7 | Jahuay 3 / San Pablo / Pinta | PARACAS CAVERNAS |
| | HORIZONTE TEMPRANO | 6 / 5 / 4 / 3 / 2 / 1 | Pozuelo | |
| 1000 | | | | |

Fig. 2 : Cuadro cronológico del Valle de Chincha.

Igualmente guardaría una estrecha relación con Ocucaje 1 del sureño valle de Ica (Menzel 1964).

Sin embargo, en la actualidad, la existencia de las fases Ocucaje 1 y Ocucaje 2 ha sido puesta en duda debido, entre otras razones, a problemas en la consistencia y asociación del material usado. Aquí debemos anotar que esto no tiene nada de novedoso pues Menzel *et al.* reconocen ya, al momento de presentar la secuencia (Menzel *et al.* 1964, 2), que la fase 1 es hipotética y que las muestras para el establecimiento de las fases 2, 4 y 5 son muy pequeñas. De este modo, la fase Ocucaje 3 es la primera fase consistente de la secuencia Ocucaje (reemplazando entonces a Ocucaje 1) y, según la mayoría de "especialistas" de este período (ver por ejemplo : Lumbreras 1989, Burger 1993) es una fase contemporánea del periodo de influencia pan-andina de Chavín, es decir de la fase Janabarriu-Rocas.

Por lo tanto, si Curayacu 3 corresponde a la influencia Chavín en la costa central (Lanning 1961) y Ocucaje 3 también para la costa sur, entonces la fase Pozuelo, que es también "chavinoide", debe ser probablemente contemporánea de este fenómeno pan-andino Chavín caracterizado por la fase Janabarriu-Rocas. De esta manera la fase Pozuelo es contemporànea de Ocucaje 3. En últimas investigaciones (ver por ejemplo Silverman 1996) se plantea que Ocucaje 3 es el resultado de una influencia anterior a la fase Janabarriu, probablemente Cupisnique (Silverman 1996, 121), volviéndose Ocucaje 3 contemporáneo de Urabarriu (ver : Silverman 1991, 352).

En relación a la cronología absoluta se debe anotar que los fechados C14 obtenidos para el Formativo presentan graves problemas debido principalmente a las grandes fluctuaciones de C14 que hubo en la atmósfera entre 400 a 750 BC y entre 350 a 200 BC. Efectivamente, entre estas fechas, la "curva" de calibración de las fechas C14 es prácticamente horizontal. Por ejemplo, la calibración de una fecha Janabarriu de Chavín (ISGS 506, 2520±100 BP : Li Liu *et al.* 1986), nos da un rango de posibilidad entre cal820 BC a cal390 BC. Igualmente la utilización de fechas con un error sigma muy grande, por ejemplo con más de 100 años, hacen que las probabilidades de aceptación de dichas fechas, en este periodo, sean pocas. De este modo fechas "formativas" C14 como 2408±214 (P-516, Ocucaje 3, Stuckenrath 1963), 2460 ±230 (TK-343, Layzon, en : Ziolkowski *et al.* 1994) u otra asociada a Ocucaje como es 2685±140 (GX-1345 en : Burger 1988) son poco representativas, independientemente cada una, para el establecimiento de fases con fechas precisas.

Finalmente, en relación a Pozuelo, debemos tener presente que esta fase "chavinoide" ha sido encontrada en un solo sitio (en el PV57-52, sitio epónimo) el cual fue excavado mediante un pozo de cateo de 3 x 2 metros sobre un "montículo de residuos" (Menzel 1971, 99). Si bien este estilo se lo encontró aislado en un estrato, él también se encontraba en el "nivel" inmediato superior, mezclado con cerámica de la fase San Pablo (ver más adelante), y en los diez estratos posteriores había únicamente San Pablo. Se identificaron "pisos de arcilla y muros de base" (Menzel *ibid*). Estos datos tal vez los podemos ligar a las proposiciones de Michael Tellenbach (ver : Tellenbach 1997) por el cual este tipo de sitios (basurales) con cerámica "chavinoide" serían lugares de ofrendas asociados a arquitectura monumental o a plataformas ceremoniales y que cada acumulación de cerámica representaría un evento (ofrenda) o sinó rellenos de la arquitectura ceremonial, como por ejemplo los niveles mezclados de cerámica (*ibid*).

A parte de los datos de este sitio, y de la existencia de un textil "Chavín" reportado como proveniente de Chincha (ver por ejemplo : Paul 1991), no se tiene ninguna otra caracterización arqueológica para esta fase tan importante del fenómeno Chavín en esta parte de la costa sur. Considerando el importante desarrollo cultural reflejado en los posteriores tiempos de la cultura Paracas, asi como los datos que vienen apareciendo en la cercana región de Paracas (ver : García y Pinilla 1995) pensamos que el potencial de datos relativos a este periodo "chavinoide" debe ser más importante que la sola presencia de un sitio, de una sola fase cerámica y de un textil sin procedencia fija.

## Sobre los tiempos de Paracas Cavernas

Luego de Pozuelo, se ha definido en Chincha una fase cerámica que corresponde a lo que se conoce como Paracas Cavernas : la fase Pinta (Menzel 1971, Wallace 1985). Pinta se caracteriza principalmente por una cerámica con diseños incisos de tipo geométrico y pintados con pintura polícroma resinosa post-cocción, igualmente existen diseños de círculos, y a veces de bandas, realizados mediante la técnica del "negativo" (Menzel 1971, Wallace 1985, Isla 1992). La mayor parte de los rasgos estilísticos de "Pinta" corresponden a una parte de la fase Ocucaje 9, a la fase 8 (Menzel *ibid*, Isla *ibid*) y probablemente a la fase 7 de Ocucaje (Wallace 1972, 1985). Aparentemente esta fase todavía no presenta rasgos, o influencias, del fenómeno conocido como "blanco sobre rojo" y que es exactamente posterior a la influencia pan-andina Chavín. Esto nos permite suponer que la Fase Pinta podría ser aun contemporánea de Janabarriu o en todo caso corresponde a la transición, en la costa norte, entre lo que podríamos llamar "Cupisnique-Janabarriu" (Guañape tardío de Ford 1949) a Salinar.

La fase Pinta fue definida por Wallace (Menzel 1971, 102), en el sitio tipo PV57-59 (también llamado Cerro Gentil), al sur del caserío (ex hacienda) de Pinta, cerca al pueblo de El Carmen. Esta fase ha sido contextualizada últimamente en las excavaciones de Lumbreras en 1985 y 1987 en el sitio de Chococota (PV57-63, llamado inicialmente "El Mono") compuesto de una serie de 6 pequeños montículos, que tienen una altura entre 1 a 3 metros. Los 2 montículos que fueron excavados podrían ser contemporáneos y cada uno presentaría una función distinta : granero ( ?) y ceremonial (Lumbreras 1984, Isla 1992).

En la publicación de Menzel (1971) se reporta la existencia de una fase posterior a Pinta, llamada San Pablo, la cual fue definida en el mismo cateo de Wallace y Lanning que para la fase Pozuelo. La asociación del material presentaba el problema de que no existían capas (intermedias) con la fase Pinta que separen Pozuelo de San Pablo (Menzel 1971, 99). Sin embargo, aparentemente Wallace a abandonado la existencia de esta fase dejando solamente a Pinta como la fase Paracas Cavernas de Chincha previa a la Tradición Topará (ver : Wallace 1985, 1986). En el valle de Cañete aparece un estilo que ha sido llamado Los Patos, y que fue propuesto como contemporáneo de la fase San Pablo (ver : Wallace 1963, 1986). Silverman (1991, 380) propone que Los Patos puede ser comparado (contemporáneo ?) con la fase Ocucaje 8.

De otro lado, Wallace definió otro material arqueológico específico, adobes hechos a mano, los cuales varían de forma en función de las fases cerámicas asociadas. De forma hemicilíndrica en la fase Estrella, hemisférica en Carmen y odontiforme (grano de maíz o en forma de cuña) durante Paracas (Menzel 1971, Wallace 1972).

Así pues, en el sitio tipo de la fase Pinta, Wallace encontró tiestos Pinta asociados directamente a adobes con forma de grano de maíz y que estaban colocados en los muros de manera horizontal (cuña horizontal), con el lado plano (y más ancho de la cuña) hacia afuera del muro (caravista) (Wallace, 1972). Aparentemente esta regularidad "adobe-cerámica" fue encontrada en otros sitios Paracas del valle. Wallace dedujo de sus observaciones que para las fases posteriores Topará esta forma de adobe es utilizada en forma vertical, es decir con la "base hacia abajo" (Wallace 1972, 2).

Los sitios que poseen este tipo de adobes, los cuales son generalmente grandes montículos piramidales, pueden ser asimilados a Paracas o a la fase Pinta. Lamentablemente casi no se ha publicado la cerámica decorada "tipo" Paracas Cavernas que se encontró en estos sitios, salvo por unos cuantos fragmentos publicados por Uhle y Kroeber (Kroeber y Strong 1924, Uhle 1924, Kroeber 1944) (Recordamos que cuando participamos en las prospecciones del valle de Chincha vimos algunos fragmentos de cerámica con decoración resinosa post-cocción y/o incisa, por ejemplo de la Huaca Santa Rosa, en el Complejo Soto, etc.). Wallace reporta en su inventario de sitios (Wallace 1971) que existen materiales Paracas Cavernas en el sitio PV 57-51 (Huaca La Campana), en la Huaca Limay (PV 57-103) o en sitios de tipo monumental, con adobes en "cuña" ( ¿odontiformes ?), como la Huaca Santa Rosa (PV 57-87). Igualmente, luego de las prospecciones del INDEA en 1984-1985 (Lumbreras 1985) se reporta material "Cavernas" (cerámica con decoración post-cocción por ejemplo) en los 3 sitios antes mencionados y también en el sitio Cerro del Gentil (PV 57-59) y Casablanca (PV 57-79) (fig. 3).

La Huaca Santa Rosa podría ser el montículo más grande perteneciente a "Paracas Cavernas", su área puede alcanzar 430 m de largo por 170 de ancho, con una altura de hasta 25 metros, si bien Uhle calculó una altura de hasta 40 metros : (Uhle 1924 :86). El montículo tiene una orientación este-oeste (ver : Kroeber 1944, Wallace 1971, Canziani 1992). Tal como lo remarca Uhle, (Uhle 1924, 86) este sitio resalta también por su similaridad en la morfología y construcción (orientación, adobitos, etc.) con la Huaca Alvarado (PV 57-10), ubicada ligeramente al norte. Los restos de cerámica, o ralladores, hallados, como los que existen durante las fases Cavernas de Ocucaje o de Chincha (ver lámina 20 en : Kroeber y Strong 1924) nos permitiría asociar también este sitio, Huaca Alvarado, a "lo Cavernas" (ya que los ralladores en Chincha dejarían de aparecer en la fase Jahuay 3, ver más abajo). Kroeber (Kroeber 1944, 34-35) también relaciona estos dos sitios y los atribuye a Paracas Cavernas.

La arquitectura de estos tiempos "Cavernas" presenta pues una monumentalidad evidente y una formalización en sus rasgos : orientación de los montículos, elementos constructivos, funcionalidad específica, etc., siendo la única de este tipo existente en la región perteneciente a este período "Cavernas. No se tienen reportados sitios de habitación. El arquitecto Canziani (Canziani 1992) que ha desarrollado ampliamente el tema en torno a la arquitectura del Formativo en Chincha (por lo cual no nos ocuparemos con presición de esta área de estudio), estima que este periodo debe representar, a nivel arquitectónico, los antecedentes del apogeo que se dará luego en los tiempos de Topará o Necrópolis. Aparentemente existe una menor proporción de sitios Paracas Cavernas que los posteriores sitios Paracas Necrópolis. De no haber otros factores aleatorios, se podría hablar de una expansión social, sea a nivel de la complejidad sea a nivel de la tasa de la población existente en esos tiempos.

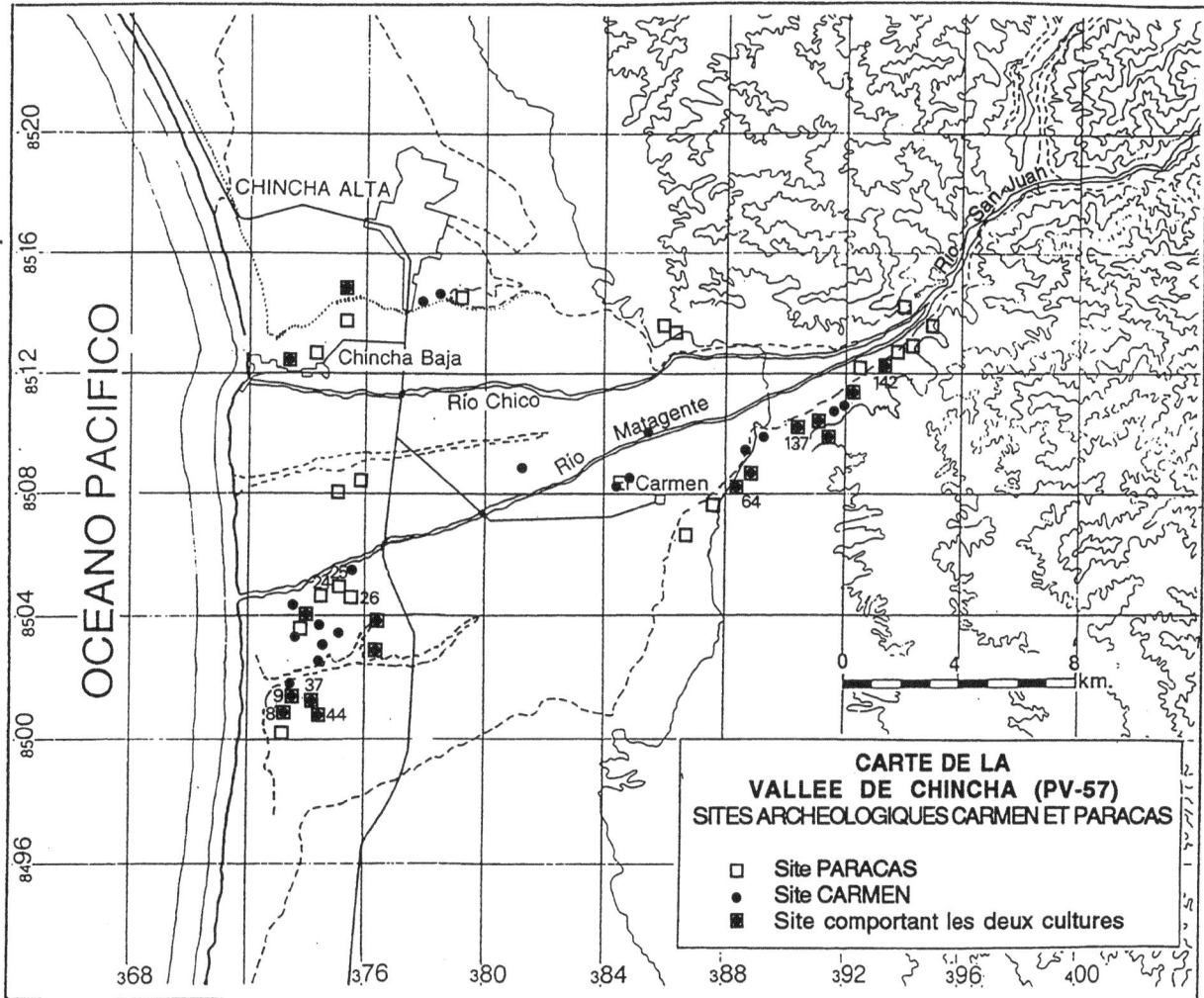

Fig. 3 : Mapa del valle de Chincha (PV 57) ; sitios arqueológicos Carmen y Paracas. (Mapa base : Canziani 1992).

## Paracas Necrópolis y la Tradición Topará : el Final del Formativo y el Inicio de los Desarrollos Regionales

### La Tradición Topará

Esta tradición corresponde a 5 fases cerámicas sucesivas : Jahuay 1, Jahuay 2, Jahuay 3, Chongos y Campana (ver principalmente Wallace 1986 y Menzel 1971). Las tres primeras fases fueron definidas por Lanning (Ms) en la desembocadura al mar de la Quebrada de Topará en el paradero llamado Jahuay, a unos 15 kilómetros al norte de Chincha Alta. Las dos últimas fases por Wallace en Pisco y Chincha respectivamente (Menzel 1971, 110). Esta tradición se caracteriza, por ejemplo en las fases Jahuay 1 y Jahuay 2, por el abandono de la decoración polícroma de pintura resinosa post-cocción, típico de Paracas Cavernas, y por el uso de un engobe blanco (beige) en muchas vasijas. Igualmente las vasijas son finas : presentan paredes muy delgadas incluyendo la cerámica que llaman tosca (doméstica) (Menzel ibid, 111). Según Wallace (1972, 1) Topará es una "tradición monócroma". Igualmente existen muchos cambios en el modelaje de las vasijas, como por ejemplo las botellas en forma de calabaza con asa puente de dos picos. Las dos primeras fases poseen también, en algunas vasijas, una decoración incisa simple, los "ralladores" continúan y tienen una banda pulida o roja en el borde. Al interior de los cuencos aparece una decoración de líneas bruñidas. Aparentemente es en Jahuay 2 que se usa con profusión el engobe blanco así como la pintura (o engobe) roja, igualmente desaparece la decoración en negativo.

Estas dos primeras fases, que corresponderían pues a los inicios (o antecedentes) del fenómeno "Blanco sobre rojo", (es decir de "culturas" como Salinar, Huarás, Baños de Boza, etc.), no han sido encontradas fuera del sitio tipo.

En el valle mismo de Chincha se ha encontrado solamente la fase Jahuay 3 (ver : Menzel 1971, 114-115). Esta fase guarda las innovaciones de Jahuay 2 y agrega otros rasgos como por ejemplo la desaparición de la decoración incisa, abundando también las vasijas negras pulidas y los dibujos bruñidos, así como la bicromía. Aparentemente los

67

"ralladores" dejan de aparecer y existen vasijas finas anaranjadas (*ibid*).

La secuencia Jahuay fue definida gracias a un cateo de 6 x 1 metros (más un cateo de ampliación de 1 metro al este) donde se encontró Jahuay 1 y 2 ; y un tercer cateo de 2 metros cuadrados donde se encontró Jahuay 3 (Menzel 1971). De lo que se desprende de los textos (*ibid*.) el sitio podría corresponder a un basural con algunas viviendas asociadas. Igualmente Wallace (1986, 35) reporta haber encontrado niveles con Jahuay en el sitio de Quebrada en el valle de Cañete, particularmente Jahuay 3.

Es importante notar que, en Chincha-en las colecciones de superficie-, Jahuay 3 fue encontrado regularmente en asociación con la fase posterior Chongos (Menzel *ibid*).

Jahuay 3 aparentemente llega a influenciar con bastante fuerza sobre toda la costa sur y difunde una gran cantidad de rasgos estilísticos. La fase 10 de Ocucaje, en Ica, recibe estas influencias y aparentemente hasta copia algunos rasgos mecánicamente, lo cual se remarca, por ejemplo, en el uso del engobe blanco o en un mayor refinamiento en la fabricación y quemado de las vasijas (Menzel 1964, 213 y 259). En la costa central la influencia se dejaría sentir en la cerámica proveniente de Huachipa (fase C o Cerro temprano ; ver : Silverman 1996, 138-139).

Luego de Jahuay 3 aparece otra fase que lleva el nombre de Chongos debido a un sitio en el valle de Pisco que lleva este nombre (PV 58-29) (ver : Menzel 1971, Wallace 1971, Peters 1988). Su inserción cronológica fue verificada por el hallazgo, en el valle de Cañete, de una secuencia estratigráfica donde el estilo Chongos "...se hallaba inmediatamente encima de restos de Jahuay 3, y debajo de residuos de una fase distinta, la Fase Quebrada, que fue la sucesora." (Menzel 1971, 115).

La cerámica Chongos se caracteriza por su monocromía, a diferencia de la contemporánea Nasca 1, y por la aparición frecuente de un tipo de cerámica anaranjado fino (Menzel *ibid*, 116). Este tipo de vasijas presenta a veces una decoloración violácea en su superficie, probablemente intencional, debido a un control en la atmósfera durante la cocción de la vasija (*ibid*.). Otro rasgo característico es la aparición de cuencos con paredes poco altas, ángulo basal y base redondeada un poco profunda ; a las botellas en forma de calabaza y con engobe blanco se les agrega una repiza o plataforma a la base de los dos picos ; las ollas presentan ahora un labio proyectado ; al interior de los cuencos negros pueden aparecer diseños bruñidos de líneas paralelas, o entrecruzadas o curvilíneos. En Chincha desaparecen los ralladores (*ibid*.) En general la cerámica es muy fina. (Otros rasgos importantes de la cerámica Chongos se pueden encontrar en Menzel 1971, Peters 1988 y Silverman 1997).

Los rasgos de Chongos corresponden y marcarían la contemporaneidad de esta fase con la gran difusión del fenómeno "Blanco sobre rojo" : Así pues, la fase Base Aérea del estilo Miramar en Ancón-Chillón comparte muchos rasgos estilísticos de la Tradición Topará y en particular de Chongos (ver : Patterson 1966, 98-99) Igualmente, según Stothert (Stothert y Ravines 1977) esta fase también tendría una estrecha relación con la cerámica de Villa El Salvador II, Tablada y Lapa Lapa 1 (*Ibid*., 190). Los cuencos de ángulo basal y la tendencia a fabricar vasijas "finas" y "gráciles", además de un estilo decorativo similar ( ?), correlacionan Chongos con la fase Nasca 1 (Menzel 1964). Aparentemente existen muchos rasgos que se intercambian entre Nasca y Topará lo cual representaría que estos estilos "compiten en prestigio" durante este periodo (Menzel 1971, 117). Segun Silverman (1993, 110) en el valle mismo de

Nasca no aperecerían evidencias de cerámica Topará. Al existir esta equivalencia cronológica, de Nasca 1 con la fase Chongos, se iniciaría en Chincha (digamos "oficialmente") el Período Intermedio Temprano.

Igualmente ahora sabemos que la cerámica que encontró Tello en las necrópolis de Paracas (ver por ejemplo Tello y Mejia-Xesspe 1979, 337, fig. 93) pertenece tanto a Jahuay 3 como a la fase Chongos (Menzel 1971, Wallace 1972, 1986).

Wallace definió la fase final de la tradición Topará en base a un estilo cerámico que él llamó Campana (Menzel 1971, 120) y que fue encontrado en el valle de Pisco y en Chincha, principalmente en la Huaca La Campana (PV 57-51) pero mezclado con San Pablo, Jahuay y Chongos (*ibid*). Este estilo cerámico se caracteriza por unos cuencos con paredes mas gruesas que durante Chongos, los labios planos y una línea negra en el labio ; en algunos casos existe la innovación de un baño morado en el interior y uno negro al exterior ; ya no existen ni la decoración bruñida ni los interiores negros (*ibid*).

Campana sería contemporánea, además de Nasca 2, de la fase Polvorín de Ancón-Chillón, de Puerto Moorin en Virú, etc. (Patterson 1966, Cuadro 3). Sin embargo, su influencia sobre la zona Ancón-Chillón no habría sido muy importante, pues todos los rasgos estilísticos de "Polvorín" se encuentran en la fase anterior "Base Aérea" (*ibid*., 99). Es probable que la fase Lapa-Lapa II de Chilca y algunos sitios del valle alto de Lurín se hayan relacionado a Campana (Stothert y Ravines 1977, 191).

En el valle de Cañete se encontró una "variante" del estilo, la cual ha sido llamada "Quebrada" y estaba superpuesta a Chongos (ver líneas más arriba). En la parte alta del valle de Ica se ha encontrado cerámica Campana en reemplazo de Nasca 2 (Menzel 1971, 63). En todo caso Campana mostraría antecedentes de lo que será luego la fase Carmen.

A nivel de estilo, con Topará en Chincha, desaparecen casi completamente los rasgos que podrían representar al período Formativo y la influencia chavinoide : los motivos en la decoración incisa ya casi no recuerdan en nada al período anterior.

Por el momento la correlación de la arquitectura de este periodo se limita a las asociaciones de superficie sin haberse establecido una caracterización por fase.

La arquitectura durante Topará se caracteriza por la presencia de complejos monumentales piramidales (llamados generalmente "huacas" o "montículos") y probablemente por sitios compuestos por recintos aglutinados que representarían sitios de habitación (para mayores descripciones ver : Canziani 1992).

Los principales sitios monumentales Topará se centralizan en la parte baja del valle y es allí donde los encontramos a manera de complejos : Complejo Soto (PV 57-24, 25 y 26) y el Complejo San Pablo (PV 57-8, 9, 37 y 44). Los montículos piramidales son construidos en base a plataformas con la parte más alta hacia el oeste y alineados en torno a un eje este-oeste. Los montículos pueden alcanzar una altura de hasta 20 metros y un largo de 270 m por 70 metros de ancho como es el caso de la Huaca Partida (PV 57-9) que es parte del Complejo San Pablo.

Se ha propuesto que durante Topará, los adobes tienen una forma "odontiforme", que son más alargados que durante las fases Cavernas y que son colocados verticalmente y no horizontalmente como durante las fases Cavernas (Menzel 1971, 142). Sin embargo, esta diferencia de disposición se debería a su función : Canziani (1992, 102) reporta que en los muros de contención los adobitos estan dispuestos en posición vertical y en los muros simples de manera horizontal. Igualmente la utilización de terrones sería principalmente en rellenos constructivos (*ibid*).

Hacia la parte media del valle existirían sitios con presencia de montículos como por ejemplo los sitios de Portachuelo (PV 57-118, 119) o Cerro del Gentil (PV 57-59) los cuales tendrían sus antecedentes de construcción en períodos Paracas Cavernas (Canziani 1992).

Pampa de los Gentiles (PV 57-64), "sitio tipo" del estilo posterior Carmen, sería un gran sitio de habitación. Su gran extensión y el aglutinamiento de los recintos es su característica. En el material de superficie que hemos trabajado pudimos apreciar una gran cantidad de material Topará. Es muy probable que otro sitio de cuartos aglutinados ubicado más al este (PV 57-140) sea también contemporáneo de Pampa de los Gentiles (Canziani 1992).

Igualmente se han encontrado campos de cultivo fósiles (sitio PV 57-137 y Pampa de la Pelota PV 57-142 ; Ibid), que se ubican fuera del fondo del valle modificando así el paisaje ubicado sobre las terrazas desérticas y/o conos de deyección en los bordes del valle. De estos sitios es este último que presenta una importante asociación de material cerámico Topará y Carmen.

## La fase Carmen

Carmen es la fase siguiente a la tradición Topará (y por lo tanto a la fase Campana) y está definida por un estilo cerámico polícromo y por un tipo de adobe de forma "hemiesférica" (25 cm de diametro y 15 cm da alto aprox.). En la cerámica la forma característica es el cuenco de "ángulo basal", el cual puede presentar las paredes altas o bajas y un fondo curvo. La decoración característica es un diseño en líneas paralelas diagonales rojas y blancas el cual es realizado sobre un engobe negro en las paredes exteriores de las vasijas (Menzel 1971). Estas líneas rojas y blancas se alternan generalmente (*ibid*). Al interior de la vasija, en el fondo, existe un panel circular adentro del cual existen diseños bastante estilizados ; en algunos casos los diseños, si no están inscritos en el panel circular, se extienden sobre las paredes interiores de las vasijas (*ibid*).

Los sitios que hasta el momento han sido principalmente asociados con esta fase son el Complejo San Pablo (PV 57-8, 9, 37 y 44) y los sitios al este del valle, PV 57-60 y 58 , asociados al sitio tipo del estilo Carmen compuesto de recintos aglutinados (Pampa de los Gentiles : PV 57-64) (Menzel 1971, Wallace 1971). El sitio de recintos PV 57-140 es también presentado por Canziani (1992) como asociado a esta fase así como el sitio de campos de cultivo fósiles PV 57-142.

Esta fase es contemporánea de las fases Nasca 3 y 4 debido a las probables influencias que se pueden percibir en el estilo (Wallace 1972, 2) y en algunas de las formas Carmen (Menzel 1971, 123). De acuerdo a Patterson (Patterson 1966, tabla 3), Carmen sería contemporáneo de la fase Urbanización del estilo Miramar, lo cual se confirmaría en el hecho en que aparece una forma de cuenco muy abierto con "ángulo basal" (o carenado, forma 2B : *ibid*, 19) que es mas profundo (ver : *ibid*, fig. 5b) que los cuencos que aparecerían en la fase anterior Polvorín. Carmen existe también en el valle de Cañete y, en el valle de Pisco, existe una "variante local" encontrada en el famoso sitio (caracterizado en un principio, por Rowe (1963), como Centro Urbano) de Dos Palmas (PV 58-3) del cual toma su nombre. Este es un stio "gemelo" a Pampa de Los Gentiles de Chincha. El estilo

Dos Palmas presenta una mayor cantidad de diseños y rasgos de la fase Nasca 3 (Menzel 1971, 124).

## *Análisis de los datos actuales*

### Sobre la cronología absoluta

Como ya lo hemos visto para las fases anteriores a Paracas Cavernas, existen diversos problemas con los fechados radiocarbónicos. En el caso de las fases Cavernas y Necrópolis los fechados asociados también tienen algunos problemas de fiabilidad pues hay muchos que fueron recogidos cuando el método era aún imperfecto o presentan problemas en su extracción. Infelizmente los arqueólogos han seguido usando muchas fechas, que se deben descartar, sin hacer la critica necesaria.

Hemos calibrado (Programa informático OxCal ; curva de calibración Stuiver, Long y Kra 1993) las fechas más utilizadas (mejor asociación) para cada fase de Paracas (Arnold y Libby 1951, Kulp *et al.* 1951, Broecker y Kulp 1957, De Vries *et al.* 1958, Rubin y Alexander 1958, Stuckenrath 1963, Berger y Libby 1966, Trautman y Willis 1966, Hubbs y Bien 1967, Ravines y Alvarez 1967, Valastro *et al.* 1978, Burger 1988, Ziolkowski *et al.* 1994) hasta Nasca 4 (Berger y Libby 1966, Libby 1952, Arnold y Libby 1951, Stuckenrath 1963, Ravines y Alvarez 1967, Ziolkowski *et al.* 1994). Es evidente que, con las fechas disponibles, es prácticamente imposible establecer fases con una cantidad precisa de años así como el emplazamiento directo de cada fase en el calendario solar (fechas AC o DC) (Fig. 4 y 5).

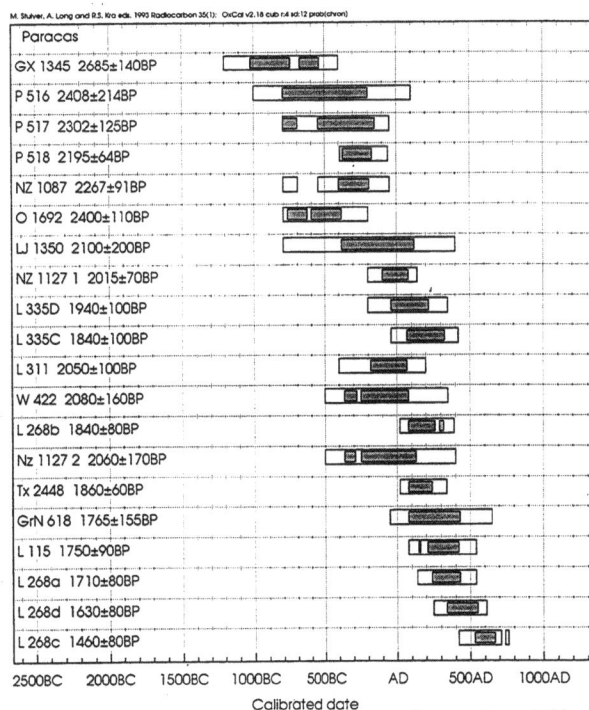

**Fig. 4** : Paracas : fechas calibradas.

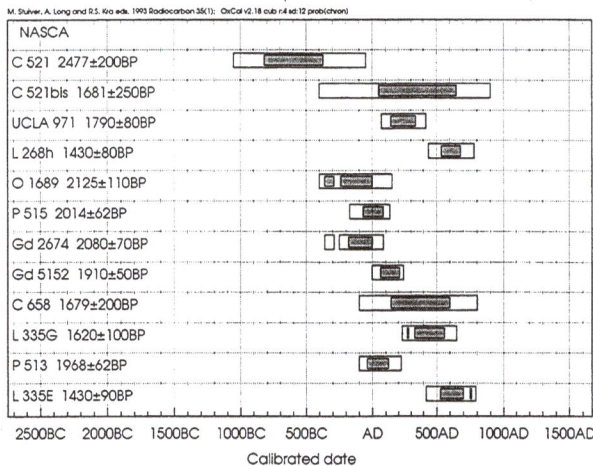

Fig. 5 : Nasca : fechas calibradas.

Es seguro que las fechas muestran una evolución coherente desde Ocucaje 3 hasta Ocucaje 10. Una ligera regresión podría existir en los materiales que han sido denominados Necrópolis o Paracas Tardío los cuales podrían ser contemporáneos (o pertenecer ?) al período de desarrollo de Ocucaje 9 (en el cuadro fechas L-311 a L-268c), lo cual demanda una verificación de los contextos asociados.

Es importante notar que las fechas calibradas de Ocucaje 3, a pesar de la crítica que se les puede hacer aisladamente, podrían ser coherentes con las fechas obtenidas por termoluminisencia del nivel Cerrillos en el sitio de Cerrillos mismo : 459 a 439 AC (Massey 1990, 152). Igualmente podemos observar cierta correspondencia con fechas de Janabarriu como cal820 BC a cal390 BC (ISGS-506, ver líneas más arriba).

Para las fechas asociadas a las fases de Nasca 1 a 4 el problema es más grave, pues el rango de variabilidad es muy grande y la proporción de muestras es pequeña. Esperamos que las fechas obtenidas recientemente en los trabajos realizados en Nasca puedan dar mayores presiciones luego de su difusión precisa. Podemos decir por el momento, en torno a estas últimas, que las fechas que hemos podido apreciar en la base de datos Andes (Ziolkowski *et al.* 1994) presentadas como asociadas a "Early Nasca" presentan una mayor "concentración" entre 1800 a 1900 BP. (En el cuadro la fecha C-521 es mostrada con sus dos valores originales, pues generalmente es presentada con un valor promedio de 2211±200). La serie de fechas mas coherente corresponde a las fechas asociadas a Nasca 3 las cuales nos muestran una regularidad entre el primer siglo antes y después de nuestra era.

En trabajos posteriores estaremos presentando un análisis más profundo de estas fechas y de otras obtenidas por otros métodos, así como su calibración y su correlación con otras fases estilísticamente contemporáneas.

## Los datos de campo

Gracias a los trabajos realizados por el equipo del INDEA en el valle, tenemos ahora mayores materiales que siguen enriqueciendo los datos sobre el pasado prehispanico de Chincha. Para el caso de los materiales Topará y Carmen todos los datos provienen de prospección y son el resultado de un analisis cerámico preliminar concerniente al Período Topará y de un analisis un poco más intensivo para los materiales Carmen.

Un primer paso en la comprensión del Período Formativo ha sido dado por Canziani y su analisis arquitectural (Canziani 1992). Gracias a este trabajo es posible apreciar que la abundancia de sitios asociados a Paracas Necrópolis (Topará) y su monumentalidad, su variedad y su distribución sectorizada (*ibid*) muestran un gran dinamismo ocurrido en el valle. Como lo explica Canziani (*ibid*) esto sería prueba "de los niveles de poder y de organización alcanzados por la emergente clase dirigente" (*ibid*, 100). La existencia de varias clases de personas con distinto modo de vida al interior de esta sociedad se volvería pues evidente. La ampliación del área agrícola fuera del fondo cultivable del valle nos muestra también los esfuerzos emprendidos por modificar el paisaje durante este periodo (causas : ¿ problemas de abastecimiento alimentario ? ¿ gran población ?, ¿ adaptación de cultivos ?, ¿ imposibilidad de cultivo en las áreas agrícolas del fondo del valle ?).

Igualmente, tal como es aceptado para la arqueología de esta región (por ejemplo ver : Menzel 1964) y tal como lo hemos visto líneas atrás, la difusión de rasgos cerámicos sobre el centro de desarrollo de los estilos Nasca y Ocucaje de Ica, su uso como ofrendas en las tumbas de Paracas, y la probable difusión de rasgos hasta regiones como Lima nos demostraría la importancia que asume el valle durante el desarrollo de la Tradición Topará.

Sin embargo, durante Carmen existiría cierta independencia "estilística" pues, si bien existe una policromía la cual puede ser una influencia de la zona de Nazca, el sistema de símbolos usados en la cerámica es bastante distinto. Mientras que en Nasca (fases 3 y 4, es decir lo que generalmente se llamó "Nasca Monumental") los diseños son mayoritariamente naturalistas (peces, aves, frutos, cabezas trofeo, y los seres míticos entre otros ; ver : Proulx 1968), en Carmen son bastante abstractos predominando, además de las líneas diagonales en rojo y blanco, unos diseños aserrados (serpientes ?), líneas con ganchos y otros diseños geométricos, todos presentes al interior de los cuencos.

Luego de una revisión de los materiales de prospección es posible apreciar que los materiales Carmen se encuentran frecuentemente asociados con materiales Topará. Las colecciones Carmen no aparecen siempre en todos los sitios pertenecientes a Topará pues aparentemente los mismos sitios importantes son continuamente ocupados durante Carmen (o reutilizados) mientras que otros son abandonados.

De acuerdo a la distribución de sitios Topará en el valle se puede apreciar una concentración por sectores específicos : al sur (margen izquierda del río Matagente, cerca a la línea de playa), al este (en el cuello del valle y principalmente en la margen izquierda del río), al norte (en la margen derecha del río Chico) y probablemente en la parte central cerca al litoral, aunque es muy probable que estos sitios sean fundamentalmente Paracas Cavernas.

Prácticamente la misma distribución es mantenida durante Carmen salvo por los sitios en el cuello del valle de la margen derecha y los sitios de la parte central que aparentemente ya nos son ocupados. Igualmente sitios tan importantes como lo son los montículos del Complejo Soto aparentemente son también abandonados. Con los datos que poseemos gracias a la cerámica diagnóstica, se pone en evidencia que existe una menor densidad de sitios Carmen en relación a los de Topará.

Aparentemente el Complejo San Pablo es ocupado durante Carmen y, en algunos montículos, la superficie es modificada por estructuras en base a adobes hemiesféricos. Es posible que debido a la monumentalidad (porque no decir prestigio) de este complejo la ocupación Carmen se haya mantenido (pues la Huaca Partida es el montículo más grande conocido en el valle perteneciente a Topará). De otro lado, una serie de plataformas bajas, de hasta 2 metros de altura, conocidas como el Complejo Playas (PV 57-17, 18, 34 y probablemente 21) en el mismo sector, aproximadamente 2 km al norte de san Pablo, son también ocupadas tanto durante Topará (cerámica) como durante Carmen (cerámica y adobes hemiesfericos).

Nos llama la atención la existencia de estas plataformas bajas. En el complejo San Pablo aparentemente también existe una : la Huaca Torres (PV 57-8). Esta plataforma posee un área actual de 200 x 80 m. elevándose a 2 metros de los campos actuales. En su superficie podrían aprecer una serie de estructuras ortogonales. Estas plataformas debieron tener una función distinta a las grandes pirámides, lo cual mostraría la multifuncionalidad de, al menos, el complejo San Pablo (¿ tal vez se trata de viviendas residenciales ?, ¿ de depósitos ?, ¿ tumbas ?, ¿ talleres ?).

En la parte norte del valle el montículo de Huaca Alvarado (PV 57-10) seguiría siendo ocupado, presentando estructuras con adobes hemiesféricos. Sobre la terraza norte ahora cultivada existen otros sitios Carmen entre los cuales el sitio de Condorillo Alto (PV 57-121), que podría ser un sitio de habitación, habría sido ocupado durante Topará y Carmen, si bien el muestrario cerámico es reducido.

Debemos anotar que muchos de los montículos piramidales poseen en su superficie una serie de recintos rectángulares, como en el caso de la Huaca Partida, la Huaca Alvarado, la Huaca Hernandez (PV 57-37), etc.

Las grandes concentraciones habitacionales siguen en uso, particularmente Pampa de los Gentiles y el sitio 140 si bién la colección cerámica "diagnóstica" encontrada en superficie en este último es muy reducida, existiendo los estilos Topará y Carmen.

Las características enunciadas nos indicarían pues que hubieron de todos modos ciertos cambios en los sectores sociales ligados a los montículos, al menos en una utilización con rasgos propios a la fase. ¿ Es que esta reutilización representa solamente una facilidad en el uso del prestigio de los sitios monumentales ?, o ¿ es que esta reutilización muestra cierta imposibilidad (¿ o poco interés ?) de construir nuevas estructuras tal como ocurrirá durante Estrella o como ocurrió durante Topará, mientras que la población de tipo "aldeano" (Canziani 1992) de los sitios de habitación habría mantenido el mismo nivel de vida que durante Topará ?

La asociación cronológica de los campos de cultivo ha sido hecha principalmente gracias al hallazgo de material cerámico encontrado cerca de ellos. En el caso de Pampa de la Pelota (PV 57-142) la mayor parte del conjunto cerámico fue encontrado al este del sitio, cerca a la base de las colinas, lugar donde aparecen ciertas estructuras. La cerámica diagnóstica Topará y Carmen es abundante. Debemos anotar que se encontró una gran cantidad de vasijas cerradas (cántaros y ollas) las cuales todavía no podemos asociarlas a una fase precisa. El otro sitio de campos de cultivo (PV 57-137) tiene otros sectores asociados donde apareció cerámica con algunos fragmentos diagnósticos Topará.

En cuanto a la cerámica de tipo "doméstico" Wallace a definido ciertos rasgos para las ollas, sin embargo la mayoría de ellos se repiten tanto en Campana como en Carmen e incluso en la fase Estrella (Wallace, ms).

La redifinición de la inserción cronológica y/o de la existencia de la fase Campana es una tarea a realizar. Los nuevos datos encontrados, incluso en el valle alto de Ica y su mezcla con cerámica asimilable a Carmen (Massey, 1992) es un dato que acrecienta esta necesidad. Debemos anotar que luego de una clasificación provisional del material que recogimos en las prospecciones de 1987 en Chincha e inlcuyendo los sitios donde Wallace informa haber encontrado Campana (ver el plano del valle en : Wallace 1971), el estilo Campana está poco representado, predominando los materiales Chongos y probablemente Jahuay 3.

Por ejemplo (ver : Menzel 1971, 120) se informa que asociado a Campana se encontró que "un fragmento de cuenco tiene líneas diagonales rojas y blancas sobre un fondo negro" (ibid) si bien se piensa que este es un antecedente de Carmen (Ibid) esto levantaría ciertas dudas en torno al nivel de asociación de los materiales. Nuestras dudas se ven acrecentadas cuando vemos que en el valle de Pisco, el sitio Alto del Molino (Silverman 1997, 454) presenta una secuencia continua de ocupación entre Paracas a Carmen existiendo un "hiatus" para la probable ocupación Campana (si bien Wallace encontró esta fase en 6 sitios en el valle de Pisco : Wallace, ms).

Es gracias a los rasgos cerámicos y arquitectónicos presentados que se definen, por el momento, la transición de Paracas a Nasca -Carmen- (y porque nó decirlo del Formativo a los Desarrollos Regionales). En general se puede apreciar que existe una suerte de evolución en la moda cerámica la cual tiene sus propios rasgos y orígenes locales, que adquieren mucho prestigio en algunos momentos, tomando también otros rasgos provenientes de otras regiones (del sur principalmente) los cuales asimila y casi mimetiza con los propios manteniendo, en algunos momentos, una moda local reflejada por ejemplo en la monocromía de la cerámica hasta el final de Topará. Aparentemente el nivel tecnológico de fabricación cerámica es bastante alto y se muestra también como el resultado de una experiencia local.

Igualmente la calidad de las evidencias arqueológicas de los sitios muestra la presencia de un desarrollo cultural importante que tuvo lugar en el valle durante la existencia de culturas tan importantes al sur como el proto Nasca y Nasca mismo.

Hacia la fase Jahuay 3 de la Tradición Topará empezaría a existir este desarrollo cultural local propio al valle, diferente de la zona Pisco-Paracas, lo cual nos haría pensar en un período de Desarrollo Regional Temprano característico al valle o al menos germinal y anterior a las fases de Nasca que definen el Intermedio Temprano. Tal vez esto nos demostraría que la definición de los periodos estilísticos "tempo-espaciales" (Menzel 1971, 9, 10 y 11) no necesariamente deben de coincidir con la definición de los periodos de tipo "socio-económico" basados sobre unidades de "cambio social" (Lumbreras 1981, 21-24 y 71) (en contra corriente a la costumbre generalizada de usar las dos terminologías como sinónimos).

En cuanto a la definición de este periodo de transición en la región nos queda la interrogante : ¿es que existió una cultura proto-chinchana similar al proto Nasca ? (con fases de desarrollo representadas por los estilos de Topará y Carmen).

Creemos pues que es necesario profundizar las investigaciones en la región, particularmente en la definición de contextos arqueológicos seguros y esto antes que la mayoría de sitios desaparescan ante el avance de los cultivos y el pillaje intensivo.

## Agradecimientos

Al CONCYTEC del Perú que financió el análisis del material cerámico de prospección usado en este estudio, al INDEA que nos permitió utilizar dicho material, a José Canziani y en particular al Dr. Luis G. Lumbreras con quienes coordinamos dichos trabajos. Igualmente a los arqueólogos Carlos del Aguila y Javier Alcalde con quienes compartimos los trabajos de analisis. Al profesor D. Wallace que nos permitió usar su manuscrito sobre Carmen y Estrella.

## Bibliografia

ARNOLD J. R., LIBBY W. F. 1951. Radiocarbon dates. *Science*. 113, 2927, 111-120.

BERGER R., LIBBY W. F. 1966. UCLA Radiocarbon dates V. *Radiocarbon*,. 8, 467-497.

BROECKER W. S., KULP J. L. 1957. Lamont natural radiocarbon measurements. *Science*. 126, 3287, 1324-1334.

BURGER R. 1988. Unity and heterogeneity within the Chavin horizon. In : KEATINGE R. (ed.). *Peruvian Prehistory*. Cambridge : Cambridge University Press, 99-144.

BURGER R. 1993. *Emergencia de la civilización en los Andes : ensayos de interpretación*. Lima : Universidad Nacional Mayor de San Marcos.

CANZIANI J. 1992. Arquitectura y urbanismo del período Paracas en el valle de Chincha. *Gaceta Arqueológica Andina*,.4, 22, 87-117.

DE VRIES H., BARENDSEN G.W., WATERBOLK H.T. 1958. Groningen radiocarbon dates II. *Science*, 127, 3290, 129-137.

FORD J. A. 1949. Cultural dating of prehistoric sites in Viru Valley, Peru. *Anthropological Papers of the American Museum of Natural History*. 43, 1, 29-87.

GARCIA R., PINILLA J. 1995. Aproximación a una secuencia de fases con cerámica temprana de la región de Paracas. *Journal of the Steward Anthropological Society*, 23, 1 &2, 43-81.

HUBBS C., BIEN G. S. 1967. La Jolla natural radiocarbon measurements V. *Radiocarbon*, 9, 261-294.

ISLA E. 1992. *La Culture Paracas dans le site archéologique "El Mono-Edifice C1", Chincha-Pérou*. Mémoire de DEA, Université de Paris I-La Sorbonne.

KROEBER A. (ed.). 1944. *Peruvian Archeology in 1942*. New York : Viking Fund. (Viking Fund Publications in Anthropology).

KROEBER A., STRONG W. D. 1924. The Uhle Collections from Chincha. *University of California Publications in American archaeology and ethnology*, 21, 1, 1-54.

KULP J. L., FEEL H. W., TRYON L. E. 1951. Lamont natural radiocarbon measurements I. *Science*, 114, 2970, 565-568.

LANNING E. P. 1961. Cerámica Pintada pre-Chavín de la Costa Central del Perú. *Revista del Museo Nacional*,.30, 78-83.

LI LIU C., RILEY K. M., COLEMAN D. D. 1986. Illinois State Geological Survey radiocarbon dates VIII. *Radiocarbon*, 28 1, 78-109.

LIBBY, W. F. 1952. Chicago radiocarbon dates III. *Science*. 116, 3025, 673-681.

LUMBRERAS L. G. 1981. *Arqueología de la America Andina*. Lima : Editorial Milla Batres.

LUMBRERAS L. G. 1984. Secuencia cultural y poblacional del valle de Chincha. Informe de los trabajos realizados en 1984. *Informe del P.A.H.CH.P*. Lima : Instituto Nacional de Cultura.

LUMBRERAS L. G. 1985. Personal communication "*Fichas de reconocimiento del valle de Chincha, 1984-1985*".(Ms).

LUMBRERAS L. G. 1989. *Chavín de Huantar en el Nacimiento de la Civilización Andina*. Lima : Instituto Andino de Estudios Arqueológicos.

MASSEY S. 1990. Paracas. In : PURIN S. (ed.). *INCA-PERU, 3000 ans d'histoire*. Gent : Musées royaux d'Art et d'Histoire, 144-155.

MASSEY, S. 1992. Investigaciones arqueológicas en el valle alto de Ica : Período Intermedio Temprano 1 y 2. In : BONAVIA D. (ed.). *Estudios de Arqueología Peruana*. Lima : FOMCIENCIAS, 215-235.

MENZEL D., ROWE J., DAWSON L. 1964. *The Paracas Pottery of Ica A Study in Style and Time*. (University of California Publications in American Archaeology and Ethnology ; 50).

MENZEL D. 1971. Estudios arqueológicos en los valles de Ica, Pisco, Chincha y Cañete. *Arqueología y Sociedad*, 6.

O.N.E.R.N. 1970. *Inventario, evaluación y uso racional de los recursos naturales de la costa : cuencas de los ríos San Juan (Chincha) y Topará*. Lima : Instituto Nacional de Planificación.

PATTERSON T. C. 1966. *Pattern and Process in the Early Intermediate Period Pottery of the Central Coast of Peru*. Berkeley and Los Angeles : University of California Press.

PAUL A. 1991. Paracas, An ancient Cultural Tradition on the South Coast of Peru. In : PAUL A. (ed.). *Paracas : Art & Architecture*. Iowa : University of Iowa Press, 1-34.

PETERS A. 1988. Chongos : sitio Paracas en el valle de Pisco. *Gaceta Arqueológica Andina*. 4, 16, 30-34.

PROULX D. 1968. *Local differences and time differences in Nasca pottery*. (University of California publications in Anthropology ; 5).

RAVINES R., ALVAREZ J. J. 1967. Fechas Radiocarbónicas para el Perú. *Arqueológicas*, 11.

ROSTWOROWSKI-De-DIEZ-CANSECO M. 1977. *Etnia y Sociedad : Costa peruana pre hispánica*. Lima : I.E.P.

ROWE J. 1963. Urban Settlements in ancient Peru. *Ñaupa* Pacha, 1, 1-28.

RUBIN M., ALEXANDER C. 1958. U.S. Geological survey Radiocarbon Dates IV. *Science*, 127, 3313, 1476-1487.

SILVERMAN H. 1991. The Paracas Problem, Archaeological Perspectives. In : PAUL A. (ed.). *Paracas : Art & Architecture*. Iowa : University of Iowa Press, 349-415.

SILVERMAN H. 1993. Patrones de Asentamiento en el valle de Ingenio, cuenca del río Grande de Nasca : una propuesta preliminar. *Gaceta Arqueológica andina*,. 7, 23, 103-124.

SILVERMAN H. 1996. The Formative Period on the South Coast of Peru : A critical review. *Journal of World Archaeology*, 10, 2, 95-146.

SILVERMAN H. 1997. The First Field Season of Excavations at the Alto del Molino Site, Pisco Valley, Peru. *Journal of Field Archaeology*, 24, 4, 441-457.

STOTHERT K., RAVINES R. 1977. Investigaciones arqueológicas en Villa El Salvador. *Revista del Museo Nacional-Lima*, 43, 157-225.

STUCKENRATH J. R. 1963. University of Pennsylvania radiocarbon dates VI. *Radiocarbon*, 5, 82-103.

STUIVER M.,LONG A., KRA R. 1993. Calibraction 1993. *Radiocarbon*, 35, 1.

TELLENBACH M. 1997. Los vestigios de un ritual ofrendatario en el Formativo peruano-Acerca de la relación entre templos, viviendas y hallazgos. In : BONNIER E., BISCHOF H. (eds). *Archaeologica Peruana 2, Arquitectura y Civilización en los Andes Prehispánicos*. Heilderberg : Sociedad Arqueológica Peruano-Alemana ; Reiss-Museum Mannheim, 162-175.

TELLO J. C., MEJIA-XESSPE T. 1979. *Paracas II parte : Cavernas y Necrópolis*. Lima : Universidad Nacional Mayor de San Marcos.

TRAUTMAN M., WILLIS E. 1966. Isotopes, Inc. Radiocarbon Measurements V. *Radiocarbon*, 8, 161-203.

UHLE M. 1924. Explorations at Chincha. (University of California Publications in American Archaeology and Ethnology ; 21, 2), 57-94.

VALASTRO J. S., MOTT DAVIS, E. VARELA A. 1978. University of Texas at Austin Radiocarbon Dates XII. *Radiocarbon*, 20, 2, 245-273.

WALLACE D. 1963. Early Horizon Ceramics in the Cañete Valley of Peru. *Ñawpa Pacha*, 1, 35-39.

WALLACE D. 1971. Sitios arqueológicos del Perú (segunda entrega), Valles de Chincha y Pisco. *Arqueológicas*, 13.

WALLACE D. 1972. Sumario de la secuencia cultural de los valles de Chincha y Pisco. *Alcance a Arqueológicas*, 13, 4.

WALLACE D. 1985. Paracas in Chincha and Pisco : a Reappraisal of the Ocucaje Sequence.In : KVIETOK P., SANDWEISS D. (eds.). *Recent Studies in Andean Prehistory and Protohistory*. Cornell : Latin American Studies Program, 67-94

WALLACE D. 1986. The Topara Tradition : an Overview. In : : SANDWEISS D., KVIETOK P. (eds.). *Perspectives on Andean Prehistory and Protohistory*. Cornell : Latin American Studies Program, 35-47

WALLACE D. (Ms). Personal communication *"Early Intermediate Period ceramics of the south-central peruvian coast"* Manuscrito inédito.

ZIOLKOWSKI M. S., PAZDUR M. F., KRZANOWSKI A., MICHCZYNSKI A. 1994. *Andes, Radiocarbon Database for Bolivia, Ecuador and Peru*. Varsovia, Gliwice : Andean Archaeological Mission of the Institute of Archaeology, Warsaw University & Gliwice Radiocarbon Laboratory of the Instituts of Physics, Silesian Technical University.

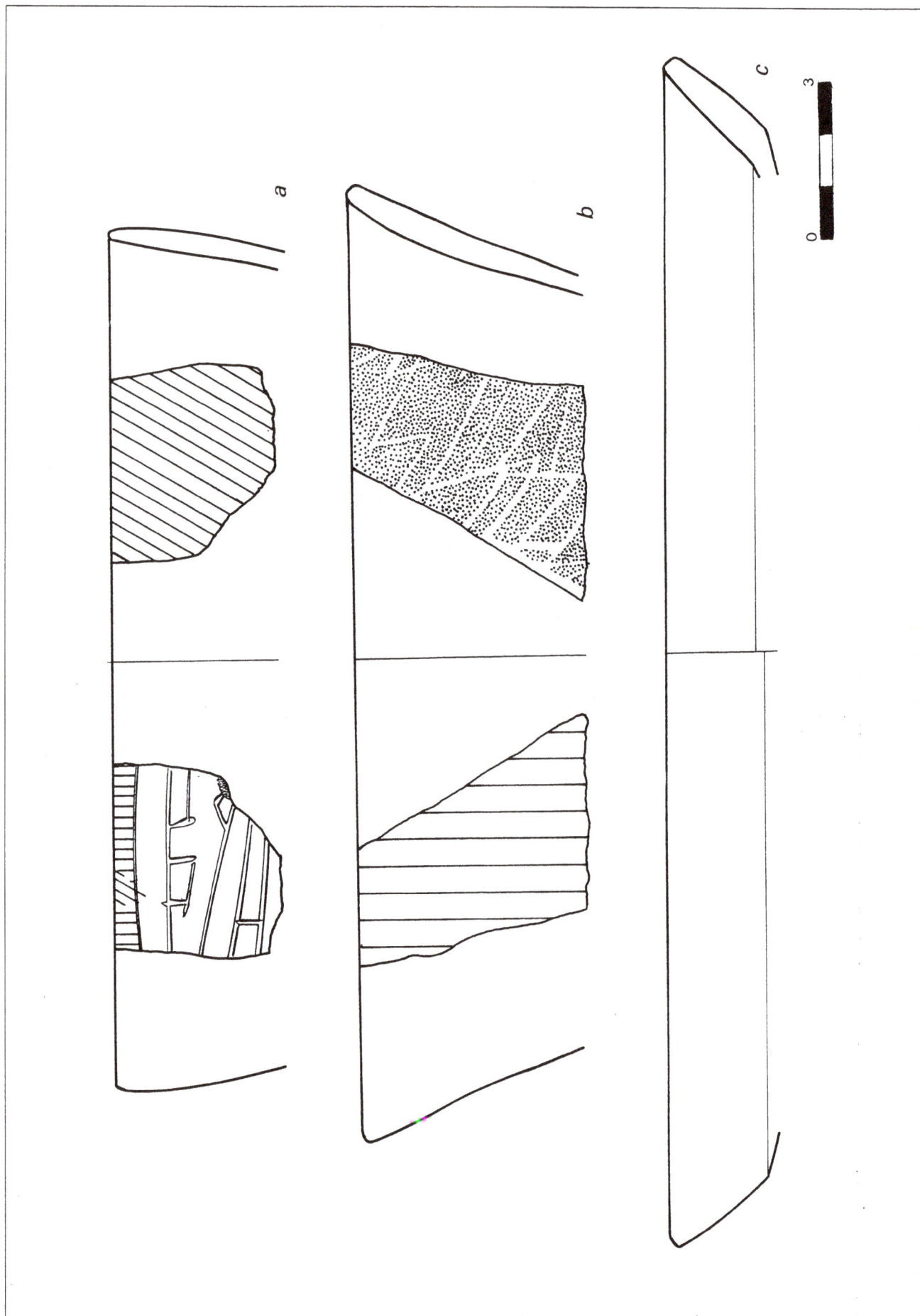

**Plancha 1** : **a.** cuenco inciso Paracas, sitio: PV 57-25 (Huaca Soto) ; **b.** cuenco con decoración bruñida Paracas Necropolis, sitio PV 57-9 (Huaca Partida) ; **c.** cuenco bajo Topará, sitio PV 57-9 (Huaca Partida).

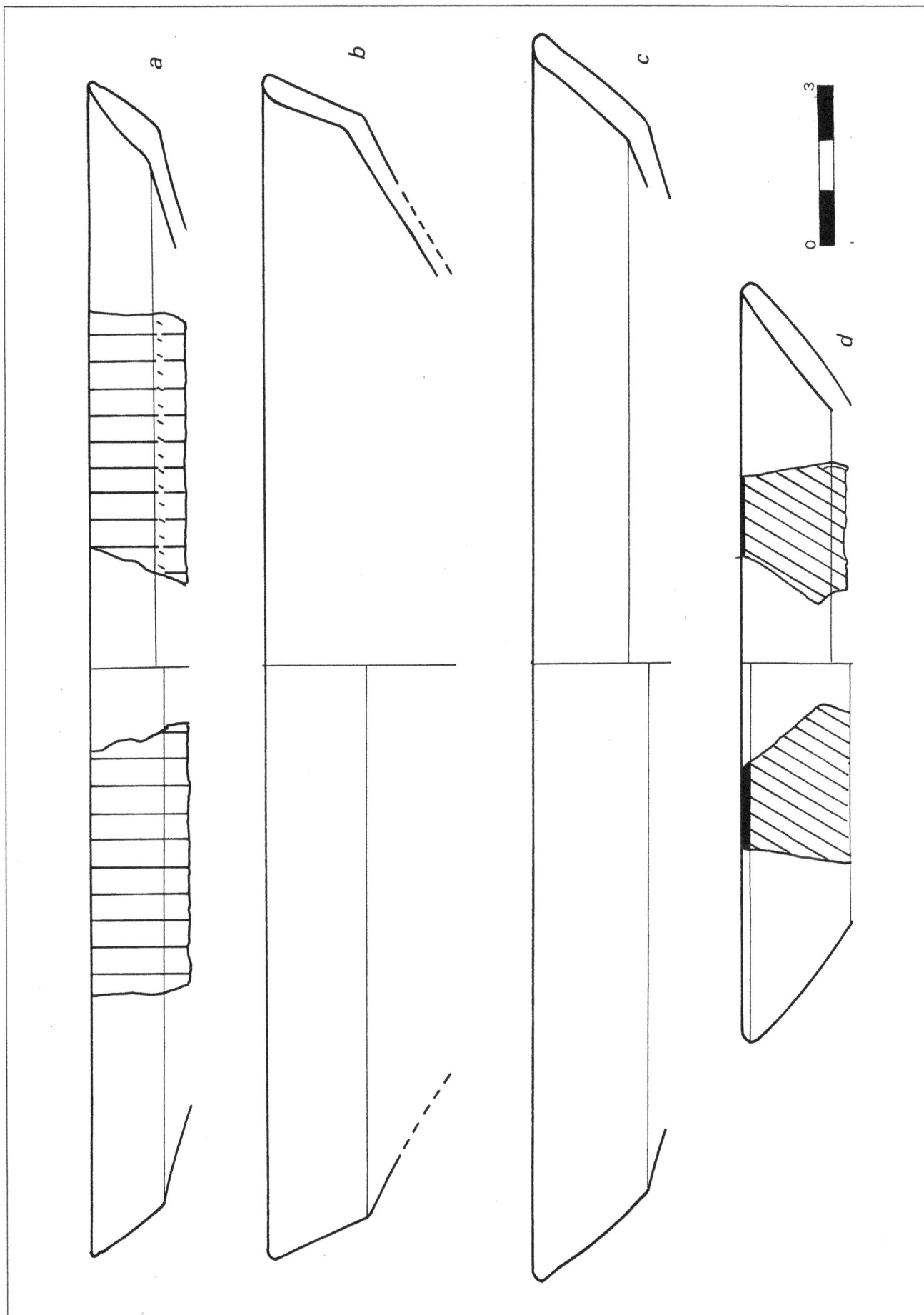

**Plancha 2** : **a.** cuenco bajo ¿Topará?, sitio PV 57-64 (Pampa de los Gentiles) ; **b.** cuenco Topará, sitio PV 57-64 (Pampa de los Gentiles) ; **c.** cuenco ¿Topará?, sitio PV 57-142 ; **d.** cuenco Topará-Campana, sitio PV 57-142.

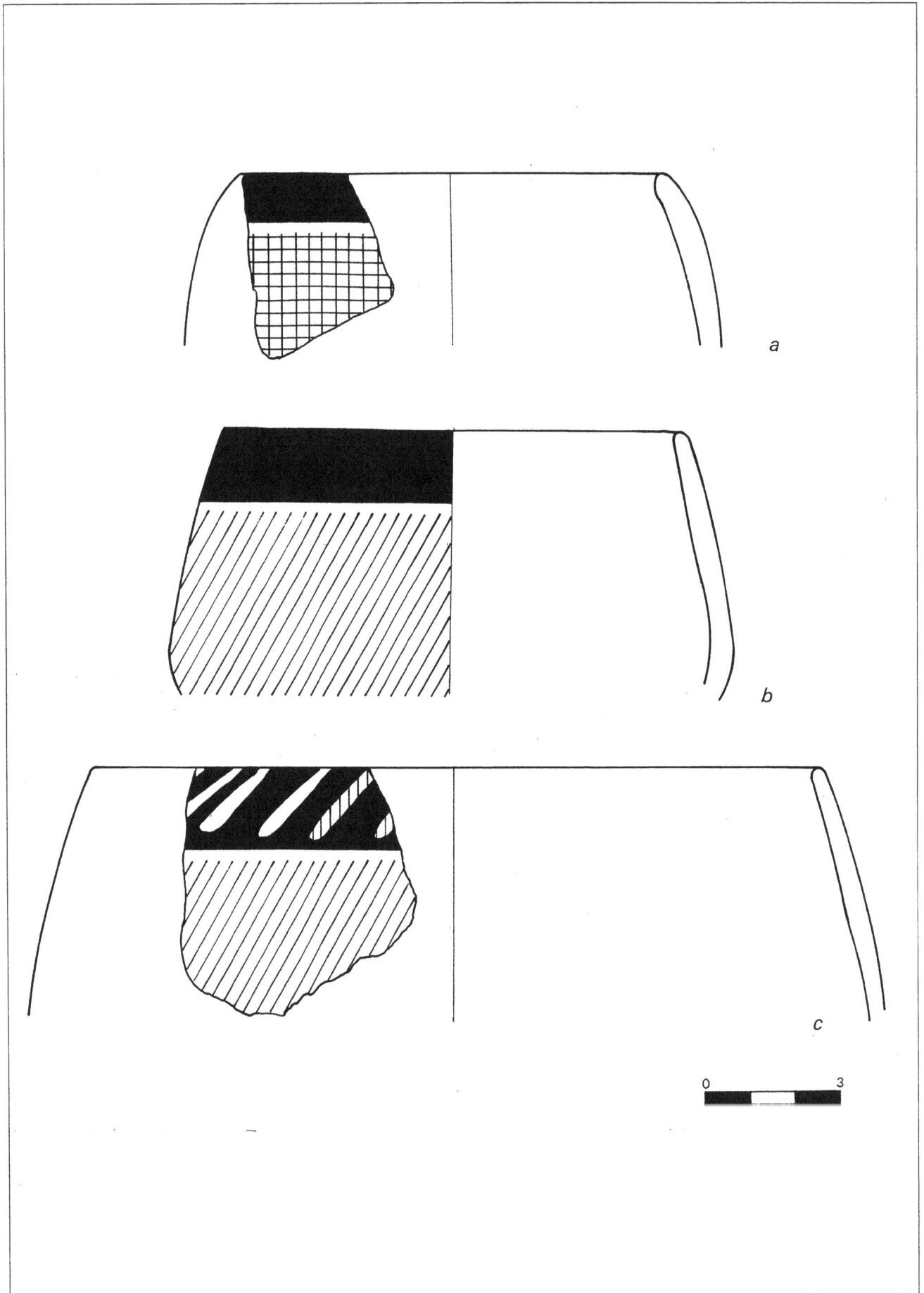

**Plancha 3** : **a.** bol Carmen, sitio PV 57-64 (Pampa de los Gentiles) ; **b.** bol Carmen, sitio PV 57-64 (Pampa de los Gentiles) ; **c.** bol Carmen, sitio PV 57-64 (Pampa de los Gentiles).

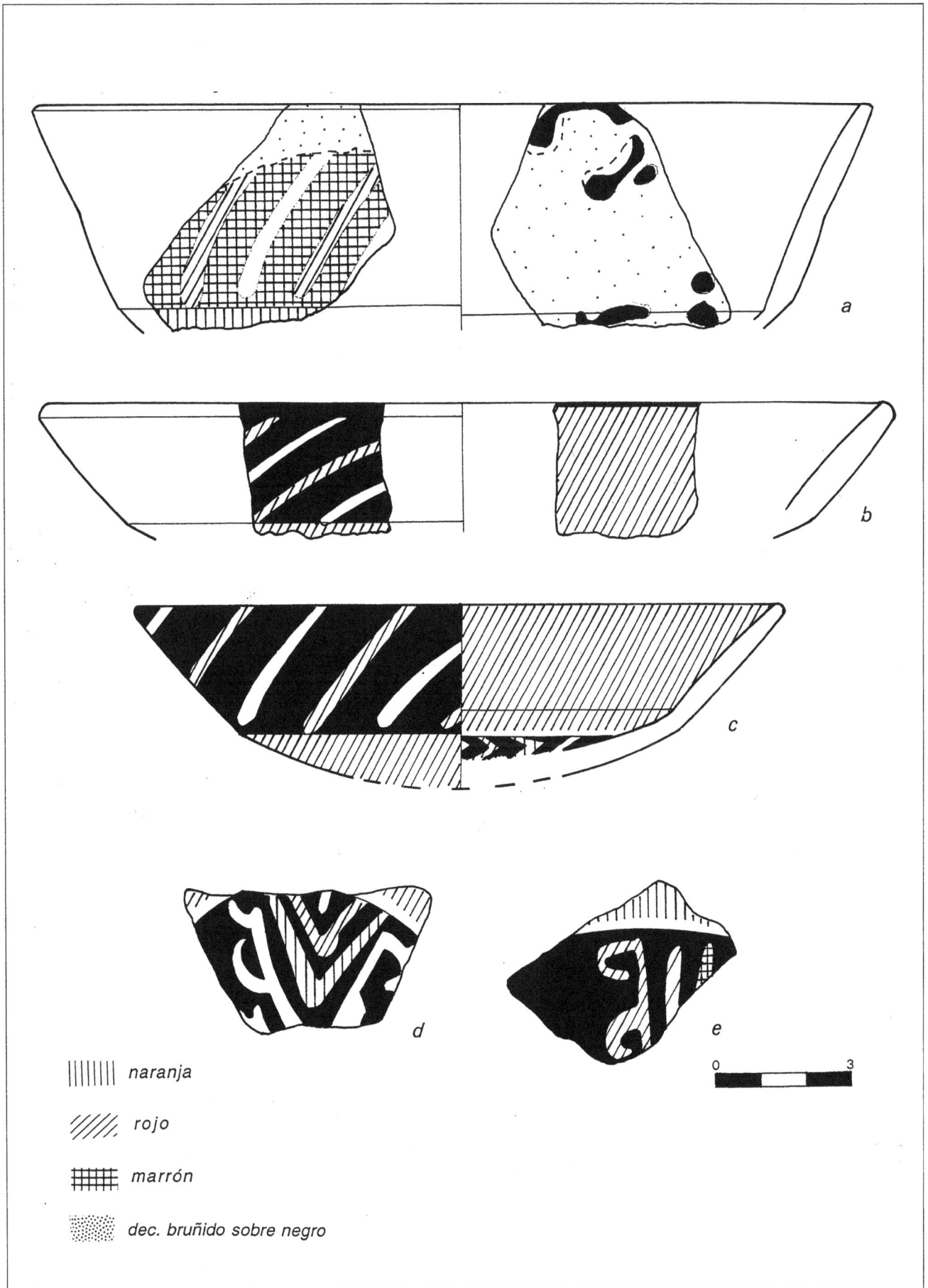

|||||||| naranja

///// rojo

###### marrón

∷∷∷∷ dec. bruñido sobre negro

**Plancha 4** : **a.** cuenco ¿Carmen?, sitio PV 57-9 (Huaca Partida) ; **b.** cuenco Carmen, sitio PV 57-64 (Pampa de los Gentiles) ; **c.**Cuenco Carmen, sitio PV 57-64 (Pampa de los Gentiles) ; **d.** fragmento decorado Carmen, fondo interno, sitio PV 57-138 ; **e.** fragmento decorado Carmen, fondo interno, sitio PV 57-142.

# Dos ejemplos de utilización de los camélidos sudamericanos : el caso de Tablada de Lurín (Perú) y de Potrero-Chaquiago (Argentina)

Cecilia RODRIGUEZ LOREDO[*]

*Résumé*

Cet article se propose de présenter deux exemples d'utilisation des camélidés en Amérique du Sud au sein de deux types de sociétés chronologiquement et géographiquement distinctes : le cimetière formatif Tablada de Lurín (Pérou) et l'établissement inca de Potrero-Chaquiago (Argentine). Cette étude archéozoologique permet de comprendre le rôle joué par les camélidés dans les sociétés andines : autant symbolique qu'économique.

*Abstract*

This paper presents two examples of the use of the camelids in South America in two culturally different and non contemporaneous Andean societies : the Formative cemetery of Tablada de Lurín (Peru) and the Inca settlement of Potrero-Chaquiago (Argentina). This archaeozoological study help us better understand two distinct uses of the camelid, symbolic and economic, in these societies.

## Introducción

Los camélidos tuvieron un rol muy importante durante toda la prehistoria andina. Estos fueron la fuente principal de materias primas tales como : carne, lana, cuero y huesos ; tuvieron un lugar importante en la vida económica y social : sacrificios, ritos y ofrendas ; como animal de carga y producto de cambio. Las dos formas domésticas, llama y alpaca (*Lama glama* y *Lama pacos*), ocuparon un lugar preponderante en el desarrollo de las sociedades andinas.

Presentaremos aquí dos ejemplos de la utilización simbólica y económica de los camélidos en dos tipos de sociedades bien diferenciadas en el tiempo y en espacio como son el cementerio formativo de Tablada de Lurín (Perú) y el establecimiento incaico Potrero-Chaquiago (Argentina).

No se debe entender que queremos comparar dos períodos distantes o dos sociedades que poseen sus características particulares, nuestro objetivo es presentar dos modalidades diferentes y no exclusivas, del uso y rol que jugaron los camélidos en ellas. Cabe señalar que en los períodos analizados en este trabajo ya existían las dos formas domésticas de camélidos (domesticación de la alpaca hacia el 6000 BP y la llama entre 5500 y 4000 BP) (Lavallée 1990).

La determinación del carácter doméstico (llama-alpaca) o silvestre (guanaco-vicuña) de los restos arqueológicos es de suma importancia para evaluar el modo de subsistencia en este tipo de sociedades. Lamentablemente no fue posible aplicar a nuestra muestra los criterios de determinación empleados actualmente (ver Lavallée 1990), ya que no poseemos en las dos muestras arqueológicas ni cráneos ni dientes completos. Para ambos casos de estudio hemos considerado los restos de camélidos como *Lama* sp.

## Cementerio Formativo Tablada de Lurín (200 AC-300 DC)

Localizado en el departamento de Lima (76°55'40'' de longitud oeste y 12°11'10'' de latitud sur) a 286 m.s.n.m., (fig. 1A) el sitio se encuentra sobre una vasta planicie árida denominada "tablazo". Debido a su ubicación y altitud, la parte más prominente del tablazo se transforma en loma secundaria (vegetación estacional). La excavación del sitio está actualmente bajo la dirección de Krzysztof Makowski de la Pontificia Universidad Católica del Perú.

El cementerio del Formativo Superior caracterizado por sepulturas en pozo, posee una vasta superficie que supera probablemente las 52 ha. La principal zona excavada es la unidad A del sector SE, donde se hallaron cinco conjuntos o agrupaciones de estructuras funerarias (fig. 1B). La variabilidad estilística de la cerámica sugiere que la ocupación no sobrepasa los 300 años, lo que representaría al menos 11-12 generaciones (Makowski 1994, 1996).

[*] URA1415, Laboratorio de Anatomía comparada, Museo nacional de Historia natural, 75005 Paris, Francia.

hombres y 89 de sexo indeterminado (la mayoría son jóvenes e infantes). De este conjunto de tumbas se recuperaron un total de 2091 restos faunísticos que son parte de las ofrendas funerarias que acompañaban al difunto, del total de la muestra el 95,7% ha sido determinado (fig. 2). Como se observa en la figura 2, la fauna mayor : compuesta por los camélidos, ciervos y los restos que fueron determinados como artiodáctilos y mamífero mayor, es la mejor representada ; les siguen las aves y en menor medida la fauna menor (roedores, pequeños carnívoros, anfibios y reptiles).

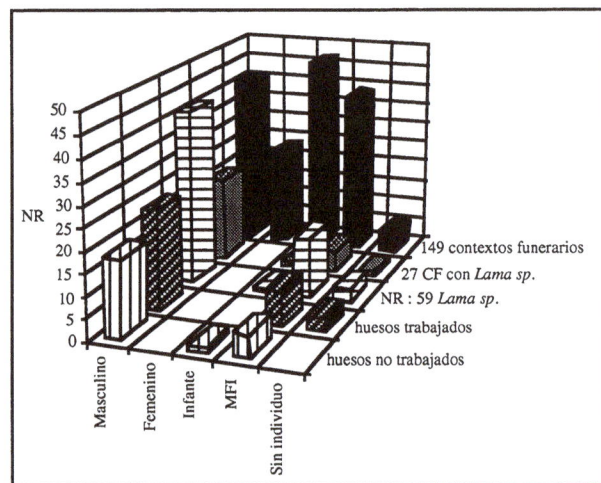

**Fig. 3** : Tablada de Lurín : frecuencia de los restos de *Lama sp.* por categoría de tumba (M F I : tumbas múltiples).

La figura 3 representa la frecuencia de los 149 contextos funerarios estudiados por categoría de sexo en las tumbas (en negro). En el sector SE-A se hallaron 27 tumbas (CF) que presentan entre sus ofrendas restos de camélidos (en gris). La primera constatación es la ausencia total de restos de camélidos en contextos puramente femeninos. La muestra de camélidos se compone de 59 restos, estos se reparten de la siguiente manera : 41 restos en las tumbas masculinas ; 1 en la tumba de un infante, 14 en las tumbas múltiples (hombre, mujer e infante) y 3 en una tumba sin individuo (rayas verticales).

Todos los restos de *Lama* sp. son de individuos adultos, de dimensiones del grupo de mayor tamaño llama-guanaco. La muestra se compone de al menos 9 individuos.

Los restos fueron divididos en dos grupos : los huesos trabajados o útiles y los huesos no trabajados. En la figura 3 se observa la frecuencia de estas categorías por tipo de sexo en las tumbas. Podemos observar que la mayoría de los objetos están presentes en las tumbas masculinas o en las múltiples donde están asociados al hombre.

La figura 4 nos muestra la frecuencia de los restos de *Lama* sp. según las diferentes partes del esqueleto. La primera observación es la ausencia de casi todo el esqueleto. Los restos de escápulas y tibias son predominates (21 y 13 respectivamente), seguidos por el radiocúbito (5), el coxal y el fémur (3) y finalmente un fragmento de cráneo, vértebra lumbar, metacarpo y metápodos. Se observa entonces una fuerte selección del esqueleto.

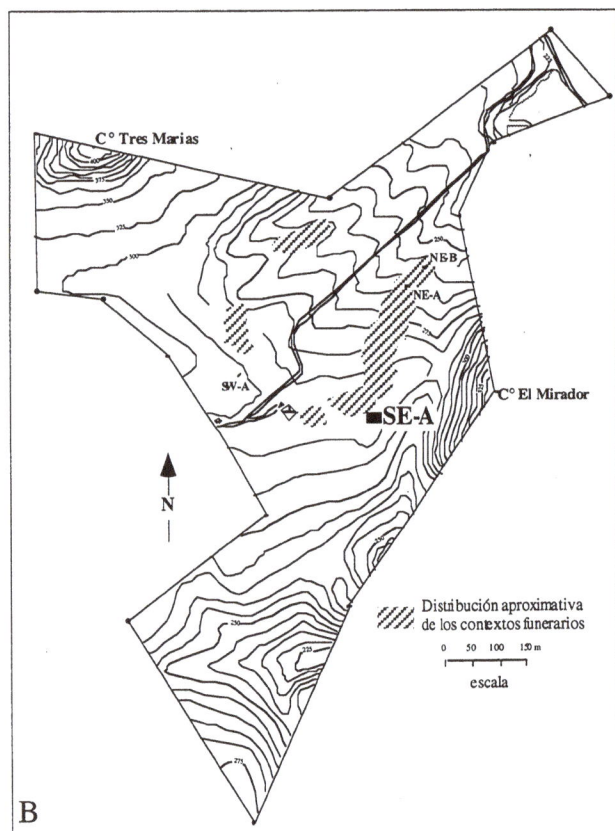

**Fig. 1 A** : Mapa de Perú, localización del sitio Tablada de Lurín.
  **B** : Zona arqueológica del Proyecto Tablada de Lurín : ubicación del sector SE-A estudiado (modificado de Makoswki, 1994).

La muestra estudiada aquí se compone de 149 contextos funerarios o tumbas del sector SE-A, que presentan restos óseos animales entre sus ofrendas (sobre un total de más de 300 contextos funerarios). En estos contextos funerarios se hallaron un total de 197 individuos : 47 mujeres, 61

80

| | NR | %NR |
|---|---|---|
| Anfibios y Reptiles | 64 | 3.1 |
| Aves | 472 | 22.6 |
| Carnívoros | 224 | 10.7 |
| *Lama* sp. | **59** | **2.8** |
| Cérvidos | 178 | 8.5 |
| Artiodáctilos | 388 | 18.6 |
| Mamíferos indet. | 390 | 18.7 |
| Roedores | 209 | 10.0 |
| Moluscos y Peces | 17 | 0.8 |
| Total determinado | 2001 | 95.7 |
| Indeterminado | 90 | 4.3 |
| Total | 2091 | |

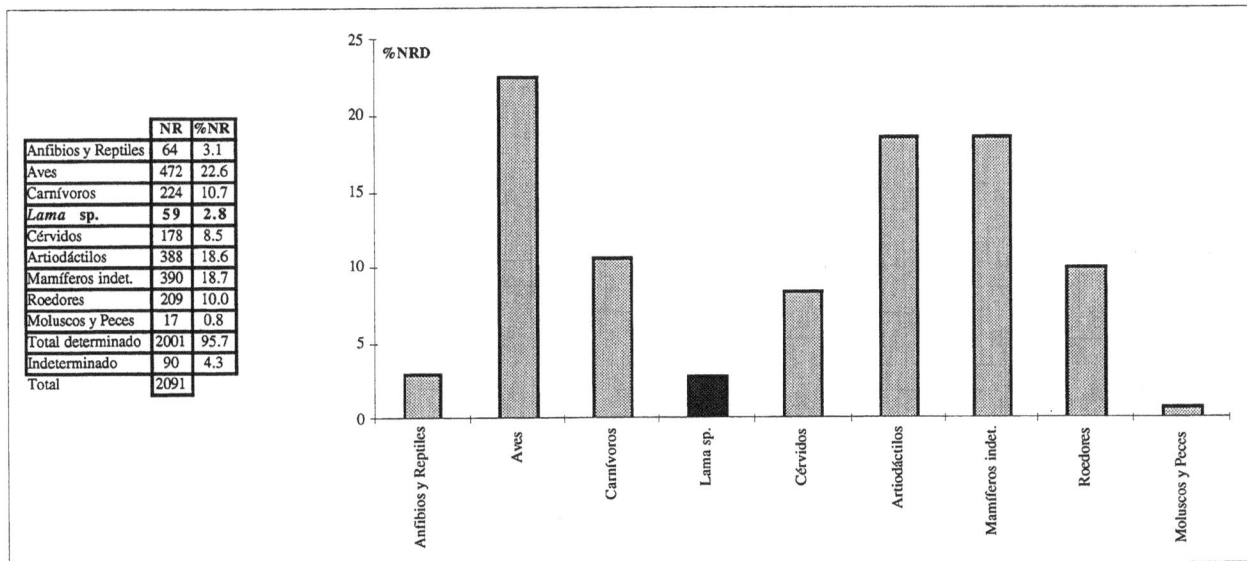

**Fig. 2** : Tablada de Lurín, sector SE-A : frecuencia de los diferentes órdenes y taxones, calculado en número de restos determinados (NRD)

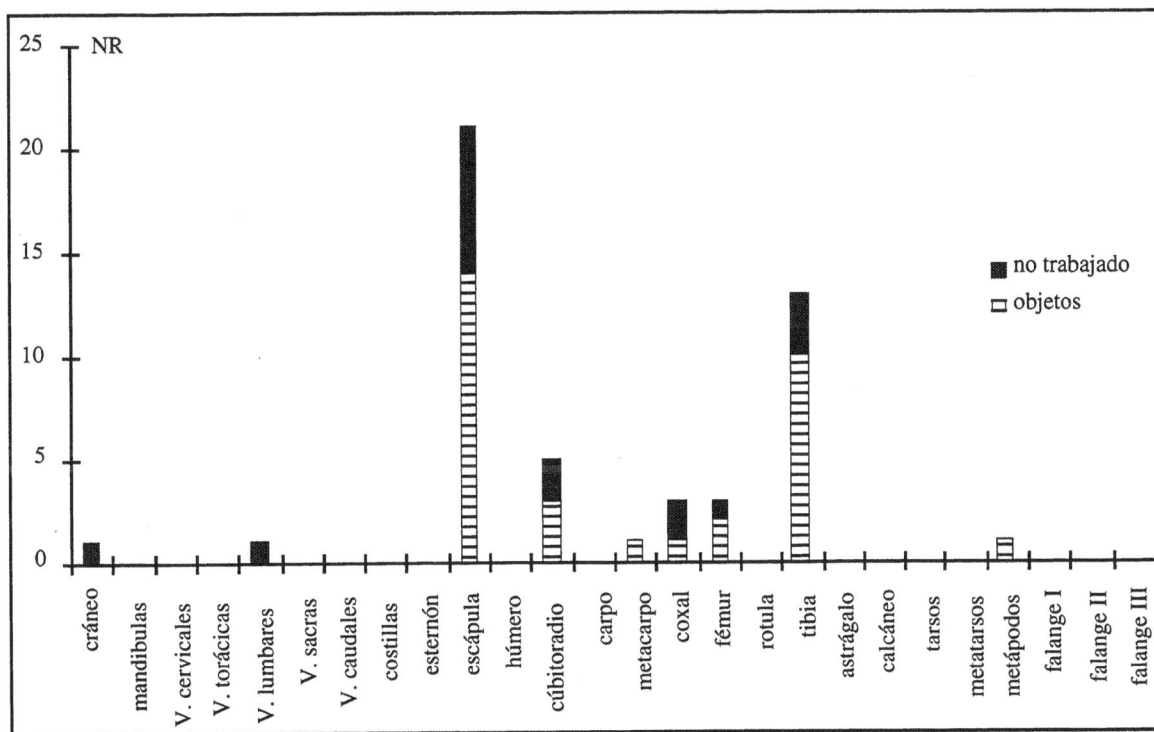

**Fig. 4**: Tablada de Lurín : frecuencia de las diferentes partes del esqueleto de *Lama sp* .

A su vez quisimos ver como se repartían los restos de *Lama* sp. según estén o no trabajados. Como se observa en la misma figura 4, los objetos y los restos no trabajados siguen la misma tendencia. Escápulas y tibias fueron los principales soportes de objetos, seguidos del radiocúbito, fémur y finalmente los metápodos y el coxal.

Los huesos de camélidos fueron principalmente el soporte de dos tipos de objetos (fig. 5) : las espátulas y los inhaladores, fabricados respectivamente en escápulas y tibias. Las espátulas sobre escápulas se obtuvieron por supresión de la espina escapular y el pulido de la diáfisis (ángulo craneal, fosa supra-espinosa hasta el cuello de la escápula) ; los inhaladores sobre tibia se obtuvieron puliendo la epífisis distal y transformando la diáfisis en una especie de cuchara. Paralelamente se observaron huellas de pulido en fragmentos de instrumentos realizados en radiocúbito, metacarpo y coxal ; pero dado el estado de fragmentación no se les pudo asignar una función.

En otro artículo proponemos los primeros datos acerca de la diferenciación sexual de todas las ofrendas de animales en el sector SE-A (Rodriguez Loredo 1996). En los contextos masculinos es preponderante las ofrendas de fauna mayor y a su vez, es en estos contextos donde se hallan la mayoría de los huesos modificados en objetos (instrumentos musicales, cabezas trofeos, espátulas, inhaladores, punzones y agujas). Esta fuerte selección de ciertos huesos de *Lama* sp. nos llevó a ver qué sucedía entre los restos de la fauna major, lo

que falta en los camélidos podría estar entre los restos considerados como artiodáctilos (NR : 388) y mamífero mayor (NR : 390).

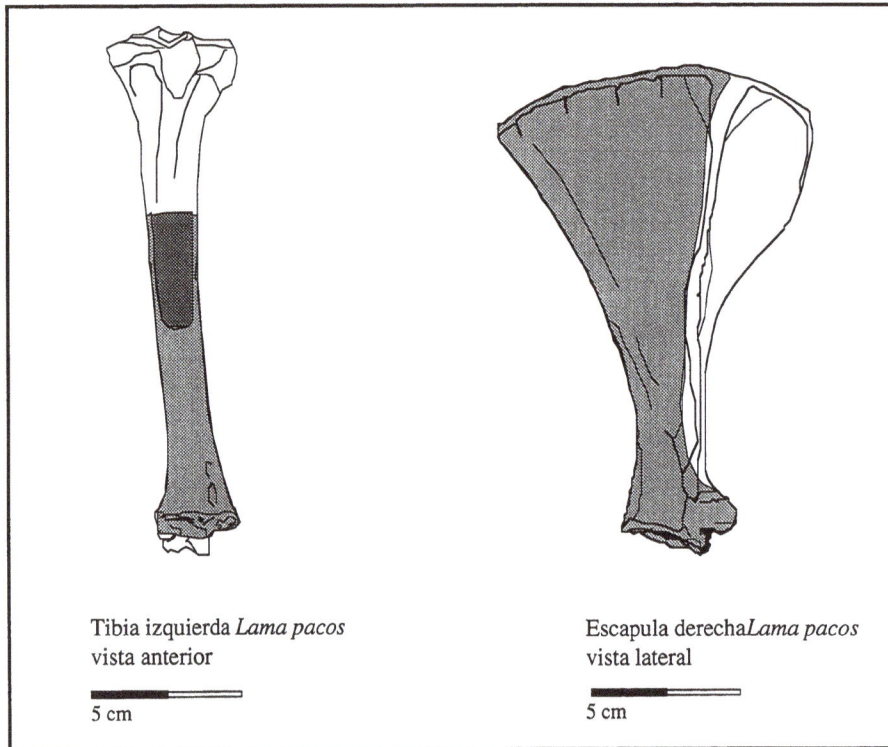

Tibia izquierda *Lama pacos*
vista anterior

5 cm

Escapula derecha*Lama pacos*
vista lateral

5 cm

**Fig. 5** : Ejemplo de los objetos realizados en hueso de *Lama sp.* : inhaladores y espátulas

El estado de fragmentación de estos dos grupos nos impidió realizar una determinación mas exaustiva. Los dos mamíferos grandes presentes en el sitio y en la región son los camélidos y los ciervos, los restos fragmentados de artiodáctilos y mamífero mayor pertenecen sin duda a una de estas dos familias, pero preferimos ser prudentes en la determinación. En ambos casos son fragmentos de huesos largos, metápodos, vértebras y costillas. En ambos grupos alrededor del 50% del material fue transformado en objetos.

Entre los restos determinados como artiodáctilos, se encuentran las agujas y punzones realizados sobre diáfisis de hueso largo, de metápodos y costillas. Los restos considerados como mamífero mayor son el soporte de perlas de collar "chaquiras", y de punzones realizados sobre fragmentos de hueso largo.

En lo que respecta a los ciervos (cf. *Odocoileus virginianus*), si bien los restos no presentan ningún tipo de huellas, fueron considerados dentro de la categoría de ofrendas de huesos transformados (NR : 178). En efecto el 73,6% de los restos son fragmentos de cráneo y astas de muda y masacre depositados en cada tumba, probablemente como "cabeza trofeo". Sólo un fragmento de fémur de ciervo presenta sus lados pulidos, probablemente se trata de un fragmento de instrumento. Tanto los ciervos como los restos de artiódactilos y mamífero mayor siguen la misma tendencia que los camélidos : están asociados

principalmente con las tumbas masculinas y de infantes. Sin embargo los restos de artiódactilos y mamífero mayor están tambien presentes en tumbas que presentan solo individuos femeninos (Rodriguez Loredo 1996).

Es importante señalar que en el cementerio de Tablada de Lurín las especies que son consideradas principalmente como fuente de proteína animal (camélidos y ciervos), tienen aquí no un valor alimentício sino puramente técnico. En efecto, los camélidos no están utilizados como ofrenda de alimento como sucede en la mayoría de los sitios ceremoniales del período Formativo (Bonavia 1996) sino únicamente como soporte de objetos finalizados, aún cuando la función de los mismos es difícil de determinar (inhalación de alucinógenos, actividad textil, etc.). Esta utilización de los camélidos como sólo materia prima de objetos nos permite ubicar mejor a los camélidos dentro de un sistema de representación socio-simbólico. De la misma manera, los ciervos que fueron cazados durante todos los períodos y que fueron un complemento importante de carne, están representados aquí no como alimento sino como probablemente un "trofeo" (¿ de caza ?). Como se observó anteriormente, los restos determinados como artiodáctilos y mamífero mayor son también el soporte de objetos ; en otros términos los animales que siempre estuvieron ligados a la alimentación muestran aqui un estatus diferente.

## Establecimiento Inca Potrero-Chaquiago (1480-1534 dC.)

El sitio Potrero-Chaquiago está situado en el bolsón o campo de Andalgalá, provincia de Catamarca, al norte del distrito Potrero y al sur del distrito Chaquiago (66°21' longitud oeste ; 27°30' latitud sur) (fig. 6A). Esta región es una zona de transición o ecotono, entre las formaciones subtropicales de Tucumán y las regiones áridas del oeste.

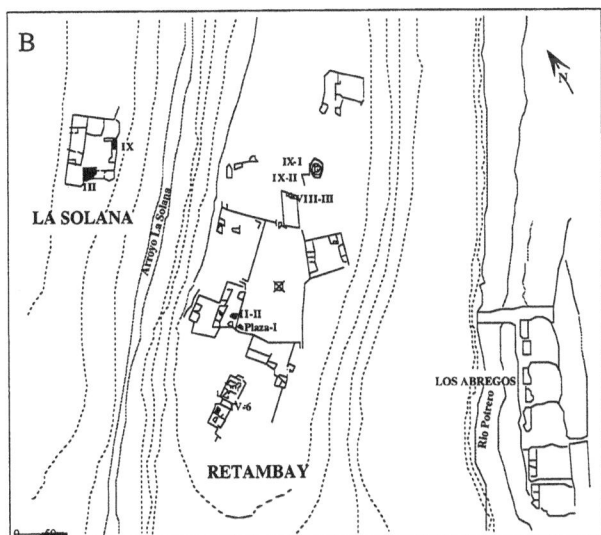

**Fig. 6 A** : Provincia de Catamarca (Argentina), región ocupada por los Incas, Potrero-Chaquiago.

**B** : Establecimiento Potrero-Chaquiago, departa-mento de Andalgalá, en negro los recintos estudiados (modificado de Williams, 1991).

La superficie total del sitio es de 4,3 ha, zona donde las construcciones son visibles. Las contrucciones se reparten en tres barrios : Los Abrego, Retambay y La Solana, cada uno ubicado sobre una colina y separados unos de otros por ríos y/o arroyos, que atraviesan la región de norte a sur (fig. 6B). El sitio Potrero-Chaquiago es un establecimiento incaico, un centro de producción, colector de tributos regionales y de mano de obra. En estos centros administrativos se producen, se acumulan y se redistribuyen los productos (Williams 1991).

La muestra estudiada proviene de la excavación de cuatro recintos, dos sondeos y dos estructuras de dos barrios (La Solana y Retambay ). Se compone de 4572 restos faunísticos, donde el 89,2% fue determinado. El total de restos óseos identificados a nivel taxonómico es de 1615 (87,2%) para La Solana y de 2467 (90,6%) para Retambay. Como se puede observar tanto en la tabla y de manera más sintética en el histograma (fig. 7), la fauna mayor, representada por el orden de Artiodáctilos, es el grupo más abundante en los dos barrios. Dentro del mismo, los predominantes son los camélidos, seguido por una escasísima representación de cérvidos (Rodriguez Loredo en prensa).

La Solana brindó un total de 313 restos (NMI : 6) de camélidos y Retambay un total de 694 (NMI : 14). Un análisis métrico fue aplicado a cinco calcáneos enteros que fueron comparados con la colección de referencia. Tres de entre ellos poseen las dimensiones correspondientes al grupo de talla grande guanaco-llama y dos al grupo de talla pequeña vicuña-alpaca. Hemos considerado los restos estudiados en Potrero-Chaquiago como *Lama* sp., sin embargo en el caso de La Solana, la muestra puede comprender al menos dos especies diferentes (Rodriguez Loredo 1991, 1992).

Intentamos establecer la estructura de edad de la muestra, en ausencia de series de molares, se trabajó sobre el grado de fusión de los restos (Puig 1988, Herrera 1988). Un dato interesante relativo a la edad de los individuos de la muestra, es la presencia de una rótula izquierda con signos de osteoporosis, presenta sobre la fase posterior un pulido intenso causado por el frotamiento directo del hueso sobre el fémur lo que nos indica una edad avanzada para uno de los individuos. De manera general, en el sitio se observa una preferencia por el consumo de animales adultos (62%) en relación con los jóvenes (38%). Esto indicaría un manejo del rebaño orientado a la producción secundaria, es decir lana y transporte (Madero 1994). La menor representación de animales jóvenes puede estar ligada ya sea a la mortalidad natural de un rebaño o a matanzas ocasionales de individuos jóvenes por su alto contenido en grasas.

La figura 8 indica la frecuencia de los restos según las diferentes partes del esqueleto, esta frecuencia está calculada sobre el porcentaje de número de restos. De manera general se observa para todo el sitio un aprovechamiento integral del camélido. Las variaciones observadas pueden estar ligadas al efecto del muestreo de las excavaciones (Rodriguez Loredo en prensa, Williams 1991). Sin embargo se observan una serie de tendencias. En lo que respecta a La Solana, los animales ingresaron en los recintos probablemente ya sin la cabeza, en cambio en Retambay su presencia nos indicaría el ingreso completo del animal en casi todas las estructuras estudiadas. La muestra total está compuesta al menos por 20 individuos (NMI : 20).

83

| | LA SOLANA | | RETAMBAY | |
|---|---|---|---|---|
| | NR | %NR | NR | %NR |
| *Bufo sp.* | 9 | 0,5 | 16 | 0,59 |
| *Anfibio sp.* | | | 7 | 0,26 |
| *Scincidae sp.* | | | 1 | 0,04 |
| *Teidae sp.* | | | 3 | 0,11 |
| *Crotalinae sp.* | 2 | 0,1 | 80 | 2,94 |
| *Colubridae sp.* | 3 | 0,2 | 6 | 0,22 |
| *Geranoetus sp.* | 99 | 5,3 | 6 | 0,22 |
| *Buteo sp.* | 153 | 8,3 | 2 | 0,07 |
| *Accipitridae sp.* | 13 | 0,7 | | |
| *Polyborus sp.* | | | 1 | 0,04 |
| *Falconidae sp.* | | | 1 | 0,04 |
| *Cairina moschata* | 6 | 0,3 | 9 | 0,33 |
| *Tinamidae sp* | 4 | 0,2 | 18 | 0,66 |
| Ave indet. | 26 | 1,4 | 12 | 0,44 |
| *Chaetopractus sp.* | 15 | 0,8 | 1 | 0,04 |
| *Canis familiaris* | | | 24 | 0,88 |
| *Felis sp.* | 1 | 0,1 | | |
| *Lama sp.* | 313 | 16,9 | 694 | 25,51 |
| *Cervidae sp.* | 6 | 0,3 | 2 | 0,07 |
| *Artiodactyla sp.* | 745 | 40,2 | 1233 | 45,33 |
| *Cricetidae sp.* | 17 | 0,9 | 68 | 2,50 |
| *Cavia porcellus* | 11 | 0,6 | 4 | 0,15 |
| *Cavia sp.* | 28 | 1,5 | 3 | 0,11 |
| *Galea musteliode* | 13 | 0,7 | | |
| *Microcavia sp.* | 2 | 0,1 | | |
| *Galea-Microcavia* | | | 34 | 1,25 |
| *Caviidae sp.* | 34 | 1,8 | 32 | 1,18 |
| *Dolichotis sp.* | 6 | 0,3 | 3 | 0,11 |
| *Laguidium viscacia* | 29 | 1,6 | 13 | 0,48 |
| *Ctenomys sp.* | 73 | 3,9 | 17 | 0,63 |
| Rodentia indet. | 7 | 0,4 | 177 | 6,51 |
| Total determinado | 1615 | 87,2 | 2467 | 90,70 |
| Indeterminados | 237 | 12,8 | 253 | 9,30 |
| Total | 1852 | | 2720 | |

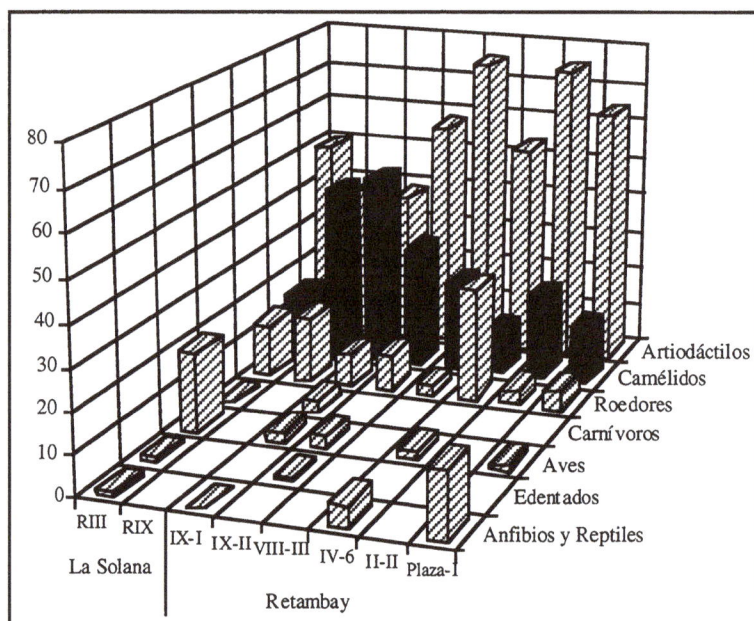

Fig. 7 : Potrero-Chaquiago : frecuencia de los diferentes órdenes presentes en el sitio.

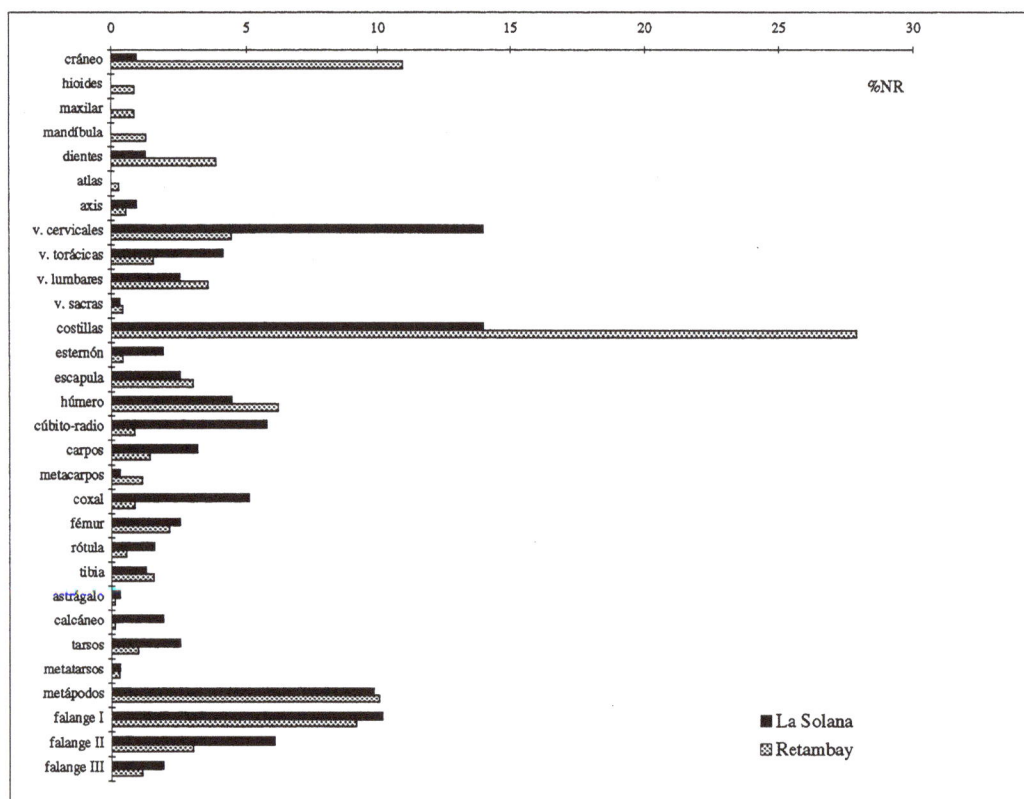

Fig.8 : Potrero-Chaquiago : frecuencia de las diferentes partes del esqueleto de *Lama sp.*

Pero la representación de los camélidos se ve afectada por la alta tasa de restos que fueron determinados como artiodáctilos. Teniendo en cuenta la escasa presencia de cérvidos en la muestra (ver infra), los restos considerados como artiodáctilos son en su gran mayoría de camélidos, pero preferimos ser prudentes en la asignación (La Solana : 745 restos ; Retambay : 1233 restos). Si sumamos estos restos a los de camélidos, aumentaría la presencia de ciertas partes del esqueleto, es el caso para el tronco y los miembros. Estos datos nos informan sobre el grado de fragmentación que sufrió la muestra.

La caza del ciervo en sociedades tardías es un hecho constatado en el noroeste argentino. Como en la mayoría de sitios incaicos, se observa el reducido papel que jugó la caza de estos animales (ver por ejemplo Madero 1994). Solamente 8 restos fueron determinados como ciervo (*Cervidae* sp.), son fragmentos de huesos del miembro anterior, un diente y un fragmento de fémur. Al menos están presentes en la muestra dos individuos adultos y un jóven.

El aprovechamiento de los camélidos se ve renforzado por la presencia de actividades de trozamiento. Entre los restos estudiados de *Lama* sp. se observaron dos tipos de huellas, unas pequeñas incisiones muy finas, paralelas, de largo variable, producidas por un pequeño instrumento a filo agudo, y una serie de golpes con un instrumento fuerte y pesado, como un hacha de piedra. Estos dos tipos de huellas observadas son el resultado de la desarticulación y trozamiento de la carcasa. En menor medida se observaron huellas muy finas ligadas principalmente al descarne luego del trozamiento. La figura 9 muestra la localización de las huellas sobre el esqueleto, el análisis de las huellas nos permitió establecer un modelo de trozamiento de los camélidos (Rodriguez Loredo en prensa).

En resúmen, como lo demuestra la frecuencia de las partes del esqueleto (fig. 8), los animales llegaron enteros al sitio, ya sin la cabeza en lo que respecta a La Solana, el trozamiento se realizó en el lugar como lo muestran los golpes dados para desarticular los huesos en grandes trozos. Junto a las huellas de trozamiento se observaron huellas de descarne, más importantes en el miembro anterior, miembro mejor representado en la muestra, y en el costillar. La hipótesis para La Solana es que el cráneo y el atlas fueron separados del resto de la columna vertebral antes de que el animal sea introducido en el recinto. No sucede lo mismo en Retambay, la huellas observadas en los restos del cráneo testimonian del tratamiento dado a la cabeza, ya sea la separación de ésta del cuerpo y su posterior cuereo y el retiro de la lengua gracias a las huellas presentes en el hioides.

La utilización artesanal de los camélidos está representada por una serie de objetos hallados en ambos barrios. La figura 10 muestra la casi totalidad de los objetos encontrados en el sitio. Todos estos objetos fueron realizados sobre fragmentos de metápodos, a excepción de un astrágalo transformado en tortero y otro astrágalo fragmentado que presenta sobre sus laterales huellas finas y pulidos, sin duda fue abandonado en estado de fabricación. Se hallaron una serie de espátulas, posibles punzones y un peine-punzón. Estos instrumentos están ligados a la actividad téxtil. Junto a los objetos se encontraron una serie de fragmentos con signos de diferentes etapas de preparación (parte inferior de la foto), todos tienen como soporte los metápodos de *Lama* sp. En Retambay se halló la única punta de proyectil ósea observada en el sitio. Otro objeto particular encontrado es un fragmento mesial de tibia con una extremidad totalmente pulida y redondeada en muy mal estado de conservación.

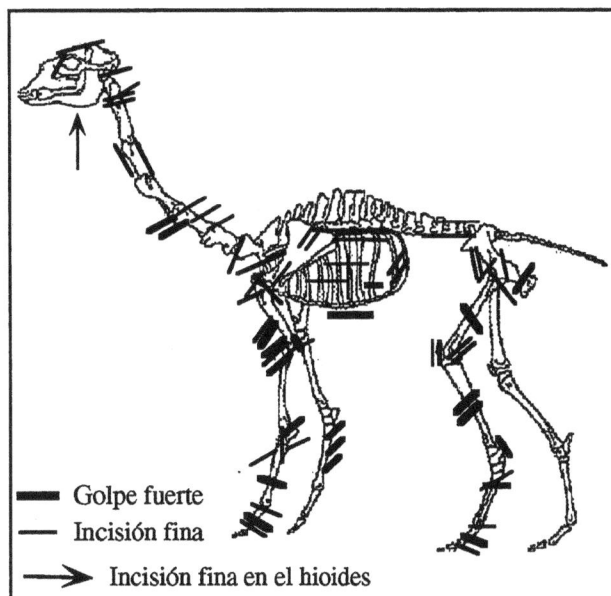

**Fig. 9** : Huellas de corte observadas en *Lama sp.*

El estudio de los restos oseos nos permitió confirmar, para los dos barrios, que los camélidos representaron el recurso principal en proteínas animales. El consumo es una de las causas principales de su presencia, como lo muestra la representación de las partes ricas en carne y las huellas observadas. Todas las estructuras estudiadas se asemejan a desechos relacionados principalmente a actividades culinarias, trozamiento y preparación de alimentos. En segundo lugar y en menor importancia, fueron la fuente de materias primas para las actividades téxtiles realizadas en el sitio : los objetos en hueso.

## Discusión

La figura 11 es un cuadro sinóptico que resume los dos ejemplos empleados en este artículo. Podemos observar dos utilizaciones diferentes de los camélidos.

Asi tenemos en Tablada de Lurín que los camélidos hallados en los contextos funerarios sólo están representando aquí una explotación principalmente artesanal con el solo efecto de fabricar objetos que son depositados como ofrendas en las tumbas. De los 149 contextos funerarios que presentan ofrendas animales, solo 27 presentan ofrendas de camélidos, o sea el 18,1%. Dentro de éste porcentaje el 55,5% se hallaron en tumbas masculinas y 33,3 en tumbas multiples, pero asociados al individuo masculino presente ; lo que subraya una diferenciación sexual importante. Se realizó una fuerte selección del esqueleto para la elaboración de objetos, estos están ligados probablemente a la toma de alucinógenos o a la actividad textil. El 60% de los restos hallados en las tumbas son objetos finalizados, para ello se utilizó sólo camélidos adultos.

**Fig. 10** : Objetos en hueso de *Lama sp.*

Varias preguntas e hipótesis surgen ante estos resultados. En lo que respecta a los útiles presentes : los útiles hallados no representan la totalidad de los objetos realizados sobre hueso de camélidos en éste período, la selección de los útiles tiene que ver entonces con una actividad particular realizada. ¿ Estos objetos fueron o no utilizados ? : si lo fueron, ésto refuerza la noción de actividad ; si no fueron utilizados la ofrenda tiene entonces un caracter doblemente simbólico yá que ésto significa que los objetos fueron confeccionados para el entierro, con lo cual surge otra pregunta : ¿ el por qué de está ofrenda ? Si estos objetos no son lo que el individuo utilizaba cotidianamente, la ofrenda podría estar en relación con el valor económico del objeto en sí que podría hacer referencia a un estatus supuesto del individuo.

| Cementerio Formativo Tablada de Lurin | Establecimiento Inca Potrero-Chaquiago |
|---|---|
| explotación artesanal | explotación pastoral |
| ofrenda ( fuertemente ligada a la población masculina ) | fuente principal de proteína animal |
| fuerte selección del esquelto artesanal (alucinógenos, textiles?) | utilización integral carne, lana artesanal (activ. textil) |
| 60% objetos | 91,4% consumo |
| 100% adultos (NR : 59 ; NMI : 9) | 62% adultos 38% jóvenes (NR : 1007 ; NMI : 20) |

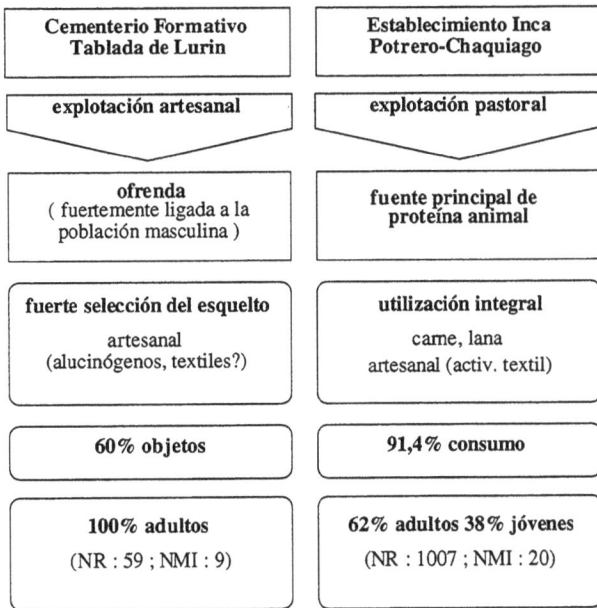

Fig. 11 : Cuadro sinóptico.

Los contextos femeninos plantean otra serie de preguntas e hipótesis. La mujer no posee ofrendas de útiles en hueso de camélido y aún más no tiene ofrendas de alimentos de estos animales. ¿ Porqué la mujer está alejada en este contexto simbólico de todo lo relacionado con el camélido ? Hay que señalar sin embargo que en estos contextos femeninos se hallaron una serie de objetos en hueso que dado el grado de transformación sufrido, no se pudo determinar la especie. En los restos determinados como artiodáctilos (NR : 388) el 40,9% (NR : 159) esta asociado a individuos femeninos, ya sea en contextos puramente femeninos o en tumbas múltiples ; de éste porcentaje, el 10,7% (NR : 24) son objetos : agujas fragmentadas, punzones y una punta, todos realizados sobre fragmentos de hueso largo ; el restante (NR : 127) son fragmentos de cráneo y huesos largos (hallados en una sola tumba, probablemente de ciervo). En los restos determinados como mamífero mayor (NR : 390) el 47,9% esta asociado a individuos femeninos (NR : 187), el 70% son objetos : todos son perlas de collar o chaquiras (NR : 131) ; el restante (NR : 56) son fragmentos de huesos largos de los cuales hay 12 restos quemados.

Si observamos que pasa en el resto de las tumbas de hombres e infantes, vemos que los artiodáctilos representan el 59,1% (NR : 229), de los cuales el 72,5% son objetos (NR : 166) : agujas, tubos, punzones, ganchos de estólicas, chaquiras y un arpón. Los restos de mamífero mayor representan el 50,8% (NR : 198), de los cuales el 50% son objetos (NR : 99) : chaquiras, tubos y plaquetas. Como podemos observar, el grado de transformación de los huesos en objetos encontrados en tumbas femeninas es tan importante como el encontrado en tumbas masculinas y de infantes, lo que nos impide determinar la presencia de camélidos entre los objetos hallados. Sin embargo, este grado de transformación del hueso en objeto no excluye que se hayan utilizado huesos de camélidos para las ofrendas de las mujeres. Solo sería una diferenciación bien marcada en cuanto al "artefacto" mismo ofrendado o a la actividad que éste representa, ya que no podemos suponer que la gestion de los camélidos y la explotación técnica de estos mismos no pertenecieran a la esfera femenina.

En lo que respecta a los ciervos, la presencia de estas supuestas cabezas trofeos sólo están asociadas a individuos masculinos e infantes. Ninguna mujer posee ofrendas de ciervos. Esta fuerte selección de ciertas partes del esqueleto en los ciervos, a nuestro entender, no es frecuente en la literatura para el período analizado, sin que esto fuera una referencia directa que permita realizar afirmaciones categóricas, la asociación entre el ciervo y lo "masculino" ya ha sido observada en otras culturas andinas, entre ellas es remarcable el ejemplo de la cultura Moche, en cuya iconografía cerámica se observa una asociación frecuente entre la cabeza del ciervo y las actividades bélicas, ciervos antropomorficos (Lavallée 1970, Donnan 1997). En nuestro caso, no podemos afirmar que la presencia de ciervos en contextos masculinos esté ligada a la actividad bélica, entre las ofrendas no hay asociaciones que apoyen esta hipótesis. Mas bien creemos que están en relacion con la caza. Si esto fuera así, se podría plantear las siguientes preguntas : ¿ la actividad cinética es esencialmente masculina ? ¿ o está simbólicamente ligado a lo masculino ? ¿ que papel juegan aquí los jóvenes e infantes que tienen ofrendas de cabezas de ciervos ?

Finalmente llama la atención la ausencia casi total de ofrendas de alimentos relacionadas con los camélidos y los ciervos. La esfera alimenticia estaría ausente del contexto simbólico en este caso o esta evacuada por otros medios que no dejan testimonio material como los útiles en hueso (carne deshuesada, sangre, grasa) (Celestino en preparación). ¿ El rol alimentício que jugaron sin duda estos animales fuera de este contexto particular que es el de un cementerio, está contenido en las ofrendas de útiles ? Para poder contestar a estas preguntas es necesario más trabajos en sitios de habitación o aldeas para su comparación. En este caso, los animales que jugaron el rol de ofrenda alimenticia fueron los pequeños animales como ciertas aves, roedores, y pequeños carnivoros (Rodriguez Loredo 1998).

En lo que respecta al establecimiento inca Potrero-Chaquiago, la presencia de los camélidos en el sitio se debió principalmente a la explotación pastoral. Se observó un cierto manejo en el rebaño, 62% de los camélidos son adultos y un 38% son jóvenes. Los camélidos fueron la principal fuente de proteínas animales, los datos que lo confirman son la utilización integral del animal, todas las partes del esqueleto están presentes y las huellas observadas confirman su consumo en el lugar. Aquí los camélidos fueron explotados por su lana, su carne y en menor medida como fuente de materia prima artesanal. El 91,4% de los restos, en los dos barrios, son el resultado de su consumo.

La baja proporción de torteros en hueso (2), relacionados a la actividad textil, podría deberse a la presencia de torteros fabricados en cerámica, muy numerosos en el sitio. Los otros objetos en hueso hallados son muy escasos en relación a la cantidad de torteros encontrados en los recintos. En este caso no se observa una concentración especial de objetos ni una seleción específica de las partes esqueletarias. Sin embargo la presencia de restos óseos con huellas de corte nos informan sobre la cadena operatoria de la fabricación de estos útiles. De los 1007 restos analizados de camélidos, solo el 8,6% fue utilizado como soporte para útiles.

En el establecimiento Potrero-Chaquiago, el aporte de la caza de ciervos fue muy reducido. En cuanto a la caza de grandes mamíferos, según R. Raffino, la especie cazada más importante fue la vicuña (Lama vicugna). C. Madero (1994) sostiene también que la caza (camélidos salvajes y ciervos) continuó formando parte en esta época de las estrategias de subsistencia de las sociedades agro-pastoriles. Según esta autora, la importancia de la caza en época incaica varía según los sitios analizados.

Durante el Imperio Incaico, los grandes rebaños de camélidos domesticos pertenecían al estado, a la iglesia y a los curacas. En el área meridional andina, los camélidos domésticos no sólo fueron importantes por su aporte nutricional básico, sino que se hizo hincapié en la producción de lana y como medio de transporte y comunicación (Raffino *et al* 1977, Madero 1994). Siguiendo a R. Raffino, la ganadería de camélidos domésticos fue la principal fuente de subsistencia no agrícola.

En el establecimiento Potrero-Chaquiago se hizo énfasis en la ganadería de camélidos, con un manejo del rebaño orientado a la producción secundaria. Esto podría reforzar la hipótesis de C. Madero acerca de la diferenciación existente en los sitios, en lo que respecta al manejo de los camélidos, según las estrategias empleadas por los Incas. Cada instalación posee sus características propias, dependiendo fuertemente de la región donde se encuentran.

Desde epocas tempranas los camélidos domésticos tienen una importancia fundamental en la economía andina. Quisimos presentar aquí dos ejemplos del aporte que brinda el análisis arqueozoológico en la interpretación de estas sociedades. El análisis nos ha permitido observar los diferentes usos y roles que jugaron los camélidos en la vida social y económica de estas comunidades en el pasado.

## Agradecimientos

A la Fondation Fyssen que financió mi investigación. Al Dr. K. Makowski y a la Dra. V. Williams. A todo el equipo CNRS-URA 1415 "Archéozoologie et Histoires des sociétés". A los miembros de ARAPA.

## Bibliografía

BONAVIA D. 1996. *Los Camélidos Sudamericanos. Una introducción a su estudio*. Lima. (Travaux de l'Institut Français d'Etudes Andines ; 93).

CELESTINO O. En preparación. *Transformaciones religiosas en los Andes Peruanos*.

DONNAN C. B. 1997. Deer Hunting and Combat : Parallel Activities in the Moche World. In : K. Berrin (ed.). *The Spirit of Ancient Peru. Treasures from the Museo Arqueológico Rafael Larco Herrera*. London : Thames and Hudson.

HERRERA O. 1988. Los camélidos y sus indicadores óseos de estacionalidad : apuntes para la discusión. De procesos, contextos y otros huesos. In : N. Ratto, A. Haber (ed.). *Seminario de Actualización en Arqueología*. Buenos Aires : Instituto de Ciencias Antropológicas.

LAVALLEE D. 1970. *Les représentations animales dans la céramique mochica*. Paris : Musée de l'Homme. (Mémoires de l'Institut d'Ethnologie ; IV).

LAVALLEE D. 1990. La domestication animale en Amerique du Sud. le point des connaissances. *Bulletin Institut Française d'Etudes Andines*, 19, 1, 25-44.

MADERO C. M. 1994. Ganadería incaica en el noroeste argentino : análisis de la arqueofauna de dos poblados prehispánicos. *Relaciones de la Sociedad Argentina de Antropología*(Buenos Aires), 19, 145-169.

MAKOWSKI K. 1994. *Informe de las temporadas de trabajo 1991/1992 y 1992/1993. Proyecto Arqueológico Tablada de Lurín*. Lima : Pontificia Universidad Católica del Perú. Manuscrito.

MAKOWSKI K. 1996. *Informe de las temporadas de trabajo 1993/1994 y 1994/1995. Proyecto Arqueológico Tablada de Lurín*. Lima : Pontificia Universidad Católica del Perú. Manuscrito.

PUIG S. 1988. *Craneología y craneometría de camélidos : diferenciación interespecífica y determinación de la edad*. Mendoza (Argentina) : Xama I.

RAFFINO R., TONNI E., CIONE A. 1977. Recursos alimentarios y economía en la región de la Quebrada del Toro, Provincia de Salta, Argentina. *Relaciones de la Sociedad Argentina de Antropología*, 11, 9-30.

RODRIGUEZ LOREDO C. 1991. *Etude archéozoologique du site inca Potrero-Chaquiago : Quartier La Solana ; Andalgala, Pcia. de Catamarca, Argentine*. Memoria de Maîtrise, Université de Paris 1.

RODRIGUEZ LOREDO C. 1992. *Etude archéozoologique du site inca Potrero-Chaquiago: Quartier Retambay ; Andalgala, Pcia. de Catamarca, Argentine*. Memoria de DEA, Université de Paris 1.

RODRIGUEZ LOREDO C. 1998. Étude archéozoologique de sites formatives au Pérou : l'exemple de Tablada de Lurin. In : *actas del XIII Congreso de la Union Internacional de Ciencias Prehistóricas y Protohistóricas*, Forli, Italia.

RODRIGUEZ LOREDO C. En prensa. *Estudio arqueozoológico del sitio inca Potrero-Chaquiago, barrios La Solana y Retambay ; Andalgalá, Pcia. de Catamarca, Argentina. Relaciones de la Sociedad Argentina de Antropología*.

WILLIAMS V. 1991. Control estatal incaico en el Noroeste argentino. Un caso de estudio : Potrero-Chaquiago, Pcia. de Catamarca. *Arqueología* (Buenos Aires), 1, 75-105.

# Prospección arqueológica en la Provincia de San Pablo (Perú)

Muriel POZZI-ESCOT[*]

*Abstract*

This article presents the results obtained during the archaeological survey realised in the Province of San Pablo, Cajamarca Department, in the North of Peru. The main objective was the recognition of the sites from Formative Period. We draw an archaeological map of the region and place the sites from different cultural periods in the Central Andes.

*Résumé*

Ce travail présente les résultats obtenus lors de la prospection archéologique réalisée dans la province de San Pablo, département de Cajamarca, au nord du Pérou. L'objectif principal était la reconnaissance des sites de la période formative. Pour cela nous avons entrepris une carte archéologique de la région où nous avons situé les sites des différentes périodes culturelles des Andes Centrales.

## Ubicación Geográfica

La provincia de San Pablo se encuentra ubicada en el departamento de Cajamarca, en la vertiente occidental de la sierra norte del Perú, al oeste de la ciudad de Cajamarca (fig. 1). Es creada como provincia en el año de 1982, y esta constituida por 4 distritos : San Bernardino, San Luis, Tumbaden y San Pablo. Tiene una extensión total de 632 Km$^2$ y es atravesada de noreste a suroeste por los ríos San Pablo y San Miguel, límites naturales de nuestra area de estudio. Ambos ríos desembocan en el río Chilete o Jequetepeque por su margen derecha.

Se trata de valles y quebradas angostas (fig. 2), con terrenos aptos para la agricultura en ambas márgenes de los ríos. Son de pendientes suaves con regular cantidad de agua durante todo el año, rodeados por cerros abruptos y áridos que no pasan los 3000 metros de altitud. Diversas quebradas desembocan en ambos ríos, todas muy ricas en vegetación. En la parte media del valle, la superficie es muy irregular presentando pequenas lomas aprovechadas para la agricultura de secano.

## Antecedentes Históricos

En 1946, en el cerro de "La Copa" se descubren las ruinas que mas tarde Julio C. Tello bautizara como el centro ceremonial de "Kuntur Wasi". Ese mismo año Tello envía un equipo del Museo Nacional de Antropología y Arqueología de Lima a la provincia de San Pablo para realizar excavaciones y efectuar exploraciones en los alrededores, ubicando varios sitios arqueológicos donde realizaron pozos de sondeos.

Todos los materiales recuparados durante éstas excavaciones, fueron depositados en el Museo Nacional de Antropología y Arqueología registrados como "Coleccion Tello-Kuntur Wasi". Lamentablemente los resultados de estas investigaciones no fueron publicados.

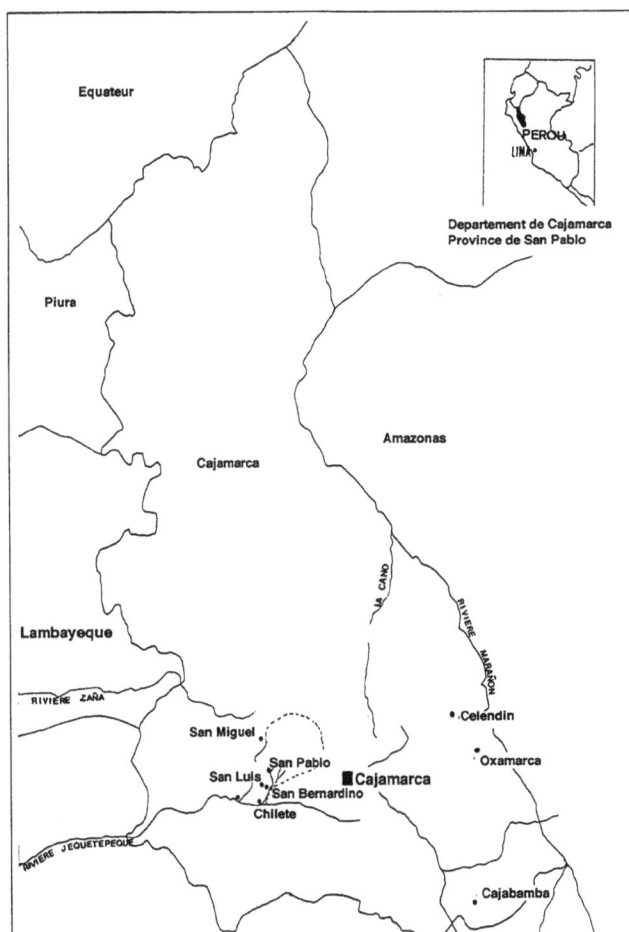

**Fig. 1** : Mapa de la Provincia de San Pablo, Cajamarca.

[*] Avenue Ritz, Sion, Suisse.

**Fig. 2** : Quebrada de Llaminchan.

**Fig. 3** : Vista de la Huaca La Tranca.

Mas tarde esta colección es estudiada y publicada por la Dra. Rebeca Carrion Cachot en la revista del museo. (Carrion Cachot 1948). La Dra. Carrion hace una descripción estilística, tanto de los vestigios líticos como de las evidencias ceramológicas encontradas en Kuntur Wasi, y los relaciona con la iconografía chavin.

Posteriormente, en los años 80, la colección Tello-Kuntur Wasi fué estudiada por la Dra. Rosa Fung P., estando sus resultados aun pendientes de publicacion.

Luego de las exploraciones realizadas en 1946, el area no fue investigada hasta 1985. El Instituto Aleman de Arqueología de Bonn, bajo la dirección de M. Tellenbach, hace un levantamiento topográfico y realiza pozos de excavación en el centro ceremonial de Kuntur Wasi. (Ulbert y Eibl 1986).

Finalmente la Mision Arqueológica de la Universidad de Tokio viene realizando trabajos de investigación en la region desde 1985. Ese año excavan el sitio de Cerro Blanco ubicado a dos kilometros al Noroeste de Kuntur Wasi, y definen una ocupación correspondiente al periodo formativo dividido en tres fases (Terada y Onuki 1988).

Uno de los objetivos planteados por la mision japonesa era de establecer las relaciones entre Cerro Blanco y Kuntur Wasi. Es por tal motivo que a partir de 1988, se inician las excavaciones en el centro ceremonial. Hasta el momento los resultados obtenidos de dichas investigaciones les han permitido definir la presencia de una serie de construcciones correspondientes a 800 años de ocupacion, dividida en cuatro fases succesivas del periodo formativo (Onuki y Kato 1993).

Una primera exploración arqueológica fué realizada en el año 1988, dentro del marco de las investigaciones de la Mision Arqueológica de la Universidad de Tokio, gracias al auspicio del Consejo Nacional de Ciencias y Tecnologia (Concytec). El objetivo principal era la realización de un catastro arqueológico de la provincia, con la finalidad de ubicar los sitios correspondientes al periodo formativo.

Sólo un area reducida de la region fué explorada en ese entonces, planteándose así la necesidad de proseguir con las investigaciones y completar el catastro de la region. Dos campanas han succedido a esta primera etapa de exploracion en los años de 1993 y 1994.

Participaron en este proyecto Lucenida Carrion Sotelo, arqueóloga de la U.N.M.S.M., Hernan Carrillo, arqueólogo, Lucía Medina, arqueóloga de la U.N.T., Cirilo Vivanco Pomacanchari aqueologo de la U.N.S.C.H. y don Manuel Nunez, guía conocedor de la region. Dicha investigación se efectuó bajo la asesoría de la Dra. Rosa Fung Pineda.

## Objetivos y Metodología

La falta casi total de referencias precisas sobre la situación, importancia y calidad de los yacimientos arqueológicos de esta region, nos ha llevado a emprender un reconocimiento del area, con la intención de trazar un catastro arqueológico.
Con la ayuda de algunas referencias e información suministradas en el terreno por los campesinos y autoridades locales, las indicaciones encontradas sobre las cartas del I.G.N., las cartas del Catastro Rural, y las fotos aéreas, hemos podido registrar un total de 75 sitios arqueológicos. Los sitios fueron numerados correlativamente a partir del #0102 y antecedidos por las iniciales del nombre de cada uno de los sitios (los sitios #KW-0100 y #CB-0101 corresponden al sitio de Kuntur Wasi y Cerro Blanco

respectivamente). El nombre de cada sitio pertenece al nombre dado por los campesinos, o al nombre registrado en la carta nacional.

Teniendo en cuenta la diversidad geomorfológica del territorio y de la red hydrológica de la region, la prospección fue efectuada a partir de unidades geográficas, incidiendo en los grandes ríos, quebradas, así como la confluencia de éstos, y de los caminos. El estudio de cada una de estas unidades nos permitirá, en las investigaciones futuras, asociar de manera mas precisa los diferentes establecimientos de cada época cultural con el medio ambiente.

La recolección del material abarcó la totalidad de la superficie de cada sitio registrado. El material consiste básicamente en elementos diagnósticos : bordes, bases, fragmentos decorados; lo que nos permitió proponer una cronología relativa a cada sitio. Debe señalarse que en ausencia de excavaciones y de pozos de sondeos, las dataciones han sido efectuadas a partir del material recuperado en superficie. En algunos sitios la muestra recuperada nos ayuda a establecer una cronología relativa, pero en otros, la muestra es insuficiente y por ello su ubicación cronológica es dudosa.

## Presentacion de los sitios

Presentaremos a continuación, de manera general los diferentes sitios por periodos.

### V.A Periodo Formativo

- ? (n° 0103)
- San Juan de Miraflores (n° 0105)
- Pampa San Luis (n° 0117)
- Ayaloma (n° 0118)
- La Tranca (n° 0113)
- Maychil (n° 0123)
- Amancae (n° 0114)
- Las Palmas (n° 0136)
- El Mirador (n° 0141)
- Cadacchon (n° 0143)
- Anispampa (n° 0144)
- Huaca Saldaña (n° 0156)
- Pampa del Ingenio (n° 0161)
- El Ingenio Bajo (n° 0164)

Se trata de montículos naturales (fig. 3 y 4), cuya parte superior ha sido aplanada, y/o artificiales (fig. 5), de forma alargada, presentando en algunos casos, evidencias de arquitectura de planta rectangular. Los muros de contención se encuentran en las laderas de los montículos. Estos estan hechos de piedra tallada. Muchas veces los restos de los muros son expuestos gracias a los pozos de huaqueo realizados en los sitios. La conservación de los sitios es por lo general mala debido, ya sea a la construccion de viviendas modernas o, ya sea al aprovechamiento de las tierras de cultivo.

El lugar de establecimiento de los sitios puede ser : ubicados en las partes bajas cercanos al río como a las quebradas, lugar naturalmente favorable, que les permitía beneficiar a la vez de la proximidad de los ríos y de los valles vecinos; y de los terrenos aptos a la agricultura.

Fig. 4 : Huaca Cadacchon.

Fig. 5 : Vista del valle de San Pablo y de la Huaca Maychil.

Y por otro lado, ubicados en partes altas, desde donde se tiene un dominio general del valle o la quebrada cercana. Esta seleccion en el establecimiento de los sitios corresponde a zonas de contacto entre la parte media y el fondo del valle, zonas propicias para la comunicación entre éstos. Responde tambien a consideraciones tanto económicas como estratégicas : acceso directo a los recursos naturales, un fácil desplazamiento entre los diferentes pisos ecológicos a través de los ríos y quebradas, y un control y vision panorámica de la zona.

Nos es difícil aún apreciar el radio de influencia de cada uno de estos y de verificar el grado de relacion existente entre éstos; y entre éstos y el centro ceremonial de Kuntur Wasi. Pensamos que la muestra que disponemos no es suficiente aun para proponer un patron de distribución espacial definido. Sin duda los diferentes pisos ecológicos presentes en nuestra zona de estudio, constituyeron recursos importantes de explotación y pudieron influir en cierta manera en el establecimiento de los sitios y en los sistemas socio-económicos de estas sociedades. La distribución de los sitios presentados sugiere una distribucion espacial ligada a la explotación y al control directo de los recursos naturales. Es posible entonces, la existencia de una jerarquisación entre los sitios, muchas veces bastante cercanos los uno de los otros.

## Sitios Correspondientes a la Tradicion Cultural Cajamarca

La identificación cronológica de los sitios correspondientes a las diferentes fases de la cultura Cajamarca, se basa en un estudio comparativo de la clasificación tipológica realizada por la Mision Arqueológica de la Universidad de Tokio, a partir de sus investigaciones en el valle de Cajamarca. (Reichlen y Reichlen 1949, Kazuo y Matsumoto 1985).

Por el momento no hemos identificado sitios que presenten material ceramológico correspondiente a la fase de Cajamarca Inicial. Es probable que durante nuestros estudios comparativos hayamos omitido ciertos elementos que nos ayuden a identificar esta fase.

## Cajamarca Temprano

Los sitios correspondientes a esta fase son los siguientes :
- La Laguna (n° 0102)
- Carrizo (n° 0104)
- Gualla (n° 0111)
- San Salvador (n° 0112)
- Amancae (n° 0114)
- ? (n° 0115)
- El Arenal (n° 0119)
- La Huaca (n° 0122)
- La Conga (n° 0127)
- ? (n° 0128)
- Papayaloma (n° 0129)
- Las Palmas (n° 0137)
- Las Tinajitas (n° 0139)
- Las Palmas Chicas (n° 0140)
- Cucharilla (n° 0148)
- Carrerapampa (n° 0152)
- ? (n° 0153)
-El Ingenio (n° 0157)

-La Loma del Ingenio (n° 0158)
-Pozo Grande (n° 0159)
-Las Cabuyas (n° 0160)
-Las Lomas (n° 0162)
-Lomas del Gavilan (n° 0163)
-El Ingenio Bajo (n° 0164)
-Pampa de los Terneros (n° 0167)
-Las Minas (n° 0168)

Se observa una aumentación de sitios que ocupan principalmente la parte media del valle entre los 2000 y 2200 m.s.n.m., aprovechando las cimas de las colinas y los flancos de los cerros. Los sitios presentan terrazas y muros de contención hacia los lados de mayor pendiente, hechos en piedra, unida por una argamasa de arcilla. En la parte superior se observan las plataformas sobre las cuales se encuentran recintos cuadrangulares que comunican entre sí por espacios abiertos y corredores. No hemos encontrado evidencias de accesos hacia los recintos.

Hay que senalar que los sitios correspondientes al periodo formativo no son abandonados definitivamente. Hemos encontrado asociado material ceramológico del periodo cajamarca temprano en los sitios asignados al formativo.

Una de las principales características que diferencia la ocupación de esta época con la anterior, es la selección del establecimiento de los sitios. Las zonas de los valles adyacentes al río son abandonadas para ocupar los cerros y colinas, y aprovechar así al máximo los terrenos de cultivo.

## Cajamarca Medio

Durante nuestro recorrido en el valle de San Miguel, el sitio de Tanon fue un hallazgo sumamente significativo, puesto que hasta el momento se desconocía restos arqueológicos correspondientes a este periodo en la region de San Pablo. Aunque las evidencias materiales encontradas durante el reconocimiento, atestiguen la existencia de una ocupación contínua desde el periodo cajamarca temprano, hasta el periodo cajamarca tardío, la ocupación principal de Tanon correspondería al periodo cajamarca medio, ya que responde a características físicas particulares que describiremos a continuación (Pineda Quevedo 1989).

## El Sitio de Tanon

Tanon ha sido registrado durante nuestro reconocimiento como el centro urbano mas extenso que se desarrolló en la region durante este periodo. Este se encuentra en la margen izquierda del río San Miguel, sobre un gran cono de deyección. Presenta las características siguientes :
-Localización en un área plana, sector a partir del cual el valle se ensancha.
-Presencia de recintos ortogonales, hechos de piedra tallada intercaladas con hileras de piedras pequenas. La base de los muros tiene un metro de ancho adelgazándose hacia la parte superior; y cinco metros de altura aproximadamente.
- Una organización del espacio por sectores :
- Un sector principal, amurallado, con recintos de acabado elaborado asociados a espacios abiertos.
- Un sector periférico, con la presencia de estructuras cuadrangulares, de aparejo tosco.
Todos estos indicios nos indican la introducción de una manera particular en la organización espacial del sitio. Debe considerarse, ademas de sus características físicas formales,

su posición estratégica para el control del intercambio de productos entre las partes altas y bajas del valle; y su ubicación en una zona de contacto entre el valle de San Miguel, y el valle de Jequetepeque. Ambos, rutas naturales que comunican con la costa norte.

Hacia el lado sur oeste, en la cima del cerro, se encuentra una gran muralla perimétrica. de mas de dos metros de altura (sitio El Rodeo n° 0171). Solo se puede acceder a ella por el lado este, puesto que por el lado oeste hay un gran acantilado que se prolonga hasta el fondo de la quebrada El Pozo. No se han encontrado ningun otro tipo de estructuras asociadas a ésta, salvo otra muralla de menores dimensiones, presentando las mismas características que la anterior.

Estamos interpretando a este sitio como un sitio de defensa asociado al establecimiento de Tanon, debido a su posicion estratégica y al dominio que se tiene del valle de San Miguel desde este sitio.

Un alto porcentaje de material cerámico correspondiente a la fase Cajamarca Medio ha sido encontrado en los sitios de Gualla, La Conga, Maychil, Papayaloma y San Salvador, lo que nos hace pensar que estos sitios correspondientes al perido cajamarca temprano presentaban tambien una ocupación durante esta fase.

## Cajamarca Tardío

Los sitios correspondientes a la fase Cajamarca Tardío son los siguientes :
- Cruz de Pati (n° 0116)
- Cerro Cumbi (n° 0120)
- Papayita (n° 0121)
- Paredones (n° 0124)
- Yolgo (n° 0126)
- Las Palmas Chicas (n° 0140)
- Peñon del Cashiorco (n° 0151)
- El Mirador (n° 0166)
- Los Chingos (n° 0169)
- Los Gentiles (n° 0173)
- Paredon (n° 0174)

Estos se encuentran ubicados de preferencia en las partes altas del valle, aledaños a los cerros, sobre zonas rocosas, lo que dificulta el acceso.

Se trata de construcciones que presentan una arquitectura compleja con un criterio de zonificación :
- Un sector principal o de élite, situado en la parte alta del sitio desde la cual se tiene un dominio total del valle.
- Un sector de espacios abiertos cuadrangulares a partir de los cuales se organizan una serie de plataformas. Sobre éstas se encuentran agrupados unos recintos habitacionales de forma cuadrangular. Los muros de acabado tosco, estan hechos de piedra tallada irregularmente. Este sector se encuentra en la ladera de los cerros o en las partes bajas de los sitios.
- Finalmente, un sector de estructuras circulares, con muros de 0.80 a 1 metro de ancho, y con un diametro de 1.20 m, ubicados en la parte mas alta de los sitios desde el cual se visualiza gran parte del area circundante (sitio de Papayita n° 0121).

Las características naturales y topográficas de los cerros son explotadas al máximo. La construcción y la disposición de las estructuras y recintos esta perfectamente adaptada al terreno. La ubicación de estos sitios responde a razones estratégicas y nos sugiere una intención de defensa y de control del territorio.

## Cajamarca-Inca

Dos sitios han sido identificados para este periodo (fig. 3). Estos se encuentran ubicados en la parte baja del valle de San Pablo, en la quebrada Llaminchan, entre los 950 y 1100 m.s.n.m. Los sitios estan rodeados por una vegetación diversa de cactáceos y de una vegetación rala de hierbas menores.

## El sitio de Llaminchan (n° 0154)

Se trata de un conjunto de construcciones, divididos en diferentes sectores. Se encuentran distribuidos en las laderas de los cerros, en la margen izquierda de la quebrada del mismo nombre. Estos estan separados por depresiones naturales, y por la presencia de una quebrada seca, La Beria.

Sector A : Se trata de un conjunto de terrazas, orientadas de Norte a Sur. Estas tienen de 5 a 6 metros de largo. Estan hechos de piedra, unidas entre sí a manera de pirca. Los muros de contencion tienen de 0.80 a 1 metro de altura. Sobre las terrazas hay unos muros, que presentan las mismas características que los anteriores, pero orientados de Este a Oeste.

Sector B : Este sector se encuentra dividido en :
- Un sector habitacional de recintos cuadrangulares distribuidos sobre plataformas. Los muros son de doble cara con aparejo concertado. Estos tienen un ancho de 0.30 a 0.40 cm, y pueden tener hasta 7 metros de largo. Este recinto presenta en el interior una serie de pequeños muretes, adosados al muro Oeste, que debieron servir de divisiones internas de la estructura principal. Tambien se observa un muro que atraviesa de norte a sur la estructura. Otro gran recinto se encuentra hacia el lado sur del anterior. Este presenta una banqueta en la esquina noroeste de la estructura. Asociado a este recinto se encuentran una serie de terrazas adosadas a manera de escalinatas hacia el lado este. Ambas estructuras se encuentran adosadas al cerro.
- Un sector de almacenamiento, ubicado en la parte baja del sitio. Esta compuesto por un conjunto de pequeñas cistas de planta rectangular distribuídas sobre dos terrazas superpuestas y adosadas a un gran recinto rectangular. Hacia el flanco sur un conjunto de terrazas hechas de piedra angular, se succeden.
- Un sector de recintos circulares ubicados en la parte superior del cerro asociados a dos recintos cuadrangulares. Posiblemente se trata de recintos de almacenamiento.
Estos sectores se comunican entre sí por corredores, y escalinatas que dan acceso a las partes superiores del sitio.

Sector C : Este sector corresponde al cementerio, esta separada de la anterior por la quebrada La Beria. Presenta un conjunto de cámaras funerarias compuestas por un antecámara de 4 x 5 m. Son de forma rectangular, con acceso hacia el norte. La cámara interior es de 1 x 0.80 metros. Estan hechas de piedra tallada regularmente unidas entre sí por una argamasa y recubiertas por un enlucido arcilloso. Hacia el lado sureste las tumbas se encuentran distribuidas sobre tres terrazas.

Sector D-E : Corresponde a un sector habitacional, y un sector administrativo con recintos rectangulares que presentan las mismas características que el en sector B. Encontramos ademas, un sector de tumbas y otro sector destinado al almacenamiento. Un sector de aterrazamientos succesivos se encuentra en el lado sur.

Sector F : Este se encuentra ubicado en la parte baja del sector E. Se observa una serie de recintos cuadrangulares de 1.20 x 0.80 m, que podrían corresponder a depósitos, adosados a un recinto rectangular, presentando las mismas características que el sector B; un sector de terrazas se encuentra en el lado norte de la ladera del cerro.

Se han observado gran cantidad de material lítico, entre otros, percutores, núcleos y raspadores, en su mayoría de basalto, en el sector B. Tambien se han encontrado batanes, y cerámica de paredes gruesas y toscas, asociados al sector D.

## El Sitio de La Beria (n° 0155)

El complejo arquitectónico de La Beria se encuentra ubicado en la margen derecha de la quebrada Llaminchan, al frente del sitio del mismo nombre (0154). Esta dividido en tres sectores :

Sector A : Se encuentra ubicado en el lado norte del sitio adosado al cerro. Se trata de un conjunto de recintos rectangulares. Asociado a este sector se observa una serie de pequenas estructuras rectangulares recubiertas por un enlucido arcilloso. Estas podrían corresponder a depósitos de almacenamiento.

Sector B : Presenta un conjunto de plataformas escalonadas con estructuras rectangulares orientadas de norte a sur. Estas estructuras presentan hornacinas pequenas. Son de manpostería simple, con aparejo concertado.

Sector C : Sector en el que se encuentran las tumbas. Estas estan ubicadas en la parte superior del sitio, adosadas a las rocas que afloran del cerro. Son de forma rectangular orientadas hacia el oeste y no presentan acceso. Varias de ellas han sido huaqueadas.

Sector D : Se trata de un conjunto rectangular que presenta un espacio abierto o plaza hacia el lado noreste a partir del cual se organizan una serie de recintos cuadrangulares de 6 x 7 m aproximadamente, con accesos orientados hacia la plaza. Estos recintos se comunican entre sí por unos pasadizos de 0.60 m de ancho. En el extremo Noroeste del conjunto se hallan tres recintos rectangulares adosados al muro Oeste. Los muros son de aparejo concertado y presentan restos de enluciodo arcilloso (fig. 6)

Este complejo arquitectónico presenta un acabado elaborado, lo que nos sugiere que el sitio de La Beria estaría destinado a fines administrativos y políticos, mientras que el sitio de Llaminchan, que presenta un acabado tosco en la mayoría de los casos, y en el que hemos encontrado asociado evidencias de una actividad doméstica, correspondería mas bien, a un sector destinado a funciones reservadas al habitat o de segundo rango.

Los sitios descritos anteriormente, corresponden a uno de los establecimientos mas importante registrados en la region para este periodo. Se encuentran ubicados en ambas márgenes de la quebrada Llaminchan ocupando las laderas de los cerros a la entrada de la quebrada de LLaminchan que da acceso al valle de San Pablo. Presentan una armonía entre el medio ambiente y la arquitectura, lo que dificulta su vision desde el valle. Se trata en términos generales, de edificaciones públicas, construcciones de carácter habitacional y administrativo, con depósitos, ubicados en terrenos no productivos. Se establecieron tambien, cercanos a estas concentraciones los cementerios.

Hemos encontrado tambien asociado a estos sitios, una fortificacion en la cima del cerro de la Beria (El Mirador n° 0166). Este presenta una plataforma sobre la cual se levanta un recinto de forma cuadrangular que debe haber servido de mirador. En la parte media del cerro se encuentran unos muros de contencion sobre los cuales hay estructuras rectangualares posiblemente de vivienda. Hacia el lado oeste se encuentra una muralla que se prolonga hasta la parte alta del cerro.

El sitio esta ubicado estratégicamente , es de dificil acceso, con dominio sobre la confluencia de los tres valles : parte baja del valle de San Pablo o quebrada de Llaminchan, valle de Jequetepeque y el valle Huertas que se encuentra en el distrito de Contumaza. Lo que nos hace pensar que cumplio funciones de control de acceso al valle, y de defensa del sitio.

Tambien debemos considerar la cercanía de la mina Paredones asi como la mina de El Ingenio, ambas minas de plata, de zinc, y de plomo. Estas debieron haber jugado un rol importante en el desarrollo y el establecimiento de estos sitios en la zona. A pesar de no haber encontrado evidencias de restos metalúrgicos en la superficie de los sitios, su ubicación en relacion a las minas, nos sugiere la posibilidad de una actividad minera.

## Valle de San Miguel

Hemos encontrado dos sitios (Los Gentiles n° 0173, Paredon n° 0174) corespondientes al periodo Cajamarca Inca en la parte baja de la ladera oeste del valle de San Miguel. Se trata de un conjunto de estructuras cuadrangulares que se comunican entre si por pasajes y espacios abiertos. Estas estructuras presentan la base hecha de piedra y la parte superior de tapia. Presentan al interior de los recintos restos para el soporte de un segundo piso.

## Otros sitios

Durante nuestro recorrido en la region de San Pablo hemos registrado ademas un conjunto de sitios que por falta de material diagnóstico recolectado en la superficie y por la mala conservación de éstos, no hemos podido asignarle una cronología relativa. Podemos clasificar los sitios de la siguiente manera :

Abrigo rocoso :
- Acantilado San Salvador (n° 0110)
- Higueron n° 0109)
- El Campanario (n° 0131)
- Cadacchon (n° 0142)

**Fig. 6** : Sector principal de la Huaca La Beria. Al fondo la quebrada de Llaminchan.

Montículos aterrazados con presencia de estructuras rectangulares
- Laque (n° 0138)
- Yerbabuena (n° 0146)
- Cashialoma (n° 0147)
- Carrerapampa (n° 0152)
- ? (n°0153)

Montículo con presencia de túmulos :
- Los Gentiles (n° 0130)

Así mismo hemos localizado sitios que se encuentran ya sea entre los campos de cultivo, en las laderas de los cerros, o en las márgenes de los ríos y de las quebradas, que presentan restos de fragmentos de cerámica en poca cantidad y en muy mal estado de conservación, lo que no nos ha ayudado a su identificación cultural :
- ? (n° 0103)
- Las Palmeras (n° 0106)
- Cunis Chico (n° 0107)
- Cunis Grande (n° 0108)
- Tucaq (n° 0132)

## Comentarios finales

La region de San Pablo presenta una ocupación contínua desde el periodo formativo hasta la época incaica. Se observa una evolución en la selección del establecimiento de los sitios en las diferentes épocas de desarrollo cultural, ocupando las partes bajas de los valles y quebradas en las épocas mas tempranas, para ocupar las cimas de los cerros en las épocas tardías, abandonando las zonas productivas de los valles para una mejor explotación de los terrenos de cultivo.

La arquitectura presenta características propias de adaptación para cada periodo :
- Construcción de montículos artificiales adyacentes a los valles y quebradas durante el periodo Formativo.
- Adaptación de los montículos naturales a partir de la construcción de terrazas y muros de contención, ubicados en la parte media del valle durante fase Cajmaraca Temprano.
- Una aumentación considerable de sitios a partir de la fase Cajamarca Temprano
- Localización sobre un terreno plano, con una planificación ortogonal durante la fase Cajamarca Medio.
- Ocupación estratégica de las partes altas de los cerros con una arquitectura compleja y una organización espacial diferenciada en sectores durante las fases tardías de la cultura Cajamarca.
- Y finalmente, presencia de sitios administrativos ubicados en la entrada del valle, controlando así el acceso a este.

En la mayoría de los casos la conservación de los sitios es mala. La destrucción de los sitios se debe por lo general al máximo aprovechamiento de los terrenos de cultivo, y a la actividad intensa de los huaqueros. Los diferentes sitios registrados se encuentran expuestos al constante saqueo y comercialización de las piezas arqueológicas, quedando los sitios en peligro de desaparición. Tambien hay que agregar los problemas de erosión natural de los sitios que se encuentran en las partes altas de los cerros.

Como en todo trabajo de investigación, hemos ido encontrando en el transcurso del nuestro nuevas interrogantes, asi como abundante información, todo lo cual ha enriquecido nuestros conocimientos sobre el desarrollo cultural y económico de la region. Quedan aún áreas por recorrer, y existe la posibilidad de nuevos hallazgos de sitios en las investigaciones futuras. Debe comprenderse las limitaciones metodologicas de este estudio. Se hace necesario una futura ampliación del muestreo y una mayor elaboración en los análisis de clasificación del material para una determinación cronológica y corológica definitiva de los sitios registrados. Las observaciones presentadas deben ser consideradas como preliminares y sujetas a investigaciones futuras.

## Bibliographie

CARRION CACHOT R. 1948. La Cultura Chavin. Dos Nuevas Colonias : Kuntur Wasi y Ancon. *Revista del Museo de Antropologia y Arqueologia*, 2, 1-2, 99-172.

ONUKI Y., YASUTAKE K. 1993. Las excavaciones en Kuntur Wasi, Peru : La primera etapa, 1988-1990.Tokio : Universidad de Tokio.

PINEDA QUEVEDO J. 1989. *Patrones de asentamiento Pre-Hispanicos en el valle de Condebamba (Cajamarca)*. Lima : CONCYTEC.

REICHLEN H., REICHLEN P. 1949. Recherches Archéologiques dans les Andes de Cajamarca. Premier Rapport de la Mission Ethnologique Française au Pérou Septentrionel. *Journal de la Société des Américanistes*, 38, 137-174.

TERADA K., ONUKI Y. 1982. *Excavations at Huacaloma in the Cajamarca Valley, Peru, 1979. Report 2 of the Japonese Scientific Expedition to Nuclear America*. Tokyo : University of Tokyo Press.

TERADA K., ONUKI Y. 1988. *Las Excavaciones en Cerro Blanco y Huacaloma Cajamarca, Peru 1985*. Tokyo : Universidad de Tokio.

ULBERT C., EIBL K. 1985. *Informe Preliminar Sobre el Sitio Formativo de Kuntur Wasi en el Curso Superior del Jequetepeque*. Bonn : KAVA.

# Quelques données actuelles sur l'archéologie de Tumaco-La Tolita (Equateur)

Jean-François BOUCHARD[*]

## Resumen

En esta ponencia se ofrece un balance de los resultados obtenidos por los modernos proyectos arqueológicos efectuados en esta región en los últimos 30 años. Uno de los mayores aportes es de haber cambiado las viejas tesis difusionistas que habían atribuido el origen de estas culturas a la llegada de migraciones desde Meso-America en la costa ecuatorial. En cambio, ahora se reconoce que fue un proceso cultural autóctono nacido en el litoral de los Andes ecuatoriales. Además se ha establecido una cronología regional que se integra a la arqueológia del área andina ecuatorial.En la segunda parte, se presentan los resultados obtenidos en la excavación del sitio El Morro-CCCP, en Tumaco, en el cual se han descubierto dos ocupaciones prehispánicas que coresponden a dos fases distintas de la cronología regional. Se concluye con la interpretación que hemos podido ofrecer para cada una de estas ocupaciones que nos parecen caracterizar esas dos fases culturales.

## Abstract

This paper deals with the main results obtained by various archaeological projects in this region within the past 30 years. One of the most important data is that the old hypothesis wich supposed that migrations from Meso America resched the ecuatorial shores has never been proved by archaeological projects. On the contrary, it seems quite clear now, that these cultures have a local origin. The regional chronology obtained fits very well with the general chronology of this ecuatorial andean area. The second part presents the results obtained in the archaeological site at El Morro-CCCP, Tumaco, where two cultural levels were found. Each of them belongs to a prehispanic cultural fase and some interpretations about them are proposed as a conclusion of this paper.

## Introduction

Cette communication propose un résumé des connaissances archéologiques pour la région La Tolita-Tumaco et surtout des modifications apportées à celles-ci dans les 30 dernières années, à partir du moment où de véritables fouilles archéologiques "modernes" ont pu faire suite aux interprétations émises avant 1960-1965 environ.

C'est en effet jusqu'à cette date qu'on a pu voir exposées dans des ouvrages de référence les thèses des "spécialistes" selon lesquelles la "côte Pacifique nord équatoriale" fut le théâtre d'un développement culturel alors habituellement appelé "La Tolita" ou "Tumaco" selon les pays[1]. Pour tous ces spécialistes, il était alors "évident" qu'au vu des comparaisons avec les vestiges archéologiques mexicains ou méso-américains les vestiges préhispaniques provenant de La Tolita et de Tumaco étaient dus à l'arrivée sur cette côte de migrations venant de régions au nord de Panama (bien que ces auteurs soient souvent peu spécialistes, voire pas du tout, de l'archéologie de ces "pays géniteurs"). Cela tient sans doute au fait qu'on minora fort longtemps les développements culturels nés ailleurs que dans l'aire andine centrale ou dans les aires mexicaine et méso-américaine. D'où l'appellation d'*aire intermédiaire* pour désigner l'espace longtemps très mal connu, immense en réalité, entre ces grands foyers de hautes cultures.

Jusqu'aux années 1970 environ, à peu près tous les archéologues suivirent ainsi les propositions de pionniers tels que Uhle, l'un des plus ardents et notables partisans de ce diffusionnisme. Or les principaux arguments utilisés par les diffusionnistes sont des "ressemblances" et des "analogies" disparates et rassemblées par faisceaux, tout en ignorant systématiquement les points de divergence. Tout cela sans jamais prendre en considération, par exemple, l'absence de traits culturels ou de vestiges très diagnostiques que les migrateurs étourdis auraient oublié dans leur terre natale sans les réinventer sur place ou retourner les chercher malgré les supposés nombreux voyages quasi-incessants entre la terre d'origine et la terre d'accueil. Aucun "diffusionniste" ne se soucia de corriger ces thèses en dépit d'arguments contraires bien établis qui venaient contredire de plus en plus souvent ces hypothèses de voyages maritimes[2].

De même, alors qu'on sait depuis Pizarre combien il est difficile d'atteindre les côtes colombienne et équatorienne depuis Panama puisqu'il faut naviguer face aux vents et courants dominants, les partisans de la thèse diffusionniste ne daignèrent même pas s'interroger sur la simple faisabilité d'une telle navigation[3].

Jusqu'aux environs des années 70, l'affaire fut entendue pour tous, et cela d'autant plus que ces régions semblaient être restées isolées, même après la conquête espagnole. Cela devait sans doute contribuer à créer le mythe d'un isolat régional, où les cultures de ces groupes indigènes vivaient en vase clos. Denses et impénétrables, les forêts tropicales maintenaient leur isolement. Ce modèle s'inspirait largement des déboires des occidentaux qui s'y risquaient, comme en témoigne l'étude de la pénétration espagnole entre le 16e et le 19e siècles. En effet, on vit y disparaître à peu près tous les membres des expéditions, militaires ou plus pacifiques et parfois religieuses, tentant d'ouvrir la route directe entre Côte-Sierra ou d'occuper un littoral peuplé d'*indios bravos* et peu désireux d'entrer dans la civilisation "moderne"[4].

[*] UPR 312, CNRS, France.

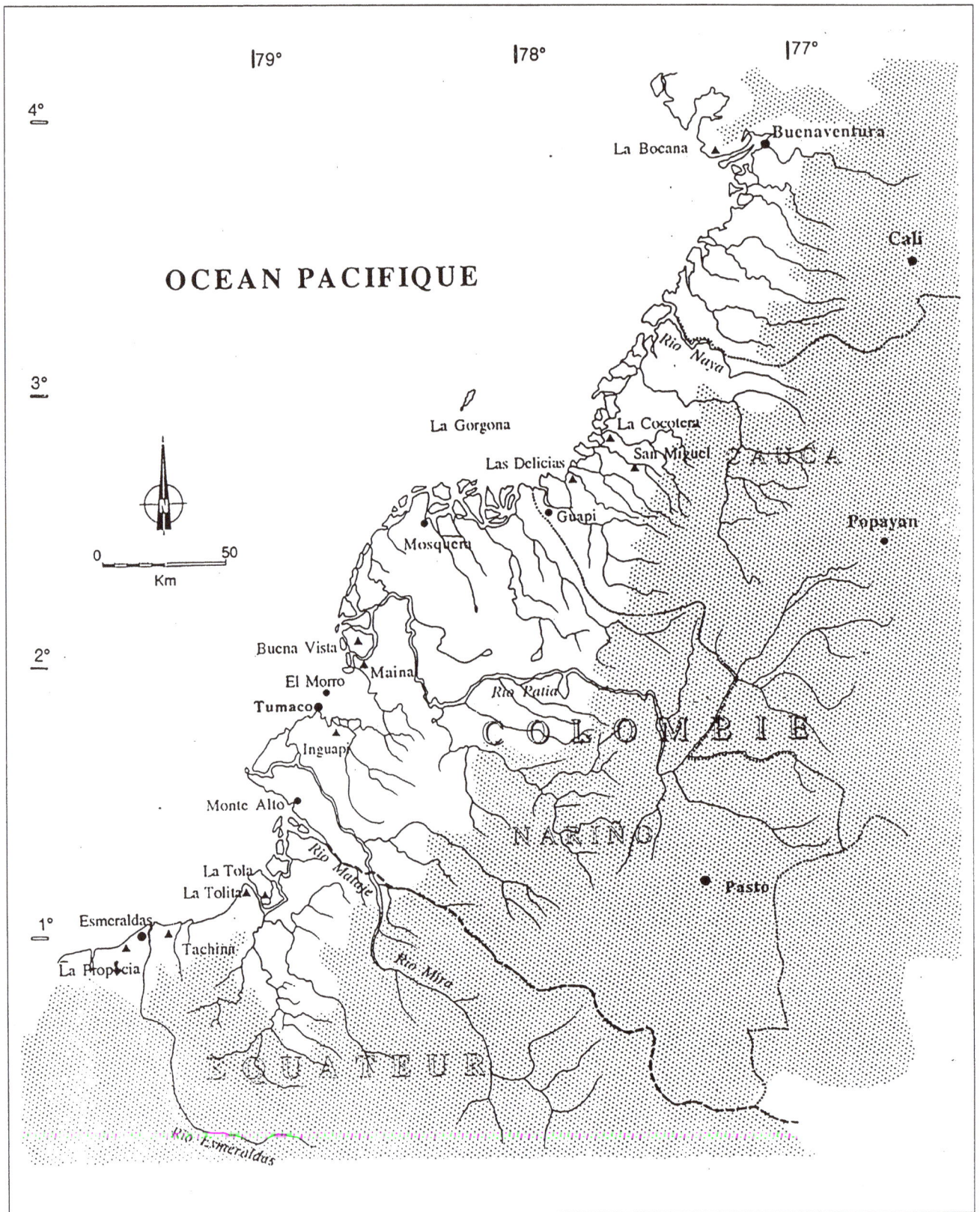

**Fig. 1** : Carte de la région concernée.

## La construction d'une chronologie culturelle régionale

Cette construction commença par la description de la phase Tachina, d'abord caractérisée par Stirling à partir d'un matériel qu'il distingua des vestiges habituellement connus sur cette côte (Stirling 1963). Cette phase fut ensuite illustrée par un matériel céramique découvert dans les années 70 par la Mission Archéologique Espagnole à Esmeraldas. Cette céramique s'avéra clairement diagnostique du Formatif final (Lopez et Caillavet 1976, Lopez 1986).

Ces premiers pas permirent d'envisager une autre approche, celle d'une origine non plus lointaine mais bien "andine" et "équatoriale" pour les vestiges culturels apparaissant dans les régions de La Tolita et de Tumaco. Il serait trop long de citer ici les articles et publications qui peu à peu ont apporté la confirmation de cette thèse alternative. Il suffit de voir que depuis Esmeraldas jusqu'à Buenaventura tous les projets archéologiques modernes (c'est-à-dire depuis 1970-75) ont permis de souligner qu'il existait, à peu près partout où eurent lieu ces projets, des occupations anciennes clairement rattachables à la tradition dite *chorrerroïde de la côte nord équatoriale*. Pour la plupart des cas, ces occupations les plus anciennes (car on n'a trouvé nulle part d'évidences remontant au Formatif ancien ou moyen) paraissaient bien engendrer par la suite, aux environs de 500-300 av. J.-C. une phase culturelle La Tolita-Tumaco, caractérisant pour cette région côtière la Période des Développements Régionaux qu'on peut situer dans une fourchette volontairement large comprise entre 500-300 av. J.-C. et 300-500 ap. J.-C.[5]

A la fin du Formatif final, La Tolita n'aurait été qu'un site modeste, recevant sans doute des influences du sud, comme d'autres sites côtiers, localisés entre Esmeraldas et l'embouchure du Santiago, qui sont connus par un matériel principalement découvert par les *"guaqueros"*[6]. Ces conditions très précaires permettent peu de certitudes, d'autant que les vestiges furent presque tous vendus et disparurent avant d'être étudiés ; toutefois il est indéniable qu'une occupation précéda bien la phase dite "La Tolita-Tumaco" et déborda vraisemblablement sur les parties méridionales du littoral de la Colombie[7].

La période La Tolita-Tumaco fut incontestablement celle d'une forte expansion culturelle, sans doute originaire de l'île de La Tolita qui exerça alors une véritable hégémonie sur toute la région. L'île située dans l'estuaire du Santiago serait alors devenue la nécropole pour les élites de toute la région. Elle aurait ainsi servi de centre cérémoniel où se pratiquaient les rites funéraires comportant de riches offrandes accompagnant les inhumations. La culture La Tolita-Tumaco élabora l'une des plus anciennes orfèvrerie du continent et l'usage habituel était d'ensevelir les défunts avec une profusion d'objets en or, ce qui créa un incessant besoin de rechercher la matière première pour fabriquer cette orfèvrerie. On reviendra plus loin sur les implications de cet aspect. L'île jouait aussi un rôle de métropole diffusant ses modèles culturels artistiques ou socio-économiques.

Par la suite, une date de 300-350 ap. J.-C. est suggérée pour la fin des évidences d'occupation sur l'île de La Tolita (Valdez 1986). Ensuite, l'ensemble de la région semble connaître des moments assez troubles. Bien entendu, nous ignorons encore les causes et les modalités de la fin de la culture La Tolita-Tumaco. Et si les idées ne manquent pas pour proposer des explications, nous ne sommes assurés que d'une chose : à La Tolita aucune fouille n'a permis de retrouver d'évidences d'occupation La Tolita-Tumaco après cette date et cela s'applique pour toute la région côtière entre Esmeraldas et Buenaventura. Tout ceci laisse place aux supputations les plus dramatiques : un *méga-Niño* diluvien peut être accompagné d'un *tsunami* (raz-de-marée) gigantesque ferait sans doute bien l'affaire pour expliquer que la région fut dépeuplée et tarda beaucoup à être réoccupée[8]. Néanmoins, à Tumaco, le site El Morro (voir plus loin) a livré d'indéniables vestiges d'occupation d'une phase Morro, "post Tumaco-La Tolita", datés d'environ 400 ap. J.-C. Dans le cours moyen des rios Cayapas et Santiago, DeBoer (1996) a aussi découvert une phase Guadual elle aussi postérieure à la phase La Tolita-Tumaco. Ces phases semblent très éloignées de la phase La Tolita Tumaco semblent ne pas avoir la moindre filiation avec elle. Les autres régions au nord (entre Buenaventura et Guapi) comme au sud (région d'Esmeraldas) connaissent une *Période de Transition* , ce qui est un euphémisme qu'utilisent Stemper et Salgado tout comme Guinea pour désigner ces siècles apparemment vides d'occupation (Stemper et Salgado 1995, Guinea 1996).

Puis, à partir de 600-700 ap. J.-C., apparaissent de nouvelles phases, qui occupent la côte pendant ce qui est appelé fort improprement Période d'Intégration dans une région où les acquis antérieurs, culturels, socio-économiques et politiques se désintègrent. Au nord, dans l'actuelle Colombie, les évidences sont rares et indiquent la présence de petits groupes indigènes peu structurés qui vivaient dans des *barbacoas*, les villages palafittes vus par les Espagnols. Toutefois, dans le sud, il faut sans doute mettre à part les vastes établissements tardifs du littoral d'Atacames où les chercheurs espagnols estiment la population du principal établissement fouillé par eux à 5000 personnes environ pour une population régionale entre 13'000 et 19'000 habitants (Guinea 1984, 1995)[9]. Atacames, à cause de l'abondance de spondyles dans ses eaux de pêche, aurait alors appartenu à une sphère régie par le *señorio* Huancavilca de Salangone (Guinea 1996). Ce señorio contrôlant en partie le "trafic international" du spondyle, constituait alors une grande puissance maritime commerciale équatoriale.

A cette période, il semble qu'on peut considérer que la région nord équatoriale cessa de former une entité unifiée. Les côtes du nord, humides, marécageuses et boisées, étaient alors sans doute assez marginalisées de l'évolution culturelle qui se manifestait dans le reste des Andes équatoriales. Par contre, les flottes de radeaux (*balsas*)[10] venant de Salangone arrivaient aux rivages d'Esmeraldas et d'Atacames, plus secs, et les faisaient ainsi entrer dans un système méridional qui n'atteignit pas les mangroves du nord .

## Le site El Morro (Centre de Contrôle de Contamination du Pacifique)

Le projet actuel en cours à El Morro fait suite aux recherches à Tumaco, Colombie, puis à La Tolita, Equateur. Ce site (bien qu'en partie détruit par le port moderne de Tumaco) occupait la plage la mieux protégée de l'île El Morro, faisant face au continent et était long de 1,5 km sur 300 m. Il commandait toute la baie de Tumaco, et donc l'accès aux nombreux fleuves qui s'y jettent, et constituait en outre une escale stratégique entre La Tolita et le nord, vers Guapi et Buenaventura. Le site fut mentionné par Cubillos, mais non publié (Cubillos 1955). En 1978 lors du projet Tumaco, principalement centré sur le site d'Inguapi, nous avons procédé à quelques sondages dans le site (Bouchard 1982-83). Ce site héberge le port actuel et une base navale militaire dont l'agrandissement futur menace de faire disparaître les vestiges archéologiques de l'unique établissement préhispanique connu en bordure de mer. Nous avons donc réalisé une étude de sauvetage sur ce site à partir de 1996. Il ressort de cette étude les points suivants :

## Chronologie culturelle à El Morro

Deux niveaux ont été reconnus sur le site. Le plus ancien appartient à la phase Tumaco La Tolita. Ce niveau, présent dans un sondage de 1979, a été retrouvé en 1996 dans 5 tranchées (de 4 m x 0,5 m chacune). Le niveau culturel se présente en dépôt horizontal à une profondeur moyenne de -70 cm et est composé de vestiges céramiques. La morphologie des récipients et leur décoration, fréquemment incisée, permettent d'attribuer ce niveau à la phase culturelle "Tumaco-La Tolita" (entre 500 av J.-C. et 300 après J.-C.) qui s'est diffusée pendant cette période sur l'ensemble du littoral Pacifique nord équatorial. L'étude détaillée du corpus céramique a bien montré qu'il se rapproche des corpus découverts à La Tolita (Equateur) et à Inguapi (Colombie) lors des projets réalisés dans cette région. La fouille du niveau ancien valide la thèse du rôle de "port d'entrée de la diffusion" du site, dans le cadre d'une diffusion s'exerçant depuis La Tolita vers la région Tumaco.

Le niveau le plus récent appartient à la phase El Morro. Il est possible d'attribuer à cette phase une position de chronologie absolue : une première datation de 430 AD a été confirmée par deux datations analogues obtenues en 1996. Ces datations effectuées à GIF (Centre des faibles radioactivités-CNRS CEA) donnent un résultat de : 1470 ± 95 BP (405, 772 ap. J.-C.) et 1580 ± 60 BP, (350, 624 ap. J.-C.) pour 2 échantillons datés.

La Phase El Morro semble succéder localement à l'hégémonie de La Tolita, mais dans le matériel archéologique rien ne parait indiquer une filiation entre les deux phases, ce qui suggère qu'il se produisit bien un hiatus à la fin de l'hégémonie La Tolita Tumaco.

Le niveau Morro a été étudié par une fouille en décapage sur 9 m² (4,5 m x 2 m), située à quelques mètres du rivage actuel et proche des sondages de 1979 où il était apparu pour la première fois. En moyenne, le niveau de concentration maximale se trouvait sur un plan horizontal à -30 cm de la superficie. Ce niveau archéologique, très dense, a fait l'objet de 3 passes de décapage, jusqu'à -70 cm. L'examen du matériel céramique permet de compléter l'étude du complexe "Morro", défini par nos sondages. Le corpus comprend aussi des fragments de figurines en céramique (différentes des figurines La Tolita Tumaco), deux éclats d'obsidienne et une industrie en pierre polie (hache, poids de filet, percuteur, enclume, galets aménagés).

## Les rapports Hommes et Milieux : El Morro et le contexte régional

El Morro permet aussi d'étudier les rapports des groupes préhispaniques avec les milieux naturels littoraux tropicaux : les plages d'échouage proches des mangroves et de la forêt tropicale humide sont associées à un très vaste territoire aquatique maritime et fluvial. Les études antérieures ont largement montré l'exploitation des milieux aquatiques par la pêche, à partir de sites établis en bordure des cours d'eau, non loin de la mer. Mais ils donnent aussi accès à un système terrestre non négligeable. Signalés aussi par Patiño Castaño en 1995, près de Tumaco (tout comme les billons de la *laguna* de la Ciudad, proches de La Tolita) des vestiges anthropiques d'exploitation consistant en canaux de drainages et cultures sur billons ont été étudiés avec les géomorphologues J.P. Tihay (CETC, Mexico) et P. Usselmann (GIP RECLUS, C.N.R.S. Montpellier). Ils révèlent l'originalité des modalités préhispaniques d'exploitation pour la période entre 600 av. J.-C.et 300 ap. J.-C. On commence à comprendre, grâce à ces systèmes découverts depuis peu, l'organisation de la production agricole alimentaire en quantité suffisante par les populations de ces régions très humides et très difficiles à mettre en culture[11].

# Trafic régionaux et inter-régionaux dans l'aire Tumaco-La Tolita

A propos des relations entre La Tolita, lors de son hégémonie, et les territoires de la partie septentrionale, nous avons déjà souligné qu'une partie importante de l'île, servait de nécropole pour les élites socio-culturelles. Cela implique qu'il existait un important trafic maritime assurant le lien entre la métropole et ses sites-satellites (Bouchard 1989). Cette navigation de transport funéraire permettait d'inhumer dans la terre "natale", culturellement parlant, les personnages dont la puissance passée exigeait le retour à la nécropole, en assurant ainsi le bon accomplissement des rites funéraires. Ceci explique le retour, c'est-à-dire le voyage vers La Tolita, mais n'explique pas le voyage "centrifuge" qui fit partir vers le nord principalement, les occupants de la région de La Tolita.

Le site côtier d'El Morro que nous considérons dans son rôle de port et de porte d'entrée aux terres du nord reflète aussi les échanges qui passaient par ces sites côtiers. Il est possible d'aller par voie terrestre de La Tolita à Tumaco mais en prenant à plusieurs endroits des embarcations pour effectuer des segments aquatiques et franchir les cours d'eau. Toutefois, nous pensons que les populations préhispaniques utilisaient davantage la navigation, plus rapide et surtout plus pratique pour acheminer des chargements. Dans cette perspective, El Morro prend alors une importance capitale puisqu'il contrôle l'entrée aux bassins des nombreux petits fleuves débouchant directement dans la baie, et tout le nord de la plaine alluviale du bassin hydrologique du Mira. En effet, le long du cours des fleuves qui descendent de la cordillère occidentale des Andes existent de très importants dépôts alluviaux où a été reconnue la présence de gisements aurifères, ou placers. Cette donnée a été confirmée et précisée par une recherche géologique récente dans la plaine le long des cours inférieurs du rio Mira et des fleuves débouchant dans la partie sud de la rade de Tumaco (Castro et Mejia 1987).

Nous savons que l'orfèvrerie La Tolita Tumaco atteignit des développements très importants, en particulier parce qu'il était d'usage d'inhumer les défunts à La Tolita avec leurs bijoux, leurs ornements et leurs insignes de pouvoir, pour la plupart en métal précieux. Il était donc nécessaire d'obtenir toujours davantage de matière première et la recherche d'or fut selon toute probabilité le moteur principal de l'expansion vers le nord depuis La Tolita à l'époque préhispanique. La présence dans la plaine proche de Tumaco de très nombreux sites, localisés par les chercheurs mais aussi par les *guaqueros* et par les travaux modernes d'aménagement, paraît être directement liée avec la "fièvre de l'or" préhispanique. Ceci explique la présence d'or, récolté dans les placers tout proches et qu'on retrouve dans ces sites archéologiques le plus souvent en quantités infimes puisque l'essentiel était exporté à La Tolita où il finissait en grande partie dans les sépultures.

A côté de ces biens, les plus hautement valorisés, faisant l'objet des transports à l'intérieur de la région, on doit aussi s'interroger, encore que sans pouvoir apporter de réponse, sur d'autres échanges à l'intérieur de la sphère d'influence que contrôlait La Tolita[12]. En particulier, si on constate bien la diffusion d'un style céramique relativement homogène d'Atacames à Buenaventura, représenté non seulement par des récipients mais aussi par des figurines au style assez clairement reconnaissable, nous n'avons pas encore de réels indices sur la diffusion de cette poterie et de cet art plastique. Existait-il un ou des centres de fabrication ? Existait-il une production locale, plus usuelle, et une production plus raffinée et "d'exportation" ? Ce sont autant de points qui demeurent encore obscurs, et qui permettraient de mieux éclairer surtout pour la principale période les relations "métropole / sites satellites" ou encore "terre d'origine / sites de colonisation".

Il est aussi possible de commencer à préciser d'autres échanges qui, semble-t-il, dépassaient les limites de la sphère directe d'influence de La Tolita, au delà des occupations "Tumaco Tolita" connues les plus méridionales et les plus septentrionales .

Il faut ainsi évoquer des découvertes souvent encore fragmentaires, mais dont certaines correspondent aux résultats de projets archéologiques et non plus, comme auparavant, de rapprochements ponctuels d'objets découverts sans contexte bien connu.

Pour l'orfèvrerie, deux exemples fameux d'objets de style La Tolita Tumaco sont à évoquer tout d'abord pour deux régions supposées avoir reçu l'envoi d'objets ou une influence artistique.

La première figurine, découverte à Frias, dans le nord du Pérou, appartient à une région fort éloignée et supposée sans contact avec notre région d'étude. Néanmoins, la figurine semble être la quasi réplique en or (faites de parties assemblées postérieurement) d'une des "classiques" figurines en céramique de La Tolita. Cette pièce, "atypique" dans cette région, n'est pas représentative de l'orfèvrerie Mochica et ne peut être comparée qu'à l'orfèvrerie de La Tolita Tumaco (Jones 1979). Cet auteur la rapproche d'une figurine anthropomorphe articulée, faite de plusieurs éléments, faisant partie des collections du Musée de l'Homme de Paris. Elle proviendrait du site de El Angel, province de Carchi, dans le nord de la Sierra de l'Equateur. Le style, en particulier le traitement de la face (avec des yeux ovales bordés d'un fil torsadé appliqué), paraît bien rattachable à des masques miniatures d'orfèvrerie trouvés à La Tolita (Jones 1979). Cet exemple n'est pas un cas unique d'objets "côtiers" trouvés en Sierra puisque des fouilles ont aussi mis au jour des fragments de récipients et de figurines incontestablement côtiers dont certains de style La Tolita sur le site de Jardin del Este, à Cumbaya, près de Quito (Buys et Dominguez 1989). En outre les recherches à La Cadena, près de Quevedo en Equateur (Reindel et

Guillaume Gentil 1996) ont aussi livré du matériel culturel en partie La Tolita Tumaco, dans une région qu'on ne supposait touchée par cette influence. A priori, dans l'état actuel de la question, on peut raisonnablement accepter l'idée d'un trafic qui aurait amené dans l'aire andine équatoriale des éléments côtiers. Il faudrait toutefois découvrir encore d'autres éléments pour dépasser le niveau actuel de très forte présomption d'un tel système, hypothèse qui fait le consensus chez les spécialistes actuels.

Quant à la figurine de Frias, on verra plus loin qu'Atacames Esmeraldas (qui firent partie de l'aire La Tolita-Tumaco) participèrent sans doute très tôt au trafic de spondyles envoyés depuis les côtes d'Equateur vers les Andes centrales. Il n'est donc pas impossible qu'une telle représentation anthropomorphe soit alors passée d'une zone à l'autre de la même manière à la faveur d'un tel trafic.

Enfin, j'attirerai l'attention sur une analogie iconographique ponctuelle : deux cas de figures anthropozoomorphes avec un même détail, exceptionnel. L'un appartient à une figurine en céramique trouvée par des *guaqueros* à La Tolita, l'autre à une statue de pierre de Kuntur Huasi (Pérou du nord) illustrée par Carrion Cachot (1985) où se retrouve le thème d'un oeil du visage représenté par un serpent enroulé sur lui même[13]. Savoir si l'analogie est due à une coïncidence ou à une influence repose, "à l'envers", la question épineuse de diffusions lointaines, suivant plus ou moins la route de la fameuse figurine d'or de Frias. Paraphrasant un dicton célèbre, on peut presque écrire "chassons le diffusionisme, il revient au galop". Mais, cette fois, les échanges inter-régionaux ont bien eu lieu, au moins à certaines époques, si l'on en croit les données actuelles sur l'envoi de spondyles venant des rivages équatoriaux vers les côtes et la sierra des Andes centrales. Nous en sommes encore aux débuts de l'étude de ce trafic des coquilles de spondyle (*Spondylus princeps*) ce bivalve diffusé depuis les eaux équatoriales vers les hautes terres du Pérou, d'Equateur et de Colombie. Pour l'instant, il n'a pas été découvert d'évidences dans la région de Tumaco et La Tolita mais il existe de nombreuses évidences pour Atacames et Esmeraldas (voir Guinea 1996). De toute évidence, la présence de spondyles dans les Andes est fort ancienne et remonte sans doute au moins à 2 millénaires avant la conquête. Si pour l'instant on ignore quelles étaient les zones de pêche aux périodes préhispaniques, il est peu vraisemblable qu'elles se soient longtemps cantonnées aux alentours de La Puna et toute la côte équatoriale dut être exploitée pour cette pêche d'exportation dont nous ne connaissons encore que les grandes lignes.

Enfin on dispose de certaines autres évidences d'échanges avec la *Sierra* andine, où se trouvent les gîtes naturels d'obsidienne utilisée pour l'industrie lithique en plus des découvertes des vestiges archéologiques venus du littoral (coquilles, figurines) que nous évoquions. Des fragments d'obsidienne (le plus souvent des déchets et non pas des outils) ont été trouvés dans divers sites de la période d'hégémonie La Tolita Tumaco, aussi bien en Colombie qu'en Equateur (Bouchard 1982-83, 1986, 1989, Patiño Castaño 1995, Alcina Franch 1979, Guinea 1989, 1995, Valdez 1987). A présent, il est prouvé que cette obsidienne vient des régions volcaniques d'Equateur, attestant donc qu'il existait bien un trafic aux modalités encore inconnues[14].

En outre, sur le site El Morro, dans la partie actuellement située en Colombie, la découverte de deux éclats d'obsidienne, dans le niveau tardif de la phase Morro, permet de supposer la poursuite des échanges entre les hautes terres andines et la côte, après la fin de la phase "Tumaco-La Tolita".

## Conclusion

On voit donc à quel point quelques décennies de recherche ont pu dépasser les données qui semblaient acquises vers les années 1960-1970.

Tout d'abord, les recherches ont montré que les manifestations culturelles de cette région avaient bien leurs origines dans le monde andin équatorial et se reliaient donc au processus d'évolution de ce monde dont ils sont un rameau à part entière et non un "greffon" venu d'ailleurs pour s'implanter en formant un isolat.

En outre, les multiples datations par le 14C permettent d'insérer dans la chronologie absolue des Andes équatoriales une grande part de cette archéologie régionale, où on reconnaît à présent des phases culturelles, de mieux en mieux définies par leurs vestiges et par leurs modèles de subsistance et d'établissement.

On a aussi souligné l'intelligence de ces modèles, presque amphibies tant il y a interpénétration des milieux aquatiques et terrestres. On comprend vite l'apport des milieux marins, estuariens et fluviaux. Tout d'abord, comme lieux de pêche d'où l'homme extrayait des quantités presque inépuisables de proies pour s'alimenter. Ils servaient pour ses déplacements maritimes et fluviaux et constituaient un immense réseau, amplifié quand la marée haute interconnecte les rivières par d'innombrables chenaux de marées. Tout à côté, la forêt tropicale donnait les arbres pour creuser les pirogues, éléments fondamentaux du système de navigation. Dans la plaine alluviale, spécialement dans la partie inférieure du cours des fleuves, l'homme préhispanique trouva protection pour s'établir à proximité des eaux nourricières et aménager les terres les plus fertiles. Là, il sut mettre en valeur la plaine souvent marécageuse par des drainages et créa une agriculture tropicale adaptée aux conditions hyper humides. En même temps, il trouva, en orpaillant dans les alluvions, le métal dont l'orfèvrerie de La Tolita-Tumaco faisait ses bijoux, ses insignes de pouvoir et ses "idoles".

En résumé, dans ces terres qui nous semblent trop souvent être un enfer vert, l'homme préhispanique inventa un mode de vie particulièrement équilibré et adapté. Celui-ci paraît avoir eu peu d'impacts nocifs sur un milieu naturel très fragile : une certaine forme préhispanique d'éco-développement existait bien à cette époque. En revanche, les technologies occidentales employées de nos jours rasent les forêts, dévient les cours d'eau ou les empoisonnent au mercure utilisé pour extraire l'or, creusent les piscines d'élevage qui stériliseront les sols imbibés d'eaux saumâtres. Peut être y a-t-il une leçon à tirer des résultats apportés par nos recherches récentes : une possible alternative capable d'éviter les ravages actuels. On peut souhaiter que l'étape de la "re-connaissance" par l'archéologie de toutes ces expériences perdues permette de rendre à ces régions l'équilibre qui est en passe de se rompre.

## Bibliographie

ALCINA FRANCH J. 1979. *La arqueologia de Esmeraldas (Ecuador). Introducción general.* Madrid : Ministerio de asuntos exteriores.

ALCINA FRANCH J. DE LA PAÑA R., MORENO E. 1976. Penetración española en Esmeraldas, Ecuador : tipología del descubrimiento. *Revista de Indias*, 143-144, 65-121.

ALCINA FRANCH J., ALONSO A., BOUCHARD J. F., GUINEA M. 1987. Navegación precolombina. El caso del litoral pacífico ecuatorial : evidencias e hipótesis. *Revista española de antropología americana*, 17, 35-73.

BOUCHARD J. F. 1982-83. Excavaciones arqueológicas en la región de Tumaco. *Revista colombiana de antropología*, 24, 127-334.

BOUCHARD J. F. 1986. Las más antiguas culturas precolombinas del Pacífico ecuatorial septentrional. *Miscelánea antropológica ecuatoriana*, 6,109-129.

BOUCHARD J. F. 1989. Evidencias de relaciones interculturales en la región norte (sur de Colombia y norte del Ecuador). In : J. F. BOUCHARD, M. GUINEA (ed.). *Relaciones interculturales en el área ecuatorial del Pacífico durante la época precolombina*. Oxford : British Archaeological Records. (B.A.R. International series ; 503), 29-44.

BUYS J. DOMINGUEZ V. 1989. Arqueología de Cumbaya. In : J. F. BOUCHARD, M. GUINEA (ed.). *Relaciones interculturales en el área ecuatorial del Pacífico durante la época precolombina*. Oxford : British Archaeological Records. (B.A.R. International series ; 503), 75-95.

CARRION-CACHOT R. 1985. Las ruinas de Kuntur Wasi (la Copa), San Pablo. In : F. SILVA, S. W. ESPINOZA, R RAVINES. *Historia de Cajamarca : l'Arqueologia*. Cajamarca : I.N.C. 189-196.

CASTRO H., MEJIA L. J. 1987. *Exploración geológica básica de los alrederores de Tumaco y de la cuenca del río Mira*. Bogota : Pladeicop.

CUBILLOS J. C. 1955. *Tumaco : Notas arqueológicas*. Bogotá : Ministerio de Educación.

DEBOER W. 1996. *Traces Behind the Esmeraldas Shore Prehistory of the Santiago-Cayapas región, Ecuador*. Tuscalosa : University of Alabama Press.

GUINEA M. 1984. *Patrones de asentamiento en Esmeraldas*. (Memorias de la Mision Arqueologica Española en Esmeraldas ; VIII).

GUINEA M. 1989. Valoración de las evidencias de Intercambio en la desembocadura del río Esmeraldas. El problema cronológico. In : J. F. BOUCHARD, M. GUINEA (ed.). *Relaciones interculturales en el área ecuatorial del Pacífico durante la época precolombina*. Oxford : British Archaeological Records. (B.A.R. International Series ; 503), 127-146.

GUINEA M. 1995. Ecología y cultura en el área de la desembocadura del río Esmeraldas, Ecuador. In : M. GUINEA, J.-F. BOUCHARD, MARCOS (ed.). *Cultura y medio ambiente en el área andina septentrional.* 48 Congreso Internacional de Americanistas. (Abya Yala ; 21), 165-194.

GUINEA M. 1996. Diferentes mecanismos de articulación hombre-entorno en la costa norte del Ecuador. La desembocadura del Esmeraldas del principio de nuestra era hasta el año 1527. In : *Primer encuentro de investigadores de la Costa ecuatoriana en Europa*, 47-66.

JONES J. 1979. Mochica works of arts in metal : a review. In : E. BENSON (ed.). *Pre Columbian metallurgy of South America.* Washington DC : Harvard University, 53-104.

LOPEZ Y SEBASTIAN L. 1986. Contribución al estudio de las culturas formativas en la costa norte del Ecuador. In : *Simposio del 45 Congreso Internacional de Americanistas : Arqueología y Etnohistoria del Sur de Colombia y Norte del Ecuador.* (Miscelanea Antropológica Ecuatoriana ; 6), 47-60.

LOPEZ Y SEBASTIAN L., CAVAILLET C. 1979. La fase Tachina en el contexto cultural del horizonte Chorrera. In . *Actas del XLII ICA,* IX A. Paris,199-217.

PATIÑO CASTAÑO D. 1995. Arqueología del bajo Patía, fases y correlaciones en la costa pacífica de Colombia y Ecuador. *Latin american antiquity,* 4,180-199.

REICHEL-DOLMATOFF G. 1965. *Colombia.* London : Thames and Hudson.

REINDEL M., GUILLAUME-GENTIL N. 1996. Rapport d'activité 1995-1996. Projet La Cadena-Quevedo. *Schweizerisch-Liestensteinische Stifung fur archäologische Forschungen im Ausland.* Bern, 48-109.

STEMPER D., SALGADO H. 1995. *Cambios en alfarería y agricultura. El centro del litoral Pacífico colombiano durante los 2 últimos milenios.* Bogota : FIAN.

STIRLING M. 1963. A new culture in Ecuador. *Archaeology,* 16, 170-175.

VALDEZ F. 1987. *Proyecto Arqueológico La Tolita.* Quito : Banco Central.

[1] Tels G. Reichel Dolmatoff et B. Meggers, auteurs de deux ouvrages d'archéologie sur la Colombie et l'Equateur, respectivement parus en 1965 et 1966.

[2] Ainsi, l'établissement de chronologies "régionales" précises , montra par exemple que des traits ou vestiges supposés apportés étaient plus anciens dans la terre d'accueil que dans la terre d'origine. Ceci n'amena bien sûr jamais ces "diffusionnistes" à remettre leurs thèses en question ou à supposer des migrations en sens inverse (c'est-à-dire du sud vers le nord).

[3] Voir l'étude d'Alcina, Bouchard, Alonso, Guinea, 1987. Auparavant, les données pratiques concernant la navigation restèrent ignorées sans qu'on tienne compte des commentaires de navigateurs considérant qu'il est préférable d'éviter de longer la côte lors d'un trajet allant du nord vers le sud afin d'éviter de faire route face aux vents et courants contraires.

[4] Voir l'étude d'Alcina Franch et De La Peña sur la région du nord de l'Equateur portant sur 65 expéditions entre 1531 et 1804 (Alcina Franch, De La Peña, 1976). Pour la plupart les résultats semblent négatifs et furent parfois castastrophiques. De nos jours, malgré les accès à Esmeraldas depuis Quito, à Tumaco depuis Pasto et à San Lorenzo depuis Ibarra, la côte demeure très isolée. Par exemple il n'existe encore aucune voie carrossable entre la côte et la sierra du département du Cauca en Colombie. Les principaux noyaux de population implantés durablement, aux côtés des indigènes, furent des groupes afro-américains actuellement prédominants ; les groupes d'origine européene demeurent démographiquement minoritaires.

[5] On notera que dans les régions un peu éloignées des sites éponymes, les chercheurs tendent à employer des appellations plus "locales" (comme Tiaone ou Selva Alegre) évoquant l'existence de variantes locales, mais bien rattachables à l'hégémonie de La Tolita Tumaco.

[6] Parmi eux, Chevele ou La Cantera font partie des sites découverts par la Mission Archéologique Espagnole à Esmeraldas pour lesquels nous disposons de quelques données scientifiquement établies et publiées. Mais, entre La Cantera et La Tolita, dans les régions de Montalvo, Rio Verde et Las Peñas, divers vestiges céramiques, pour la plupart obtenus en fouilles clandestines, attestent bien de cette occupation antérieure qui nous semble correspondre à la diffusion vers le nord d'un style chorreroïde dont Stirling proposa d'appeler Tachina pour la région d'Esmeraldas.

[7] Il semble préférable d'envisager pour l'instant une appellation assez neutre pour cette occupation qui est parfois désignée comme *Tolita Ancien* (Valdez 1987). Considérant que cette phase n'est pas née à La Tolita et qu'elle précède les occupations de la période La Tolita-Tumaco classique, nous avons pour notre part suggéré l'appellation "Pré Tolita" (Bouchard 1986).

[8] Nous évoquons ici cette solution plutôt qu'un effacement momentané des populations. En effet, il nous semble que les indices vont plutôt dans ce sens de l'arrivée de groupes porteurs d'autres traditions après la fin de la culture La Tolita et non pas d'une "renaissance" s'effectuant à partir du substrat culturel de cette culture La Tolita - Tumaco. Toutefois, en raison du peu de connaissances sur les phases postérieures, les arguments décisifs manquent encore pour pouvoir trancher avec assez de certitudes.

[9] On notera que c'est l'unique essai d'évaluer la population préhispanique pour toute la région entre Esmeraldas et Buenaventura.

[10] Il s'agit bien entendu des embarcations de grande taille, faites de grandes plate-formes en troncs de balsa effectuant une réelle navigation telles qu'en virent les Espagnols de l'époque, et non de simple radeaux.

11 Cette étude se complétera prochainement par une analyse de palynologie destinée à identifier la flore  sylvestre et cultivée des sites archéologiques, en particulier des sites à billons.

[12] Cette thématique sur les échanges et trafics dans l'aire andine équatoriale est aussi traitée avec la participation de S. Guimaraes (Institut Français d'Etudes Andines) qui prépare une thèse sur les trafics et échanges.dans l'aire andine équatoriale (Univ. Paris 1, CRAP). Sa recherche fait suite à un DEA concernant l'étude critique des hypothèses de contacts entre La Tolita Tumaco et la Méso-Amérique, soutenu en 1995.

[13] La figurine est référencée N° 2-15 72 au Museo del Banco Central, Quito, et figure dans de nombreux ouvrages et catalogues, en particulier le catalogue d'une exposition à Paris : *Equateur, La Terre et l'Or.* Maison de l'Amérique latine, 1989. La statue de Kuntur Huasi est illustrée dans l'article Las ruinas de Kuntur Wasi, (La Copa) San Pablo, (lamina 2 b) dans l'ouvrage *Historia de Cajamarca, 1 Arqueologia* , comp. Silva, Espinoza S. et Ravines, INC Cajamarca. 1985.

[14] La recherche de thèse menée par Dorighel concernant l'ensemble du littoral Pacifique équatorial et qui tente de situer les sources d'approvisionnement en matière première dans les hautes terres par les groupes côtiers par datation d'obsidiennes par traces de fission et l'étude physico-chimique des composants de l'obsidienne est a déjà donné des résultats prometteurs qui annoncent une future synthèse sur le sujet.

# Les tolas du nord du bassin du Guayas : éléments de chronologie et modèles d'occupation[1]

Nicolas GUILLAUME-GENTIL[*]

*Abstract* **

Following a review of archeological research on *tolas* in Equateur, the author presents his own research and prospective research campagnes, that allowed him to determine different models for these artificial buttes.

*Resumen*

Luego de una revisión de las investigaciones consacradas a las tolas en Ecuador, el autor presenta sus propias excavaciones y sus campañas de prospección las cuales le han permitido determinar diferentes modelos para estos montículos artificiales.

## Etat de la recherche avant le projet La Cadena-Quevedo-La Maná

La tradition des buttes artificielles, ou tolas, a déjà interpellé bon nombre de chercheurs équatoriens, américains et européens. Malgré plusieurs programmes de recherches développés depuis le début du siècle et hormis l'excellent travail fourni dans quelques secteurs, rares ont été les informations autorisant des synthèses satisfaisantes. Le manque de renseignements – dû principalement à la carence de financement et, par conséquent, aux faiblesses technologiques – a donné lieu à des théories plus spéculatives que scientifiques quant à l'existence et à la fonction des tolas.

Après les pionniers du siècle passé (Bamps 1879, Bollaert 1860 et 1870), P. Rivet (1906), O. von Buchwald (1908, 1909, 1917, 1918, 1926), M. Uhle (1926, 1939), C. Larrea (1918) et J. Jijon y Caamaño (1918, 1920, 1941, 1952 a et b) ont signalé l'existence des tolas et se sont interrogés sur leur âge, leur fonction et leur répartition. Ces chercheurs en ont dressé des classifications par rapport à leur forme, leur taille (diamètre et hauteur), leur nombre et leur contenu. A cette époque, la stratigraphie ne se concevant pas comme aujourd'hui, les remarques qui émanent de ces scientifiques se fondent principalement sur l'aspect superficiel des structures, et rares sont les conjectures se rapportant à une étude du contenu et des séquences stratigraphiques.

D'aucuns (Larrea 1918, Jijón y Caamaño 1918 et 1952) distinguent 6 à 8 catégories de tolas et, à l'instar de leur collègues Buchwald (1918) et González Suaréz (1915), leur attribuent la fonction de tombe ou de butte de protection contre les hautes eaux, sur lesquelles se seraient réfugiés les habitants lors des crues. Malgré une différenciation de forme et de technique de construction entre les différentes régions, une répartition définitive de la fonction des tolas n'a pu être dégagée : en effet, certaines structures de grandes dimensions, en forme de terrasses, abritent parfois des urnes funéraires sur les flancs et dans leur partie interne, tandis que des traces de construction apparaissent sur les couches supérieures ; d'autres, plus petites et plus élevées, révèlent des sépultures élaborées dans des fosses comblées par la suite et recouverte par le monticule sur lequel apparaissent des traces d'occupation. Or ces constatations subissent des variations continuelles, car chaque nouvelle fouille apporte des éléments qui nuancent ce qui a été observé auparavant. Ainsi, chaque chercheur émet une hypothèse, rarement fondée sur des recherches archéologiques approfondies, qui développe plusieurs idées et tente de définir l'usage exact de ces monticules. Un bref tour d'horizon des régions et des conclusions émises par les spécialistes respectifs montre l'ampleur des théories, basées sur un appareil critique souvent lacunaire, et la somme des supputations qui aboutissent à des conclusions et à des définitions culturelles confuses. Néanmoins, qu'il s'agisse du nord ou du sud de l'Équateur, de la côte ou des Andes, le phénomène de la tola apparaît partout, accompagné de variantes formelles, distributives et fonctionnelles des sites.

Des historiens ou archéologues tels Collier (1982), Grijalva (1937), Athens (1979, 1980) et Estrada (1954, 1956, 1957 a et b) ont tous émis, avec plus ou moins de succès, des hypothèses concernant ces monticules. A l'inverse de ces collègues, en se fondant sur des données scientifiques qu'il a lui-même réunies, U. Oberem propose des nuances intéressantes qui, cependant, demeurent étroitement liées à la région qu'il a explorée[2]. Selon lui, il convient de distinguer les tolas des pyramides en fonction de la technique de construction utilisée : "les tolas semblent renfermer une succession de remblais, tandis que les pyramides sont constituées de murs internes (élaborés à l'aide de briques de cangahua[3]) alternant avec différents types de remblais sans stratification spécifique".

Dans le site de Cosanga, l'apparition de tolas rangées parallèlement l'a amené à les considérer comme des tertres destinés à l'agriculture.

---

[*] Séminaire de Préhistoire, Université de Neuchâtel, Suisse.

[**] Ce court résumé est proposé par les éditeurs (I. C.-V.).

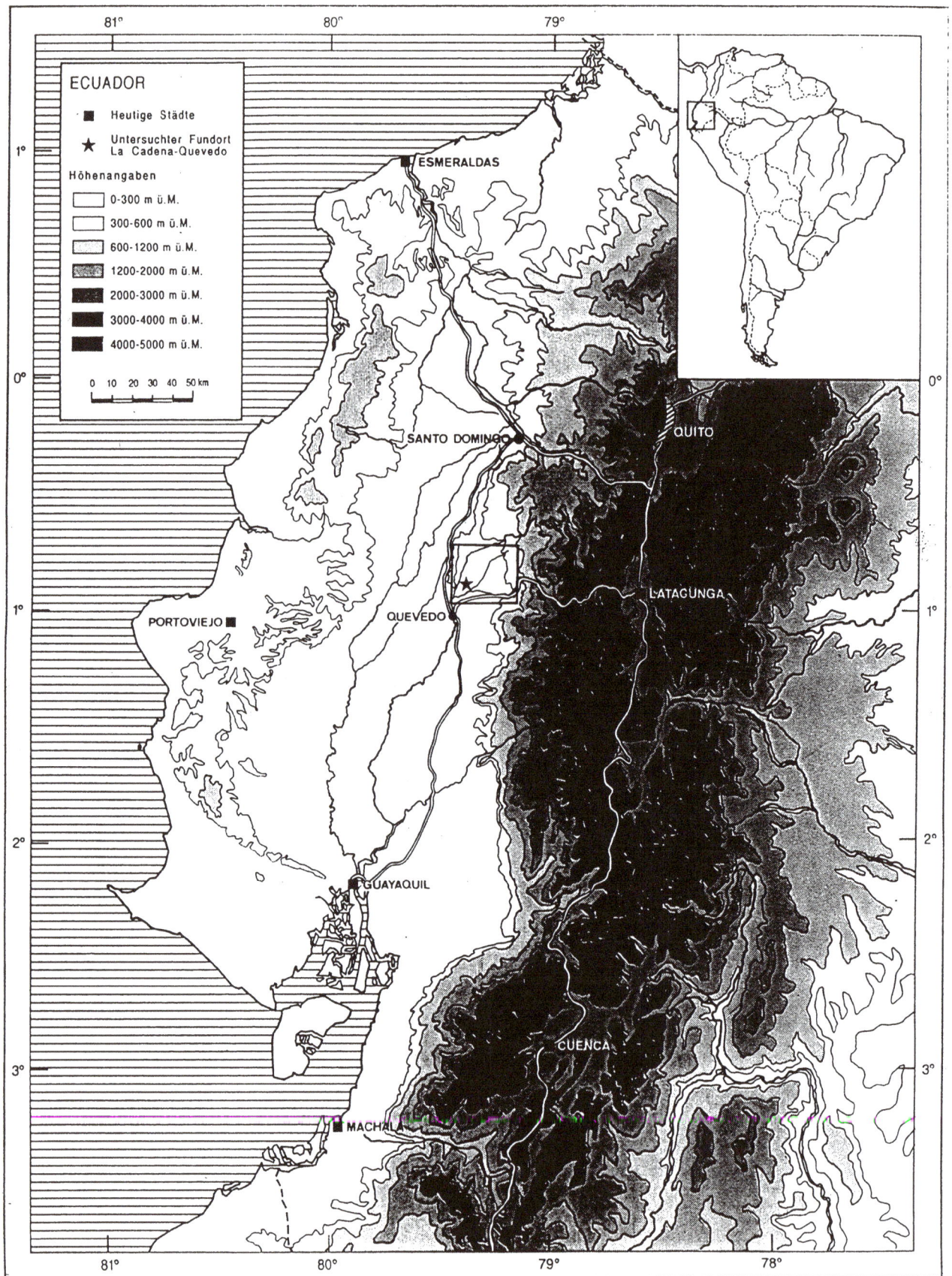

**Fig. 1** : Équateur et région prospectée (Dessin: B. Gubler).

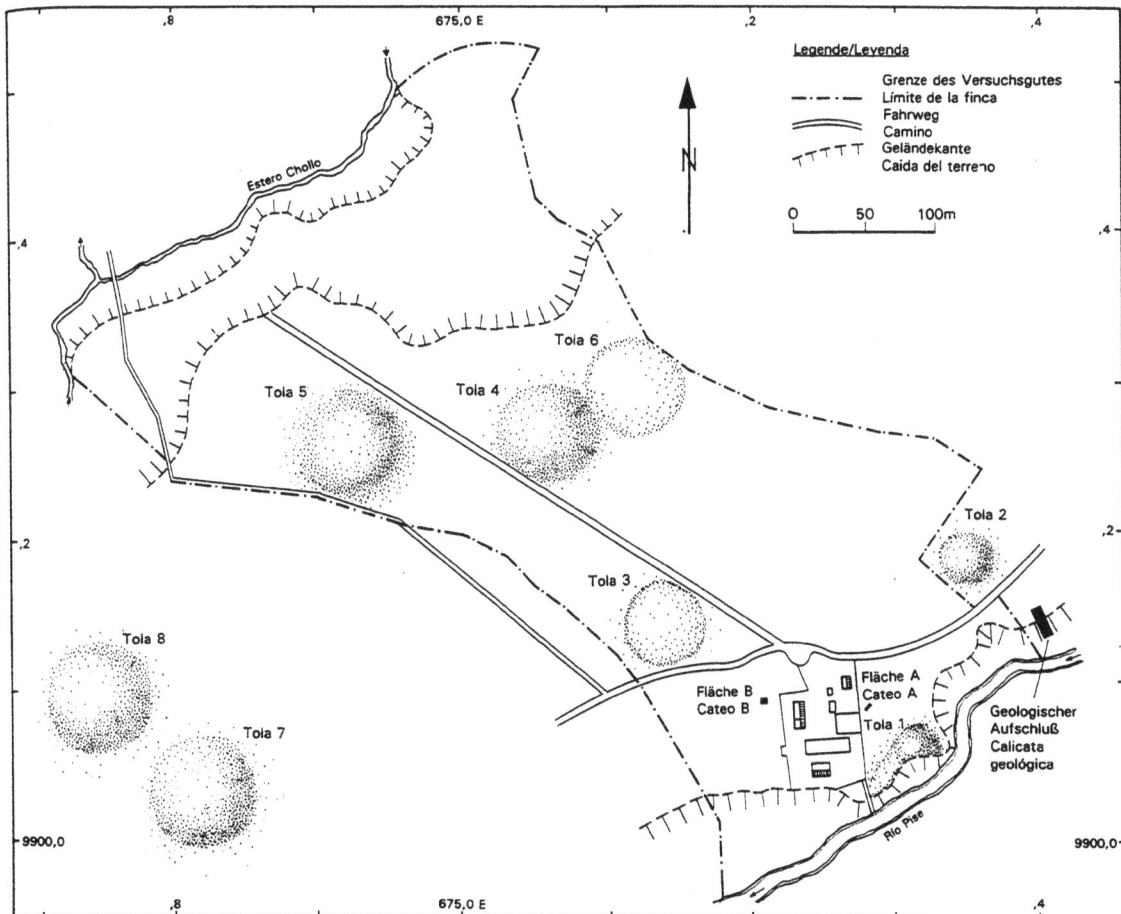

**Fig. 2** : Site fouillé en 1992 et 1993 et répartition des tolas (Dessin: B. Gubler).

D'autres recherches plus récentes, menées dans diverses régions par autant d'autres chercheurs tels J.-F Bouchard (1984, 1986), J. Alcina Franch (1986), P. Gondard et F. Lopez (1983), M. Guinea (1985, 1986), J. Zeidler et D. Pearsall (1994), F. Valdez (1986, 1987), ont mis au jour de nouvelles structures, dont l'appareil interne varie et la distribution diffère. Ces travaux ont permis une avance substantielle quant aux connaissances chronologiques des secteurs étudiés, mais demeurent confuses par rapport à une interprétation fonctionnelle des tolas.

A l'instar de la fascination provoquée par le phénomène des tolas, le problème chronologique et culturel constitue un des points forts de l'actuelle archéologie équatorienne. Hormis quelques travaux bien documentés et malgré l'effort considérable de certains spécialistes, la plupart des conclusions émises jusque dans les années 1970 se fondent sur l'analyse de mobiliers provenant de pillages ou de sites dont les contextes ont été passablement endommagés. Depuis le début des années soixante, les recherches menées par C. Evans (1957), B. Meggers (1965), E. Estrada (1957) et P. Porras (1983) ont permis d'élaborer une première séquence chronologique – toujours plus controversée – du bassin du Guayas, secteur qui correspond à notre aire d'investigation. Depuis lors, d'autres spécialistes ont entrepris des travaux afin d'améliorer les résultats. Conduites par J. Marcos (1987, 1988)[4] et d'autres archéologues, les recontributions actuelles marquent clairement les limites des techniques d'analyse d'après-guerre et tentent de combler le fossé qui sépare la réalité de la spéculation, en élargissant le champ d'investigations et en redéfinissant les problématiques.

Ces deux dernières décennies sont caractérisées par des recherches approfondies et scientifiquement plus sûres ; cependant, les résultats tardent à être publiés. Le nord du bassin du Guayas, qui n'a pour ainsi dire pas été étudié, constitue une des priorités pour qu'un lien entre la côte et la montagne soit enfin réalisé.

Aussi, le projet "La Cadena-Quevedo" s'inscrit-il dans les mêmes objectifs que ceux visés par les chercheurs de la nouvelle école. Afin de restructurer et de redéfinir la chronologie des groupes culturels ayant occupé ces territoires ; afin de revoir, sinon redistribuer, la diffusion de chacun d'eux, l'équipe de la FSLA mène une enquête serrée dans un secteur susceptible de révéler beaucoup d'informations culturelles et socio-économiques.

## Etat des recherches en 1996

Située dans la partie septentrionale du bassin du Guayas, au pied des Andes, la région qui nous intéresse n'a suscité qu'un intérêt timide de la part des chercheurs (fig. 1). Son éloignement de la côte et son statut d'intermédiaire entre les plaines alluviales du bassin du Guayas et les piémonts andins auraient pourtant dû éveiller les esprits de ceux qui souhaitent relier culturellement, socialement et économiquement la Sierra et Côte.

A l'heure où les excavations débutent à La Cadena, ce secteur est considéré comme colonisé tardivement par des groupes culturels attribués à la phase Milagro-Quevedo

(Intégration 500-1500 ap. J.-C.), en fonction de données superficielles. En se fondant sur des bases scientifiquement plus solides, les missions 1992-1993 visaient à vérifier la séquence stratigraphique existante.

Le manque de pertinence des hypothèses émises sur le peuplement et le développement des cultures ayant occupé le nord du bassin du Guayas nous a semblé justifier la reprise de ces recherches basées sur l'étude stratigraphique de quelques structures. Bien que Porras (1983, 1987), Holm (1978) et Echeverría (1987) aient suggéré l'émergence des tolas en des temps plus reculés (Développement régional, 500 av. J.-C.-500 ap. J.-C.), aucun travail sérieux n'avait véritablement été mené dans la région qui nous intéresse, afin d'éprouver ces propositions intuitives.

## Fouilles 1992-1993 (fig. 2)

L'examen des coupes radiales réalisées dans deux tolas[5] fouillées couche par couche a permis de confirmer l'ancienneté de la tradition. Même si le phénomène apparaît tardivement dans les Andes[6], nous pouvons désormais affirmer qu'il connaît une ample diffusion dans les piémonts occidentaux, peu après la période du Formatif tardif (début du Développement régional : 500-300 av. J.-C.).

Plusieurs niveaux d'occupation ont été mis au jour dans les strates successives des tertres. La tola 5 (fig. 3), peu élevée et très étendue, repose sur un substrat renfermant diverses phases d'aménagement sans monticule. Caractérisée par une couche de terre organique très foncée qui révèle de nombreux puits et foyers, la base de la tola correspond à la dernière fréquentation humaine précédant l'érection de la butte. Séparées par des remblais intermédiaires, les couches d'occupation sont principalement constituées par la juxtaposition de foyers étendus dans et autour desquels de nombreux tessons de céramique ont été collectés. Les couches superficielles de la colline artificielle ont été détruites par les labours modernes.

Mieux conservée et plus élevée que la structure précédente, la tola 1 (fig. 4) a révélé un certain nombre de constructions superposées, dont certaines ont été endommagées par des intrusions postérieures. Constituée de plusieurs couches fines et très compactes, la base de la tola coïncide avec une phase d'occupation définie par de nombreux trous de poteaux ayant probablement servi à l'édification ou au réaménagement d'une ou de plusieurs structures d'habitat. Au-dessus, les couches d'occupation succèdent aux couches de remblais jusqu'à la limite de l'humus moderne. Comme dans la tola 5, la base du monticule recelaient des traces anthropiques plus anciennes.

La séquence chronologique préliminaire, fondée sur les typologies céramiques de nos prédécesseurs (fig. 5 à 9), révèle une occupation tardive proche de la surface et dans les couches intrusives des tolas (Milagro-Quevedo, Période d'Intégration : 500-1500 ap. J.-C.) ; en revanche, le mobilier collecté dans les couches internes du monticule s'apparente davantage aux styles du Développement régional (500 av. J.-C.-500 ap. J.-C.). Malgré une dominance de la facture Guangala, il convient de noter la présence de cultures contemporaines de provenances distinctes (La Tolita, Bahía, Jambelí, Guayaquil, Tiaone, etc.). Contre toute attente, la céramique recueillie dans les couches inférieures des tolas correspond au style Chorrera pour les plus récentes (Formatif tardif : 1500-500 av. J.-C.) et Valdivia pour les plus anciennes (Formatif ancien 3500-1500 av. J.-C.).

Les mesures 14C réalisées sur des charbons prélevés dans la couche de base de la tola 5 offrent un âge de 2430 ± 80 BP (761-396 av. J.-C.). Celle obtenue à partir de charbons provenant d'un foyer découvert dans une intrusion postérieure à la construction de la tola 1 (1250 ± 120 BP) situe l'anomalie entre 658 et 977 ap. J.-C. Ces deux dates sont en adéquation avec l'interprétation des stratigraphies (Reindel 1995, Reindel et Guillaume-Gentil 1994, 1995).

Les premiers résultats de thermoluminescence obtenus par Wagner (1995) sur des tessons issus de la base (couche 24) et des premiers remblais (couche 14) de la tola 1 recoupent les informations 14C qui proviennent de la base de la structure 5. Bien que moins précis que les précédents, les âges des tessons se situent au milieu du premier millénaire avant notre ère (2789 ± 290 BP et 2611± 430 BP).

## Prospection (1994-1995)

Les deux campagnes de prospection successives visaient à localiser les gisements à tolas dans un secteur défini par la topographie, d'une part, et par les moyens logistiques, d'autre part. Ces dernières ont permis d'identifier 111 sites qui ont livré un total de 1219 monticules artificiels. Le relevé topographique de 66 sites a entraîné l'étude de 891 tertres révélant plusieurs types de planification.

A) Les modèles réguliers se présentent sous la forme d'une rangée centrale de monticules dominants, entourée de buttes secondaires, plus basses et moins étendues. Ces agencements symétriques présentent différentes extensions et comptent un nombre variable de tolas[7]. Situés sur des terrasses élevées bordant un cours d'eau, ces gisements apparaissent fréquemment par paire, distants de 500 à 1000 m l'un de l'autre, à la manière de sites jumeaux.

B) Les modèles irréguliers correspondent à des groupes de monticules à gros modules, répartis sur une surface plus ou moins étendue, selon un agencement aléatoire. Ces derniers se dressent également sur les rives élevées des rivières, mais à des hauteurs moindres. D'aucuns comptent plus de quinze tolas, tandis que d'autres se limitent à une demi-douzaine.

C) Les monticules isolés, dont les dimensions sont extraordinaires, puisque certains mesurent plus de 15 m de hauteur pour un diamètre supérieur à 70 m. Cependant, il s'agit de cas plus rares.

Dans le tableau suivant, nous présentons la classification des sites identifiés[8], dont la localisation figure sur la carte de répartition (fig. 10).

| | Type d'agencement | Nombre | Sites correspondants |
|---|---|---|---|
| 1. | Modèle régulier | 13 | 1a, 1b, 5, 7, 8, 32a, 34, 42, 45a, 60, 99, 100, 101 |
| 2. | Modèle régulier partiellement détruit | 10 | 10, 18, 37, 38, 46, 68, 70, 72b, 94, 98 |
| 3. | Modèle régulier non étudié | 12 | 48, 64, 66, 83, 88, 90, 91, 93, 96, 97, 104, 106 . |
| 4. | Modèle régulier de moyenne grandeur | 2 | 72a, 74. |
| 5. | Petit modèle régulier | 2 | 75, 76. |
| 6. | Groupement sans modèle[9] apparent ou incomplet | (11 + 3) 14 | 2, 20, 25, 28, 30, 31, 32b, 33, 41, 45b, 54, 55, 69, 79. |
| 7. | Petit groupement, ébauche ou absence de modèle | (14 + 7) 21 | 3, 4, 12, 14, 16, 19, 24[10], 27, 40, 44, 53, 57, 58, 49, 61, 62, 67, 71, 73, 77, 89. |
| 8. | Petit groupement sans modèle apparent | (11 + 21) 32 | 6, 9, 11, 13, 15, 17, 22, 23, 26, 29, 32c, 35, 36, 39, 43, 47, 50, 51, 56, 59, 63, 65, 78, 80, 81, 82, 84, 85, 86, 102, 103, 105. |
| 9. | Grande tola isolée | (2 + 3) 5 | 21, 52, 87, 92, 95. |

A partir de ces observations, il est possible de proposer beaucoup d'hypothèses expliquant la raison d'être de ces différents modèles (sociétés, organisation politique, économique et commerciale, cérémonie, artisanat, etc.), mais toutes demeurent par trop spéculatives faute de fouilles approfondies dans divers secteurs (avec ou sans tolas, par exemple), ainsi que sur de petits et grands sites à modèle régulier, en particulier.

Durant la prospection, quelques tolas pillées ou en partie détruites ont suscité notre intérêt. Afin de sauver les informations disponibles, nous avons procédé à l'élaboration de coupes radiales dont les données collectées ont permis d'intéressantes comparaisons avec les résultats obtenus les années précédentes.

## Site 1a, fouilles tola 14 (fig. 11)

Il s'agit d'une structure en forme de "L" qui ferme le modèle dans sa partie sud-est (fig. 12). Coupée en deux par un engin agricole, elle offrait l'avantage d'être étudiée rapidement moyennant un ravivage complet des coupes. La réalisation d'un sondage à la base de la tola a semblé judicieuse afin d'atteindre les niveaux stériles et d'obtenir rapidement une vue d'ensemble.

Brève description de la stratigraphie :
De 8 m de long sur 4 m de haut, elle comprend 19 couches distinctes et 4 interphases. Nous avons découvert quelque 5 ou 6 périodes différentes d'occupation, séparées parfois par d'épaisses couches d'humus, voire même de sédiments fluviatiles. La tola est composée de 9 remblais successifs dans lesquels nous n'avons pas mis en évidence de traces d'occupation très nettes, sinon quelques fragments de céramique sans contexte. A la base de cette dernière, une couche d'environ 5 cm d'épaisseur sur laquelle reposent plusieurs foyers qui forment une marque très étendue de combustion a été mise au jour. Il s'agit peut-être des restes d'un incendie ayant probablement détruit un habitat, car les

trous de poteaux contiennent également du charbon et présentent de la terre de couleur noire et grise.

Cette ultime occupation de la terrasse, avant la construction de la tola est séparée des plus anciennes par une triple couche de sédiments (sable fin, alluvions très fines et pulvérulentes, sable plus grossier et plus dense) révélant une forte éruption (téphra) d'un volcan voisin (probablement le Quilotoa) .

Dans les couches inférieures, nous avons identifié deux phases constituées par des niveaux plus indurés et comportant de la céramique. La seconde occupation a livré de la céramique du Formatif final : fait suffisamment inattendu pour mériter d'être souligné. C'est, en effet, la première fois que ce type de matériel est découvert en contexte stratigraphique aussi loin des côtes. Cet événement corrobore les observations réalisées dans la tola 1 du site de LATINRECO. Associée à ce mobilier, une pointe de flèche assez fruste en obsidienne est apparue et, à l'image de ce qui a été défini l'an dernier, révèle de probables relations avec la Sierra.

La première occupation du site se caractérise par la présence d'une céramique grossière associée à un foyer en forme de cuvette dont les parois sont tapissées de petites pierres plates destinées à réfracter la chaleur, voire à la condenser. Au-delà de cette observation, nous n'avons rien rencontré sur une épaisseur de plus d'un mètre et pensons avoir atteint les niveaux stériles.

## Site 31, Tola 3 (fig. 13)

Lors de notre arrivée dans la zone de La Cadena, nous avons pu constater que les recherches des années antérieures avaient créé des émules, car une énorme tola avait été pillée, selon notre technique de fouille (une coupe radiale et une aire quadrangulaire de fouilles synchroniques jusqu'au niveau de l'eau). Étant donné que ce site se trouve à proximité du lieu de recherche des années précédentes, il est

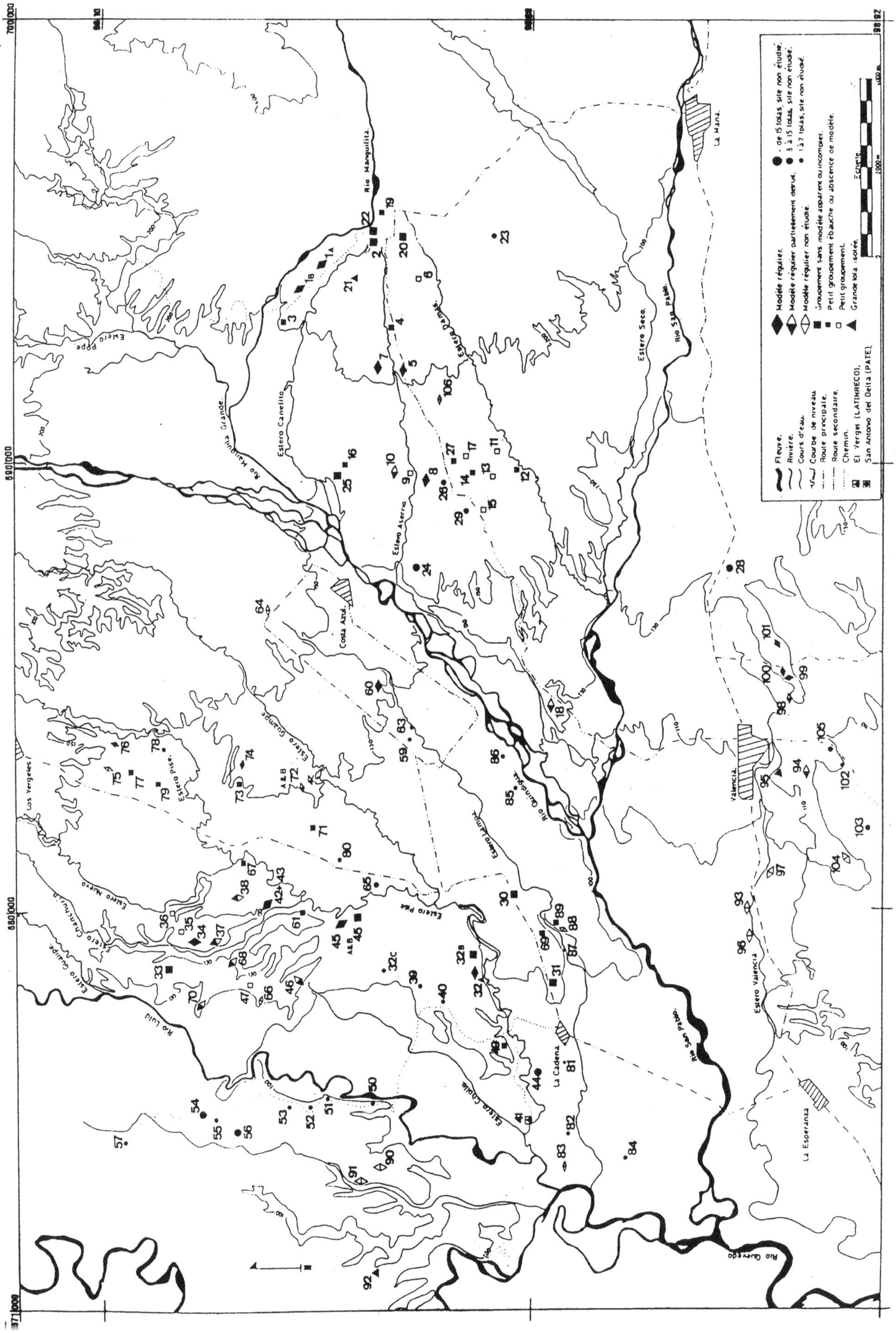

**Fig. 10 :** Carte de répartition des sites localisés et étudiés lors des prospections de 1994 et 1995 (dessin N. Guillaume-Gentil).

apparu judicieux de profiter du labeur déjà fort avancé pour sauver ce qui pouvait l'être. La "qualité" du pillage n'ayant pas endommagé les parois, nous avons rectifié celles qui semblaient récupérables. De 28 m de longueur, 13 m de largeur et 9 m de hauteur, la stratigraphie a nécessité l'appui de 10 ouvriers pour sa réalisation.

Lors de ce travail, les observations réunies sous forme de 59 anomalies, définissant plus de 20 strates, 14 foyers et plusieurs concentrations de céramique – voire d'obsidienne – révèlent diverses périodes de construction et au moins quatre phases d'occupation de la tola qui, de surcroît, repose sur un substrat archéologique plus ancien.

Dans la partie basse de la fouille, sous la base de la tola, une couche relativement épaisse de terre organique brun-foncé contient beaucoup de mobilier fragmenté, dont le style de décoration et de façonnage est caractéristique de la phase VIII de la céramique Valdivia. A partir de la base de la tola – partie facilement reconnaissable par la forme des dépôt qui apparaissent au-dessus –, plusieurs remblais de terres différentes et contenant du matériel céramique constituent la première période d'érection du monticule. La partie supérieure de ces derniers présente une très forte compacité et forme une ligne horizontale sur laquelle six traces de foyers ont été remarquées. Grâce à une zone très endommagée où il a été possible de procéder à un petit décapage de surface, nous avons constaté que certains foyers contiennent de la céramique associée à des charbons de bois. Cependant, au vu de la nature du pillage dont ils ont souffert, ces contextes ne présentent pas toutes les qualités requises pour une bonne datation au radiocarbone – raison pour laquelle nous avons renoncé à prélever des échantillons –, mais offrent cependant une information intéressante : la première élévation de la tola n'était pas haute et se répartissait de manière homogène et horizontale, à la manière d'une plate-forme.

Une mince couche (10-15 cm) de nouveaux remblais sépare la première étape d'occupation d'une autre dont les traces de combustion, bien que plus rares, sont évidentes. Ces deux couches horizontales, qui reposent sur des remblais, constituent les deux premiers moments d'utilisation de la tola et semblent appartenir à une même phase dont l'interval chronologique est très court. En effet, la seconde couche apparaît plus fine, moins étendue et évoque un réaménagement temporaire d'un secteur de la structure. Sur toute la surface étudiée, aucun trou de poteau ou élément appartenant à une construction n'a été mis au jour. Néanmoins, nous avons remarqué que les traces d'occupation se concentrent davantage sur la périphérie de la tola, tandis que sur la partie centrale peu de manifestations humaines ont été observées. Il se peut donc que le centre ait été occupé par des constructions surélevées et que le pourtour ait servi aux tâches subalternes ou à l'artisanat (la fouille de surface n'ayant pas eu lieu, nous ne pouvons pas risquer une interprétation plus étendue, car elle s'avérerait par trop spéculative).

Recouvrant cette anomalie, la troisième phase de remblais s'étend sur toute la surface de la tola sur une épaisseur d'environ 1 mètre. Au niveau 106.48, un nouveau sol d'occupation, compact et régulier, a été identifié et longuement étudié. Une fois encore, celui-ci contient des traces de feu et des foyers, dont les extensions sont variables, répartis sur un plus grand espace. Seules quelques petites taches cendreuses apparaissent près du centre de la tola, alors que les grands foyers se superposent à ceux des couches inférieures.

Une quatrième phase de remblais scelle ce sol jusqu'au sommet de la tola où aucune trace d'occupation n'est apparue. Par leurs labours intensifs et fréquents, les agriculteurs modernes ont probablement détruit l'ultime période d'organisation de la tola. Toutefois, dans la partie externe de la structure, nous avons localisé une intrusion qui part de la surface et s'enfonce dans les derniers remblais. Les observations émanant de ce trait évoquent une rigole dans laquelle on aurait jeté la céramique rompue et les déchets – d'un ménage ou d'un atelier – qui aurait été incinéré une fois comblé. Cette anomalie, apparentée à un four à céramique de par sa forme, correspond davantage à un dépotoir de par son contenu et la disposition confuse de celui-ci. L'intérêt de cette découverte réside dans la nature du mobilier céramique qui semble participer du Développement régional et non pas de la Période d'Intégration. Or, il est clair que cette fine strate repérée dans le profil vient d'une des dernières couches de la tola et dénote une durée d'occupation assez longue.

En revanche, le mobilier collecté en surface s'apparente au style Milagro-Quevedo, soit à la Période d'intégration. Dans la tola, l'érosion provoquée par l'agriculture a effacé les ultimes strates. Il est donc difficile d'estimer l'épaisseur manquante. Néanmoins, sauf démonstration contraire par l'analyse approfondie du mobilier ou par une extension des fouilles dans d'autres secteurs, nous pensons que ce site a également été fréquenté pendant la période de l'Intégration, sans que les habitants ne procèdent à de grands réaménagements. Cette observation constitue un élément nouveau dans notre étude et ouvre de nouvelles perspectives quant à la compréhension de la création, du développement et de la diffusion du phénomène des tolas.

En résumé, les quatre phases d'occupation décelées dans la tola présentent une continuité dans la stratégie de construction et de l'organisation spatiale des sols. Cependant, faute de décapages en surface, nous ignorons toujours la nature des activités qui se ont déroulées en ces lieux. Pendant plusieurs générations ou au fil des successions culturelles, la tola semble avoir joué un rôle précis aux fonctions diverses.

## *Fouilles 1997 Site 1b*

Au cours des missions précédentes, les fouilles ont eu lieu principalement dans des sites à modèles irréguliers et le seul exemple procédent d'un modèle régulier est un monticule particulier (tola 14) dont la forme n'a été répertoriée qu'une seule fois sur les 1219 monticules identifiés pendant la prospection.

Afin de disposer d'un appareil critique complet et d'une approche séquentielles globale, une phase de sondages dans un site à modèle régulier s'imposait. Grâce à la générosité et à l'intérêt d'une compagnie agricole de la région, sur le terrain de laquelle repose un des plus importants sites découverts lors de la prospection, nous avons pu réaliser nos travaux sur un modèle régulier.

Le site 1 a été divisé en deux partie (A et B), car son extension et la présence de deux modèles réguliers invitent à penser qu'il s'agit de deux entités distinctes. Afin de disposer d'une vue d'ensemble d'un modèle, les efforts ont été concentrés sur le site 1 B, dont l'étendue est moins grande, mais dont l'accès est plus aisé et le défrichement plus rapide. Ce gisement (fig. 11) se compose des tolas 39 à

54 et comporte toutes les caractéristiques mises en évidence lors de la prospection.

Le nombre des structures étant élevé et la somme des inconnues innombrable, nous avons opté pour une stratégie qui devait rapporter le maximum d'informations en un minimum de temps. Nous avons pratiqué une tranchée radiale (22m X 2m) dans les deux tolas principales (41 et 50) et dans un monticule qui participe des rangées latérales (45). Au centre du site, nous avons ouvert un sondage (3m X 3m) à l'intersection des deux axes constitués par les deux tranchées. Ainsi, nous avons obtenu la séquence des monticules et leur relation à l'espace central que nous soupçonnions avoir rempli une fonction distincte de celle des tolas. Sur les deux aires planes de la terrasse (nord-sud), sur laquelle repose le site, nous avons ouvert cinq sondages (2m X 2m) qui circonscrivent les contours du modèle régulier. De la sorte, nous pouvons apprécier l'extension de l'occupation en dehors de celle constituée par les tolas. Afin de connaître la pédogenèse de la terrasse, une tranchée perpendiculaire (28m X 2m) à cette dernière a été entreprise.

Les dix aires ouvertes représentent 217 m$^2$ et ont permis une première approximation de la réalité archéologique présente en ces lieux.

Afin de localiser le mieux possible les interventions et de disposer d'un document de base le plus précis possible, nous avons procédé à un relevé topographique complet du site (une mesure altimétrique tous les 5 mètres), qui nous apporte beaucoup d'enseignement sur la topographie du gisement.

## Résultats

1) Contrairement à nos attentes, un fort dépôt naturel recouvre les couches archéologiques. Tous les secteurs explorés livrent une séquence initiale formée de quatre couches naturelles : l'humus récent, un humus plus ancien, légèrement sableux (délavé par les pluies), une épaisse couche de cendres volcaniques (téphra, probablement originaire de la dernière éruption du volcan Quilotoa datant du début du deuxième millénaire de notre ère) et une nouvelle couche d'humus délavé (fig. 14).

2) Au-dessous de ces dépôts naturels apparaissent les couches d'occupation les plus récentes des tolas. La pénétration des racines et l'érosion due aux précipitations élevées et dévastatrices, caractérisant le climat de la région, ont fortement altéré couches et ramblais tardifs. Seuls quelques restes céramiques apparaissent en surface et le mobilier récupéré provient essentiellement des remblais qui constituent les fondements des aires aménagées.

3) sous ces sédiments (30-40cm d'épaisseur), une nouvelle couche sableuse, fine et éparse, évoque un plus ancien dépôt volcanique ; si, grâce aux travaux de P. Mothes (Ecole Polytechnique Nationale, Quito), les éruptions volcaniques responsables des deux téphras observés dans nos fouilles peuvent être identifiées et datées, ces informations ante et post quem seront très utiles pour nos futurs travaux ;

4) Ce n'est qu'à partir des couches se trouvant à plus d'un mètre de profondeur que des occupations caractérisées par des foyers circulaires à section concave et tapissés de lamelles de trachytes sont repérables. Peu de mobilier accompagne ces évidences anthropiques et leur détermination stylistique est complexe.

5) Nous avons identifié plusieurs phases d'exploitation du site, reposant sur des remblais artificiels, sans pour autant pouvoir actuellement les dénombrer avec certitude. Bien qu'aucune tola sondée n'ait révélé le même nombre de couches d'occupation, certaines recèlent au moins huit phases d'aménagement, divisées éventuellement par des phases de réaménagement difficilement décelable au travers de sondages restreints. En effet, le rythme d'apparition de certains trous de poteaux ou de foyers, sur une faible épaisseur, invite à penser qu'il y eut une réorganisation de l'espace vital sans pour autant qu'il s'agisse d'un remodelage complet de la plate-forme.

6) Les occupations se caractérisent par des foyers concaves, tapissés de fragments de trachyte, des marques circulaires de 70cm de diamètre évoquant des greniers ou des puits, des traces de trous de poteaux, dont l'agencement n'est pas décelable du fait de l'extension restreinte des sondages (2m de largeur), et de préparation de sols élaborés à l'aide de terre sableuse permettant une absorption rapide de l'eau et une meilleure adhérence sur la surface.

Notons également la présence de taches lenticulaires constituées d'argile rubéfiée auxquelles aucun mobilier archéologique n'est directement associé. Ces surfaces d'argile brûlée ont probablement servi à la consolidation de la plate-forme, car elles apparaissent généralement sur la périphérie de l'espace aménagé. A cette observation s'ajoute l'impression que la superposition des couches d'occupation se réalisait peut-être en escalier, car plus on approche du sommet du monticule, plus l'espace disponible diminue. Ajoutons encore que la forme originale des tolas était probablement quadrangulaire, car les limites remarquées en bordure des plates-formes constituées par les remblais et les aménagements de sols semblent plutôt rectilignes et non pas incurvées. Cependant, seules des fouilles en extension confirmeront cette impression.

En vertu de ce que nous avons remarqué jusqu'à présent, il semble que la fonction des monticule réponde à des nécessités domestiques. En effet, le mobilier récupéré et les anomalies observées relèvent davantage de l'habitat commun que de l'aire cérémonielle ou de la nécropole. Cependant, la prudence conseille de considérer ces idées comme des lignes directrices de nos recherches qu'il s'agira de confronter par la suite, au vu des résultats finaux.

7) Les analyses préliminaires n'évoquent pas une différenciation des fonctions de chaque monticule, ni ne mettent en évidence une éventuelle diachronie dans l'érection des tolas principales et secondaires. Néanmoins, nous avons observé une plus forte concentration d'activités et de réarrangements dans la tola 50, qui est la plus grande et la plus haute. Celle qui lui fait face, la tola 41 (et qui consiste aussi en une tola principale, selon la classification que nous proposons) présente, pour la partie haute, une séquence relativement semblable. Cependant, celle-ci n'a pas été fouillée aussi profondément, mais les couches observées, grâce à un sondage restreint réalisé dans la tranchée même, révèlent des caractéristiques semblables du point de vue chronologique.

En revanche, la tola secondaire (45) semble présenter moins d'étapes de construction, mais davantage de phases de réaménagements. Cette constatation explique peut-être l'élévation plus réduite de ce monticule, qui n'obéirait plus à une volonté délibérée quant à la hauteur des monticules, mais à l'intensité des remodelages des remblais.

Le mobilier mis au jour et les structures observées évoquent des activités domestiques dans le cas des tolas 45 et 50, tandis que les éléments remarqués dans la tola 41 évoquent davantage des actes rituels, par leur complexité (disposition des foyers délimitant clairement l'aire d'occupation, agencement plus strict des objets et des structures) et par la nature du mobilier (statuette en céramique, pierre taillée anthropomorphe, poterie de meilleure finition et plus richement décorée). Restons prudent quant à cette proposition, car les informations à ce sujet demeurent encore trop imprécises et peu nombreuses, raisons pour lesquelles nous nous bornons à proposer cette hypothèse.

## Comparaison site 1a et 1b

Un point important, qu'il s'agit de souligner ici, se réfère à la stratigraphie étudiée dans le site 1a (tola 14, fig. 12). Dans nos rapports précédents, nous insistions sur le fait que le monticule en forme de cordon avait été construit sur un ancien sol d'occupation qui repose lui-même sur une épaisse couche de cendre volcanique ; cette dernière scelle des occupations antérieures, caractérisées par des foyers concaves tapissés de lamelles de trachytes. Or la séquence observée dans le site à modèle régulier apparaît en surface, tandis que sur le cordon elle est recouverte par les différents remblais qui constituent le monticule. Cette constatation révèle donc que le phénomène des tolas constitue une longue tradition, puisque le téphra sur lequel repose la tola 14 donne une date fort tardive.

Chronologiquement, le site à modèle régulier que nous achevons de sonder a également provoqué une grande surprise puisque, sur la base de la stratigraphie réalisée dans la tola 14 du site 1a, nous supposions que ces patrons symétriques étaient tardifs et appartenaient à la Période de l'Intégration (500 / 700-1200 ap. J.-C.). Or, en plus de la séquence de téphras et de dépôts naturels, la majorité du mobilier récolté dans nos fouilles cette année présente des caractéristiques bien plus anciennes. En effet, remblais et couches d'occupations des parties basses des tolas du site 1b révèlent principalement de la céramique à faciès du Formatif tardif (chorreroïde 800-300 av. J.-C.) et du Développement régional ancien (Guangala ancien, Bahía I, Tejar-Daule 100 av. J.-C.-300 / 400 ap. J.-C.). Les deux ou trois dernières occupations des tolas présentent du mobilier du Développement régional moyen et tardif et rares sont les éléments procédant de la Période d'Intégration.

La fortune ayant voulu que nous récupérions beaucoup de charbons dans les diverses couches mises au jour, nous avons procédé à plusieurs datations au radiocarbone, permettant de "caler" nos indices stratigraphiques. Les dates obtenues pour la première phase de construction de la tola 50 et l'antépénultième occupation de cette dernière montrent que le rythme de réfection était soutenu, d'une part et que nos estimations fondées principalement sur le mobilier céramique s'avèrent cohérentes, d'autre part. Des charbons provenant d'un foyer de la première occupation ont livré la date de 2200 ± 80 BP (1s : 380-190 av J.-C.[11]) et ceux collectés dans un autre foyer localisé sur une des dernières phases de remodelage de la tola situent l'anomalie vers 2040 ± 80 BP (1s : 170 av. J.-C.-50 ap. J.-C.). Ces deux exemples indiquent clairement que le processus de construction de tolas, s'inscrivant dans un modèle régulier, commence dès la fin du Formatif final ou au tout début du Développement régional. Les dates obtenues dans les autres monticules et sur les niveaux correspondants s'articulent parfaitement avec ces dernières et semble démontrer la construction concomitante des tolas qui composent un ensemble. Ces informations tendent à confirmer que les modèles réguliers ont précédé les patrons irréguliers et que ces derniers soient le reflet de transformations dans l'organisation des sociétés qui les construisaient[12].

En résumé, il semble que les tolas contenues dans les sites 1a et 1b forment en réalité quatre groupes différents pour trois styles distincts de constructions (11) :
1) le style le plus ancien se caractérise par les modèles réguliers (tola 15-32, site 1a et 39-54 site 1b) ;
2) légèrement plus récent que le précédent, le mode de construction moins symétrique mais pourvu de monticules plus importants, et que nous appelons modèle irrégulier, serait représenté par les tolas 33 à 38 du site 1a ;
3) finalement, les agencements plus modernes présentent de petits groupements éclatés et, dans le cas du site 1a, sont séparés des groupes antérieurs par un cordon en forme de "L" délimitant l'espace formé par les tolas 1 à 14.

Ajoutons que cette distribution des modèles n'empêche en aucun cas une éventuelle réutilisation des groupements plus anciens.

Au terme de cette campagne, nous constatons que la problématique des tolas, de leur fonction, de leur âge et de leurs agencement s'avère plus complexe que ce que l'observation superficielle laissait présager.

L'épaisseur chronologique du phénomène, l'ampleur des changements sociaux véhiculée par les agencements multiples et l'extension territoriale de la tradition des tolas méritent que l'on poursuive les recherches afin de comprendre l'articulation des modèles et les prétextes fondamentaux qui ont motivé l'émergence et la perduration de ce que l'on pourrait appeler "les cultures des tolas".

## Occupations antérieures aux tolas

A l'image de ce qui a été remarqué sur les autres sites fouillés jusqu'à présent, les zones antérieures à la construction des tolas révèlent des occupations plus anciennes remontant, peut-être, au Valdivia final. Il convient de souligner que dans un sondage (10), une couche a livré du mobilier de la période Valdivia ancien, ce qui repousserait la fréquentation du site à la fin du 3ème millénaire avant J.-C.

Dans deux sondages (4 et 7), nous avons identifié des couches de probables occupations qui se limitent à des agencements de pierres difficilement attribuables à des effets naturels. Cependant, aucun mobilier véritablement anthropique n'a été mis au jour en association avec ces structures, ce qui empêche de proposer une date certaine. Il n'est toutefois pas impossible qu'il s'agisse de manifestations pré-céramiques, soit de la période appelée Paléoindio, qui impliquerait une présence humaine dès le 5ème millénaire avant notre ère, voire plus ancienne encore. Il va de soi que, bien qu'elles méritent d'être notifiées, ces observations se doivent d'être confirmées.

## Conclusion

Le projet La Cadena-Quevedo-La Maná se situe dans une zone très importante quant aux contacts que les sociétés andines peuvent avoir entretenus avec celles du littoral. Le haut bassin du Guayas constitue un "axe incontournable"

115

pour qui entend échanger des produits entre la sierra et la côte et vice et versa.

L'ancienneté des traces humaines mises au jour sur les sites découverts grâce au projet vieillit la chronologie de la zone d'au moins deux millénaires et demi ; de surcroît il est probable que la présence de restes antérieurs à la néolithisation (Paléoindio) de ce secteur se confirme dès les prochaines fouilles. La richesse des traditions céramiques et des expressions culturelles apparues dans nos fouilles évoque un dynamisme de transformation d'une rare intensité. Les synergies technologiques apparaissant dans les contextes anciens et plus récents montrent l'étroite dépendance que des communautés ont nourrie au cours de centaines de générations pour parvenir à un système économique et social qui n'avait rien à envier à l'Ancien Monde.

Les séquences culturelles et chronologiques proposées par nos collègues mettent en exergue les diversités de traditions que les multiples niches écologiques sont susceptibles de générer. L'étude du mobilier recueilli lors de nos fouilles permettra de mieux situer chronologiquement et spatialement les nombreuses cultures souvent définies sur la base de simples sondages ou de pillages.

C'est pour répondre partiellement ou complètement à toutes ces interrogations qu'il serait souhaitable non seulement de procéder à des fouilles en extension sur les monticules sondés en 1997, mais aussi de réaliser des coupes dans les autres groupes de tolas contenus dans les site 1a et 1b de La Maná. Les sondages permettraient de vérifier l'hypothèse des trois styles de construction, tandis que les fouilles en extension apporteraient les éléments nécessaires à l'établissement de la fonction des monticules.

La documentation plus précise et rigoureuse utilisée dans le cadre de ce projet, doublée de recherches pluridisciplinaires, permettra d'amplifier les perspectives d'étude du passé de l'homme précolombien sans se limiter à de stériles typologies de cultures matérielles. Au contraire, c'est vers la reconstruction globale de modes de vie et d'organisations sociales, ébauchés à partir de la culture matérielle, que se dirige ce projet.

# Bibliographie

ALCINA FRANCH J., MORENO YANEZ S. (ed.). 1986. *Arqueología y etnohistoria del sur de Colombia y norte del Ecuador*. Guayaquil. (Miscelanea Antropológica Ecuatoriana ; 6).

ATHENS S. 1979. *Teoría Evolutiva y Montículos Prehistóricos de la Sierra Septentrional del Ecuador*. Otavalo : Instituto otavaleño de Antropología. (Sarance ; 7), 29-44.

ATHENS S. 1980. *El proceso evolutivo en las sociedades complejas y la ocupación del Período Tardio-Cara en los Andes septentrionales del Ecuador*. Otavalo : Instituto otavaleño de antropología. (Pendoneros ; 2).

BAMPS A. 1879. Les antiquités équatoriennes du Musée Royal d'Antiquités de Bruxelles. In : *Compte rendu du Congrès des Américanistes*, 2, 47-143. Bruxelles.

BISCHOF H. 1973. The stratigraphy of Valdivia (Ecuador). New evidence. In : *Atti del XL Congesso Internazionale degli Americanisti*, Roma-Genova 1972, 1, 283. Roma.

BISCHOF H. 1975a. El Machalilla temprano y algunos sitios cercanos a Valdivia (Ecuador). In : *Estudios sobre la Arqueología del Ecuador*. Bonn. (Bonner Amerikanistische Studien ; 3), 39-67.

BISCHOF H. 1975b. La fase Engoroy : Períodos, Cronología y Relaciones. In : *Estudios sobre la Arqueología del Ecuador*. Bonn. (Bonner Amerikanistische Studien ; 3), 11-37.

BISCHOF H. 1979. San Pedro und Valdivia : Frühe Keramikkomplexe an der Küste Südwest-Ekuadors. *Beiträge zur allgemeinen und vergleichenden Archäologie*, 335-389.

BOLLAERT W. 1860. *Antiquarian, ethnological and other researches in New Granada, Ecuador, Peru and Chile*. London.

BOLLAERT W. 1870. On the ancient or fossil pottery found on the shores of Ecuador. *Memoirs of the Anthropological Society of London*, 3, 163-166.

BOUCHARD J.-F. 1984. Recherches archéologiques dans la région de Tumaco (Colombie). Paris : C.N.R.S. (Editions Recherches sur les Civilisations ; 34).

BOUCHARD J.-F. 1986. Las más antiguas culturas Precolombinas del Pacífico ecuatorial septentrional. In : *Arqueología y etnohistoria del sur de Colombia y norte del Ecuador*. Guayaquil. (Miscelanea Antropológica Ecuatoriana ; 6), 109-130.

BUCHWALD O. (von). 1908. Altes und Neues vom Guayas. Globus. *Braunschweig*, 94, 12, 181-183.

BUCHWALD O. (von). 1909. Ecuatorianische Grabhügel. Globus. *Braunschweig*, 96, 10, 154-157.

BUCHWALD O. (von). 1917. Tolas Ecuatorianas. *Physis*, 3, 250-260.

BUCHWALD O. (von). 1918. Notas acerca de la arqueología del Guayas. *Boletín de la Sociedad Ecuatoriana d'Estudios Historicos Americanos*, 1, 3, 237-252.

BUCHWALD O. (von). 1926. La zona del Guayas. *Boletín de la Biblioteca Nacional de Quito*, 4.

COLLIER D. 1982. *Reconocimiento y excavaciones en el Sur Andino del Ecuador*. Cuenca.

ESTRADA V. E. 1954. *Ensayo preleminar sobre la arqueología de Milagro*. Guayaquil.

ESTRADA V. E. 1956. *Valdivia, un sitio arqueológico formativo en la costa de la Provincia del Guayas*. Guayaquil. (Museo Arqueológico Victor Emilio Estrada ; 1).

ESTRADA V. E. 1957a. Cronología de la Cuenca del Guayas. *Cuadernos de Historia y Arqueología*, 7, 19-24, 232-236.

ESTRADA V. E. 1957b. Sumario de caracteristicas Milagro-Quevedo. *Cuadernos de Historia y Arqueología*, 7, 19-24, 237-239.

EVANS C., MEGGERS B. 1957. Formative period cultures in the Guyas basin, coastal Ecuador. *American Antiquity*, 22, 235-247.

GONDARD P. LOPEZ F. 1983. *Inventario arqueológico preliminar de los Andes septentrionales del Ecuador*. Quito : MAG, PRONAREG, ORSTOM y Museo del Banco Central del Ecuador.

GONZALES SUARES F. 1915. *Notas arqueologicas*. Quito : Imprenta del Clero.

GRIJALVA C. E. 1937. *La Expedición de Max Uhle a Cuasmal, o sea la Protohistoria de Imbabura y Carchi*. Quito : Editorial Chimborazo.

GUILLAUME-GENTIL N. 1995. Troisième phase du projet "La Cadena-Quevedo", Equateur, prospection 1994. *Jahresbericht 1994*. Berne : Fondation Suisse-Liechtenstein pour l'archéologie à l'Étranger, 79-117.

GUILLAUME-GENTIL N., RAMÍREZ GUILLAUME-GENTIL K. 1996. Projet archéologique "La Cadena-Quevedo" dans le nord du bassin du Río Guayas, Equateur. Quatrième campagne de recherche et seconde phase de prospection. *Jahresbericht 1995*. Berne : Fondation Suisse-Liechtenstein pour l'archéologie à l'étranger, 62-109.

GUINEA M. 1985. El Formativo de la región sur de Esmeraldas (Ecuador), visto desde el yacimiento Chévele. In : *Arqueología y etnohistoria del sur de Colombia y el norte de Ecuador*. Quito : Museos del Banco central del Ecuador. (Micelanea antropológica ecuatoriana ; 6), 19-46.

JIJON Y CAAMAÑO J. 1918. Artefactos prehistoricos del Guayas. *Boletín de la Sociedad Ecuatoriana d'Estudios Historicos Americanos*, 1, 1-2-3.

JIJON Y CAAMAÑO J. 1920. Los aborigenes de la provincia de imbabura. *Boletín de la Sociedad Ecuatoriana d'Estudios Historicos Americanos*, 4, 10.

JIJON Y CAAMAÑO J. 1941. *El Ecuador Interandino y Occidental*. Quito : Editorial Ecuadriana.

JIJON Y CAAMAÑO J. 1952a. La civilización de las tolas con pozo. In : *Antropología prehistórica del Ecuador*. Quito.

JIJON Y CAAMAÑO J. 1952b. La civilización de las tolas habitacionales. In : *Antropología prehistórica del Ecuador*. Quito.

LARREA C. M. 1918. Historia del Ecuador. *Boletín de la Sociedad Ecuatoriana d'Estudios Historicos Americanos*, 1, 1-2-3.

LIPPI R. 1980. *Report on excavations at Río Perdido (OGCh-20) Guayas Ecuador, with emphasis on the ceramic chronology*. Madison : Department of anthropology.

MARCOS, J. 1987. Los campos elevedaos de la Cuenca del Guayas, Ecuador : El Proyecto Peñon del Río. In : *45 Congreso Internacional de Americanistas*. Bogotá.

MARCOS, J. 1988. *Real Alto : la historia de un centro ceremonial Valdivia*. Guayaquil : ESPOL. (Biblioteca Ecuatoriana de Arqueología ; 4 et 5).

MASUCCI, A. M. 1992. *Ceramics change in the the Guangala Phase Southwest Ecuador : a typology and chronology*. Boston : Southern Methodist University.

MEGGERS B. 1965. *Early Formative Period of Coastal Ecuador: The Valdivia and Machalilla Phases*. Washington (Smithsonian Contributions to Anthropology ; 1).

OBEREM U., WÜRSTER W. W. 1989. *Excavaciones en Cochasquí, Ecuador 1964-1965*. Mainz.

PAULSEN A. 1970. *A chronology of Guangala and La Libertad ceramic of the Santa Elena peninsula in south coastal Ecuador*. New-York : Columbia University.

PORRAS GARCES P. 1983. *Arqueología. Palenque, Los Ríos. La Ponga, Guayas*. Quito.

RAYMOND J. S. MARCOS J., LATHRAP D. W. 1980. Evidence of Early Formative Settlement in the Guayas Basin, Ecuador. *Current Anthropology*, 21, 5, 700-701.

REINDEL M. 1995. Das archäologische Projekt La Cadena. Untersuchungen zur Kulturgeschichte des Guayasbeckens im Küstengebiet Ecuadors. Mainz am Rhein : Von Zabern. (Beiträge zur allgemeinen und vergleichenden Archäologie ; 15), 269-307.

REINDEL, M., GUILLAUME-GENTIL N. 1994. Das archäologische Projekt La Cadena. Untersuchungen zur Kulturgeschichte des Guayasbeckens im Küstengebiet Ecuadors. *Jahresbericht 1993*. Bern : Schweizerisch-Liechtensteinische Stiftung für Archäologische Forschungen im Ausland, 86-117.

RIVET P. 1906. Arc de Méridien équatorial en Amérique du Sud. In : *Mission géographique de l'Armée (1899-1906)*, t. 6. Paris.

STOTHERT K. E. 1988. *La prehistoria Temprana de la Península de Santa Elena, Ecuador : Cultura Las Vegas*. Guayaquil : Museos del Banco Central. (Micelánea Antropológica Ecuatoriana ; 10).

STOTHERT K. E. 1993. *Un sitio del Guangala Temprano en el Suroeste del Ecuador*. Guayaquil : Museo Antropológico del Banco Central.

UHLE M. 1926. Excavaciones arqueologicas en la región de Cumbayá. *Anales de la Universidad Central*, 37, 257.

UHLE M. 1939. La ruinas de Cochasqui. *Boletín de la Academia Nacional de Historia*, 18.

VALDEZ F. 1986. Investigaciones arqueológicas en La Tolita (Esmeraldas). In : *Arqueología y etnohistoria del sur de Colombia y norte del Ecuador*. Guayaquil. (Miscelanea Antropológica Ecuatoriana ; 6), 81-107.

VALDEZ F. 1987. *Proyecto Arqueológico La Tolita*. Guayaquil.

ZEIDLER J., PEARSALL D. 1994. *Arqueología del Norte de Manabí, Ecuador. Vol. 1 : Medioambiente, Cronología Cultural y Subsistencia Prehistorica en el Valle del Río Jama*. Pittsburgh : Department of Anthropology.

---

[1] Les travaux ont été réalisés grâce à la générosité de la Fondation Suisse-Liechtenstein pour les recherches archéologiques à l'étranger (FSLA) qui a financé la campagne de fouille, et à celle d'une compagnie privée, dont les dirigeants ont permis l'accès au site et facilité l'hébergement, les communications, ainsi que la coordination légale du traitement salarial des ouvriers. Que tous ceux qui, de près ou de loin, ont favorisé nos recherches reçoivent les marques de notre plus vive reconnaissance.

[2] Udo Oberem a effectué des fouilles sur le site de Cochasqui (nord de Quito) où il a défini ces deux types de constructions distinctes (Oberem, 1981, p.59-69).

[3] Argile à compaction naturelle dans laquelle il est possible de débiter des blocs.

[4] Il serait vain et inutile de citer ici tous les spécialistes qui, de près ou de loin, contribuent à la recherche dans ce secteur de l'archéologie. Nous nous bornons donc à ne faire mention que de ceux qui, pour l'instant, ont retenu notre attention: H. Bischof (1973;1975 a et b;1979), S. Raymond et al. (1980), A. Paulsen (1970), R. Lippi (1980;1983;1987), M.- A. Masucci (1992), K. Stother (1988; 1993), etc.

[5] Les fouilles des tolas 1 et 5, ainsi que les sondage A et B, ont eu lieu à La Cadena, sur le site El Vergel, propriété de LATINRECO (compagnie de recherches agricoles de NESTLÉ) qui a apporté son soutien financier à la FSLA lors des deux premières missions archéologiques en Équateur. Une plus ample description de ces travaux de terrain et de leur organisation figure dans les bulletins de la Fondation (Reindel et Guillaume-Gentil 1994, Guillaume-Gentil 1995, Guillaume-Gentil et Ramirez Guillaume-Gentil 1996).

[6] L'état de la recherche dans ce secteur est, certes, plus avancé, mais beaucoup de lacunes doivent encore être comblées: peu de fouilles extensives ont été menées. Par ailleurs, l'analyse chronologique et stylistique du mobilier est superficielle et conduit à des interprétations abusives.

[7] Selon une observation empirique, il semble qu'une proportion relative existe entre les monticules principaux et leurs pendants secondaires, par rapport aux dimensions. Une analyse statistique postérieure mettra éventuellement en exergue un vecteur de proportionalité. Pour ce faire, il s'agira de délimiter la forme et l'élévation originales des tertres, par des sondages périphériques, afin de différencier l'apport anthropique (construction) de l'effet naturel (érosion) qui donne une apparence conique aux monticules. Originellement, les structures étaient peut-être quadrangulaires, à sommet tronqué.

[8] Les numéros en italique se rapportent à des gisements reconnus, mais dont le relevé topographique n'a pas été réalisé.

[9] Dans les points 6, 7 et 8, le terme modèle se réfère indifféremment à d'éventuels patrons réguliers, dont la distribution symétrique n'est plus décelable, à d'autres types d'agencements peut-être plus aléatoires et à de simples groupements. C'est le nombre de structures qui détermine l'attribution à l'une ou l'autre de ces catégories.

[10] Ce groupement est associé à une colline dont la forme évoque une tola. Ses dimensions dépassent toutes celles qui ont été mesurées et correspondent davantage aux monticules naturels des sites 32b et 64. Toutefois, de gros blocs de pierre ont été remarqués sur les flancs de cette éminence; leur position indique une action humaine. Aussi serions-nous tentés d'attribuer cette grande structure au type 9.

[11] Selon le programme de calibration: OxCal v2.17.

[12] Ces données provenant de sondages et l'étude de la céramique n'ayant pas encore abouti, nous livrons ces résultats en tant qu'indications préliminaires. Ce n'est qu'au treme de l'élaboration de toutes les données que nous confirmerons l'hypothèse avancée ici.

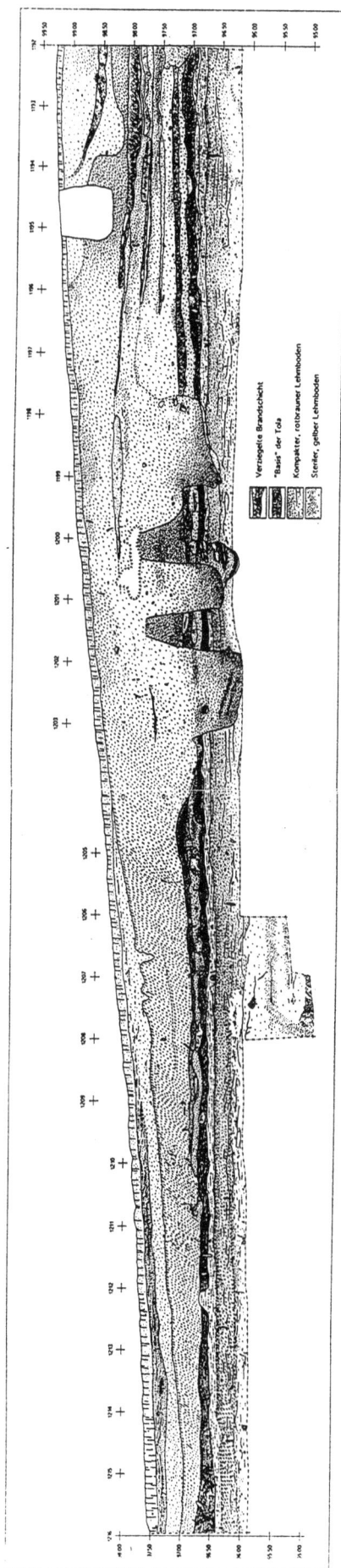

**Fig. 3** : Stratigraphie de la tola 5. Les couches horizontales correspondent aux occupations. (Dessin B. Gubler).

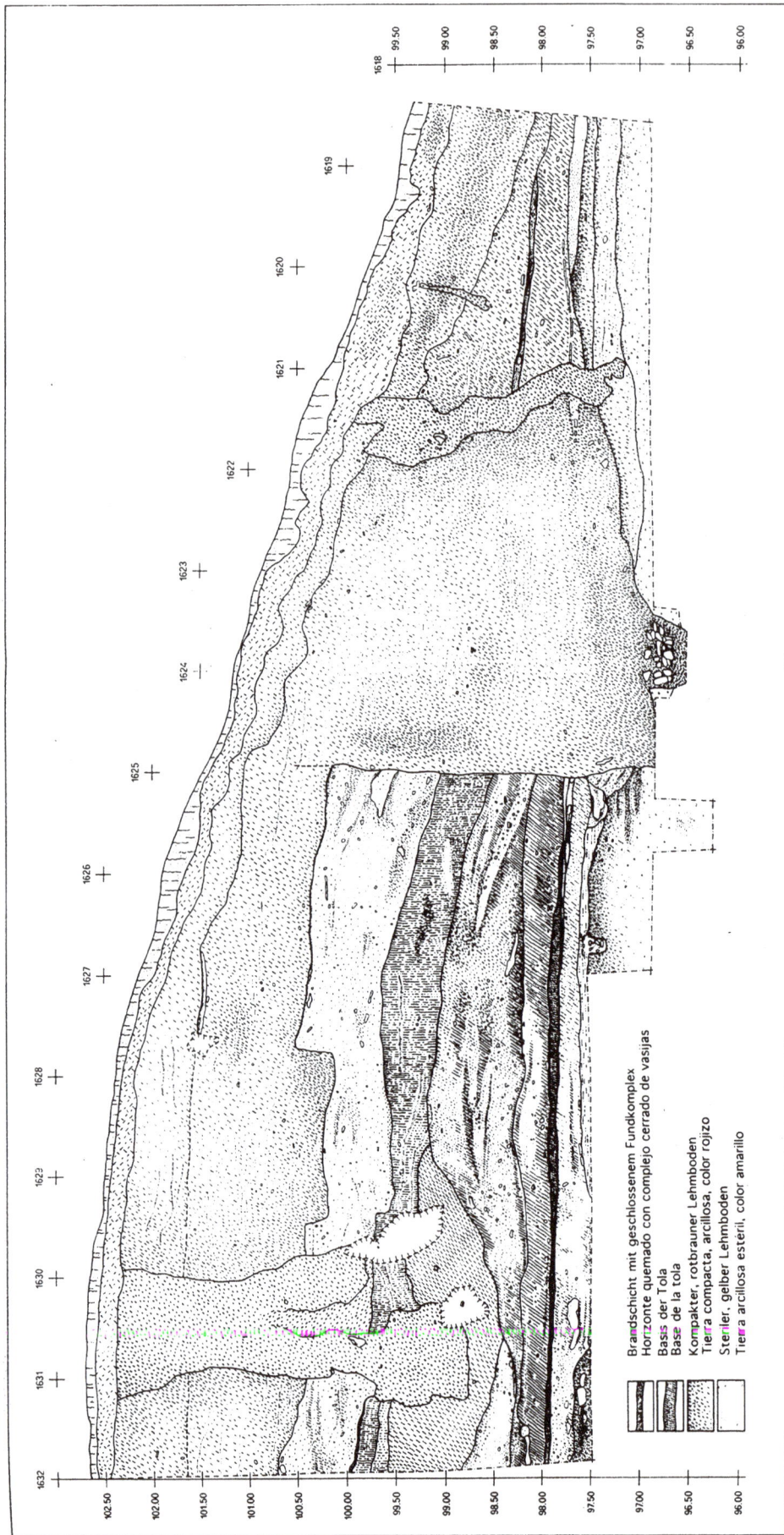

**Fig. 4** : Stratigraphie de la tola 1. Les couches horizontales d'occupations (visibles à gauche) ont été détruites à droite à cause d'une utilisation postérieure à l'aménagement du monticule (vers 700 ap. J.-C.). (Dessin: B. Gubler).

| | YEAR | EL ORO PROVINCE | GUAYAS BASIN | GUAYAS COAST | MANABI PROVINCE | ESMERALDAS PROVINCE | SOUTHERN ANDEAN AREA | CENTRAL ANDEAN AREA | NORTHERN ANDEAN AREA | AMAZON BASIN |
|---|---|---|---|---|---|---|---|---|---|---|
| | 1500 | | | | | CONQUEST | | | | |
| PERIOD OF INTEGRATION | 1000 | MILAGRO | MILAGRO | MANTEÑO | ↑? MANTEÑO | INVASION ATACAMES | INCA CAÑARI | PURUHA PANZALEO | CUASMAL | NAPO COSANGA |
| PERIOD OF REGIONAL DEVELOPMENT | 500 D.C. A.C. 500 | JAMBELI | TEJAR DAULE | GUANGALA | JAMA-COAQUE BAHIA | LA TOLITA | CERRO NARRIO | TUNCAHUAN | EL ANGEL NEGATIVO DEL CARCHI | YASUNI COSANGA UPANO |
| FORMATIVE PERIOD | 1500 | | CHORRERA | CHORRERA ↑? MACHALILLA ↓? VALDIVIA | CHORRERA | | ALAUSI CERRO NARRIO ANTIGUO | COTOCOLLAO | | CHIGUAZA PASTAZA |
| — ? — EARLY CERAMIC PERIOD | 2500 3000 | | | VALDIVIA (LOMA ALTA) SAN PEDRO ? | VALDIVIA ↑? SALANGO ↓? | | ↓? | | | |
| PRECERAMIC PERIOD | | | | | | | | | | |

**Fig. 5** : Chronologie de l'Équateur (selon Gartelmann).

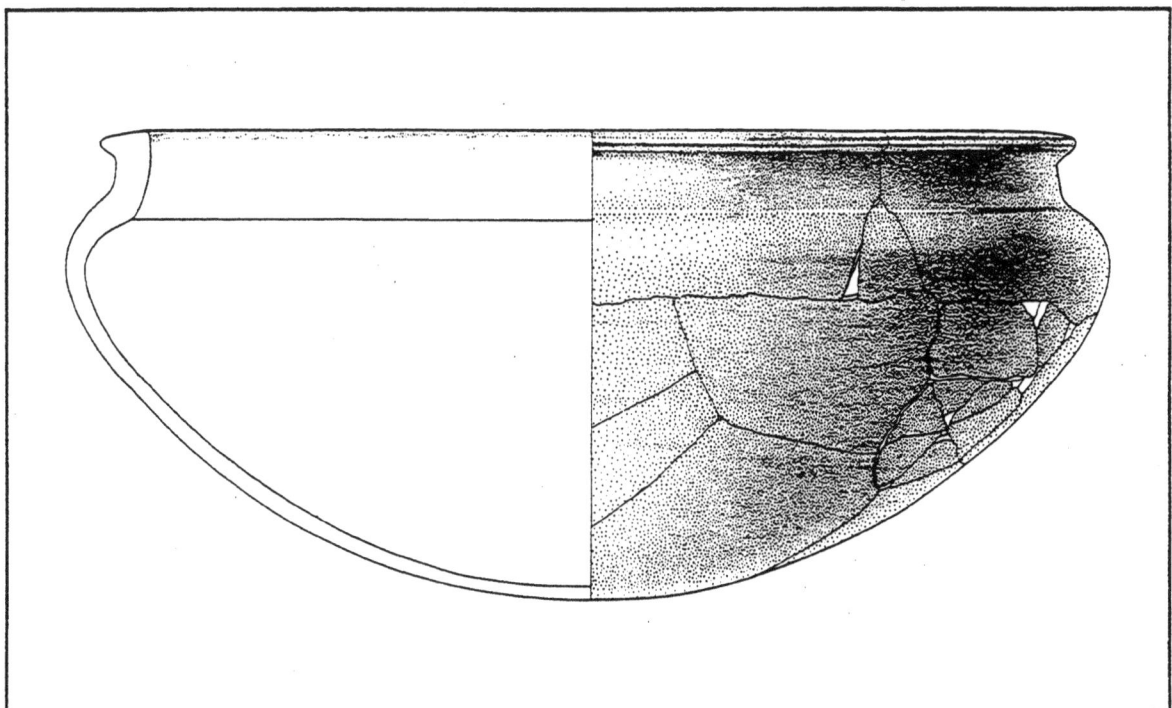

**Fig. 7** : Mobilier Chorrera (dessin B. Gubler).

121

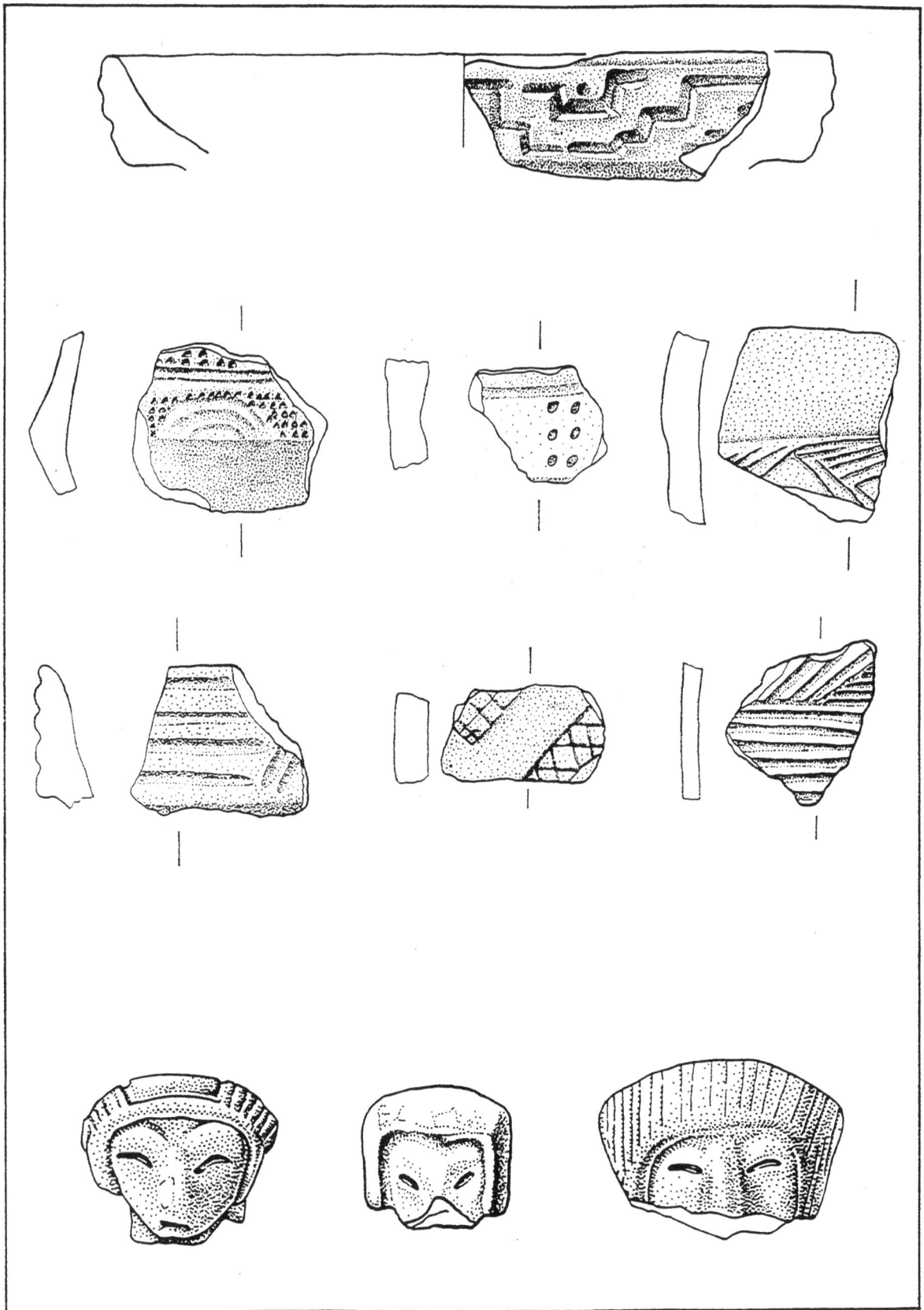

**Fig. 6** : Mobilier Valdivia (dessin B. Gubler).

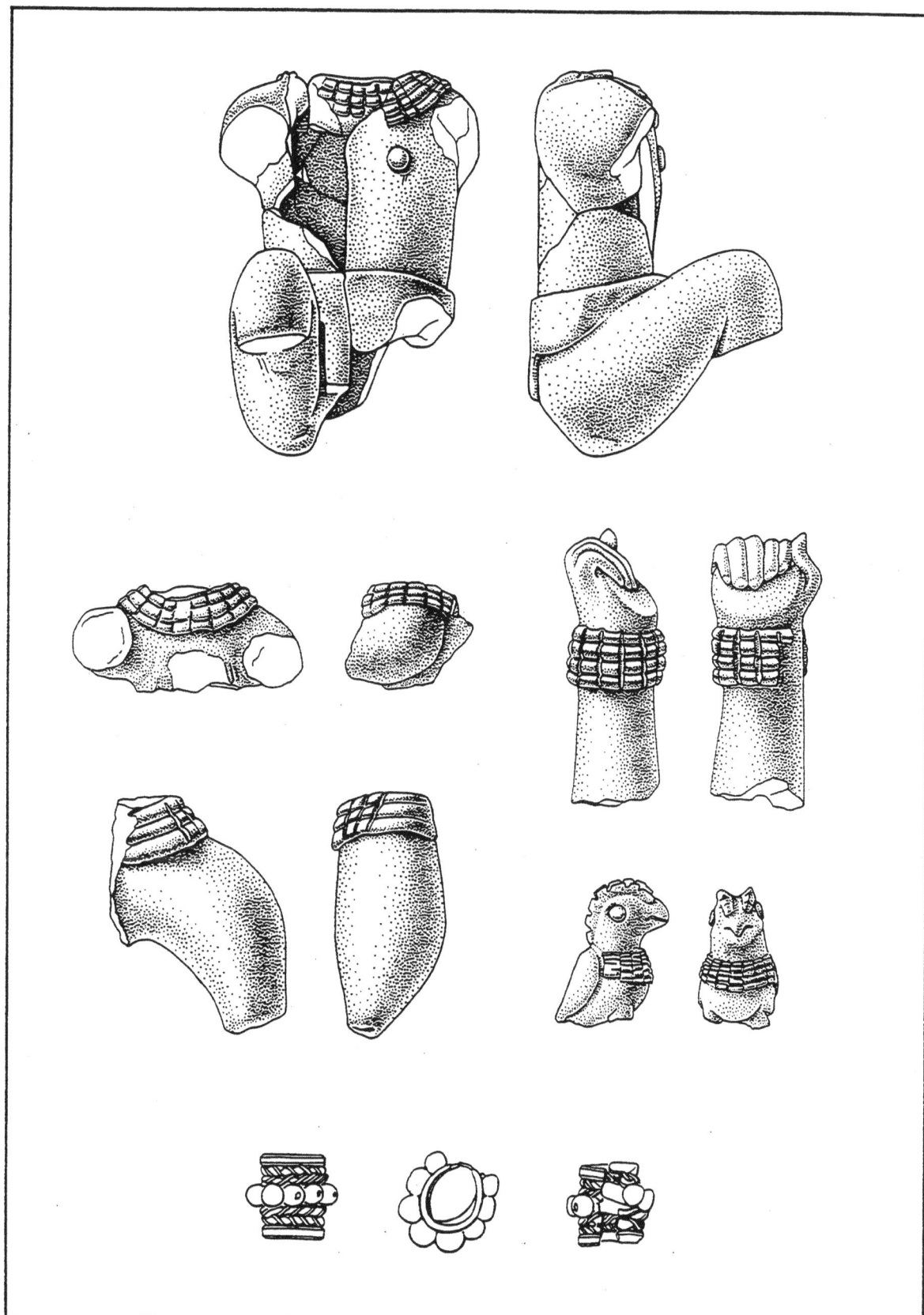

**Fig. 8** : Mobilier du Développement régional (dessin B. Gubler).

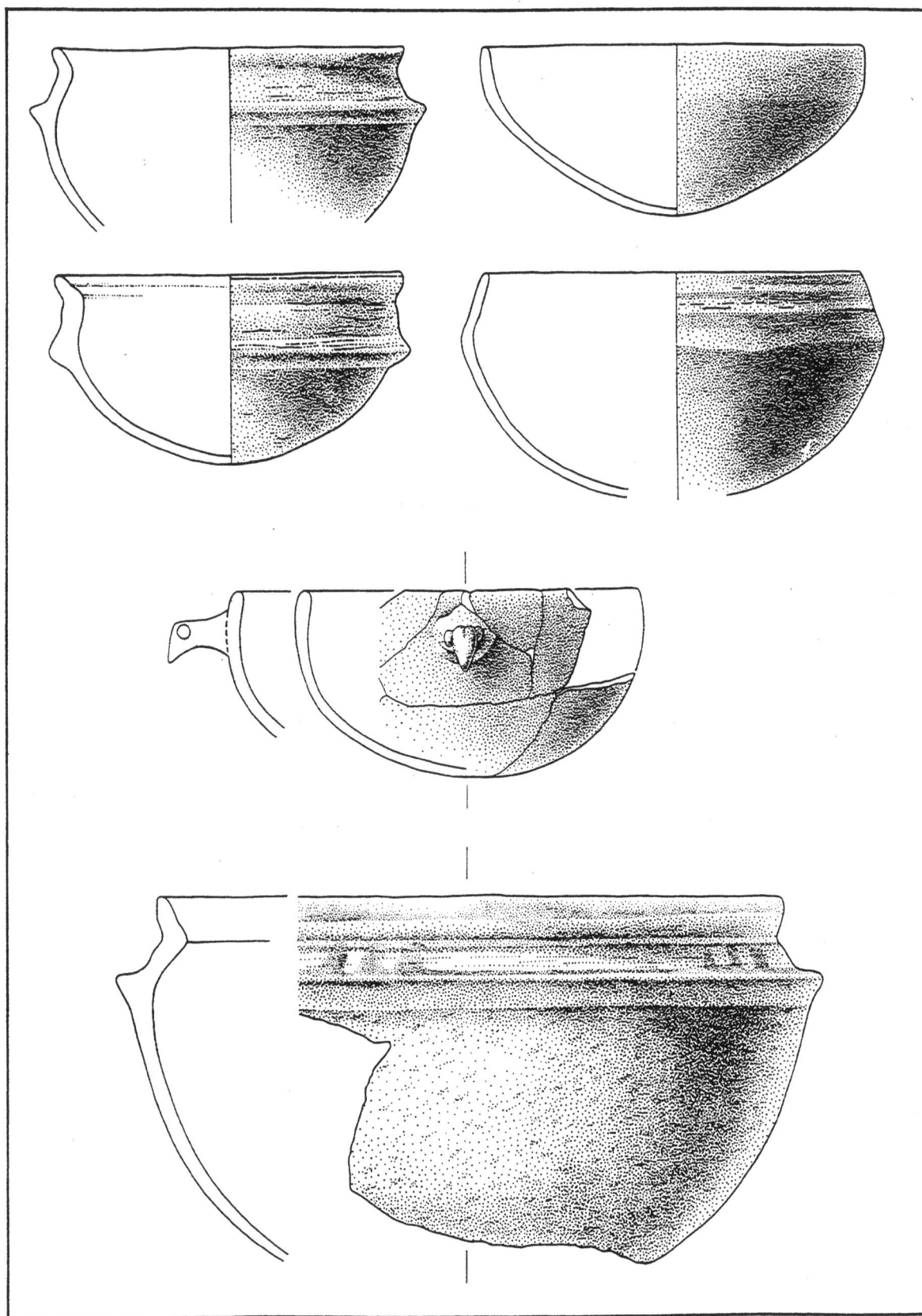

**Fig. 9** : Mobilier des occupations tardives (dessin B. Gubler).

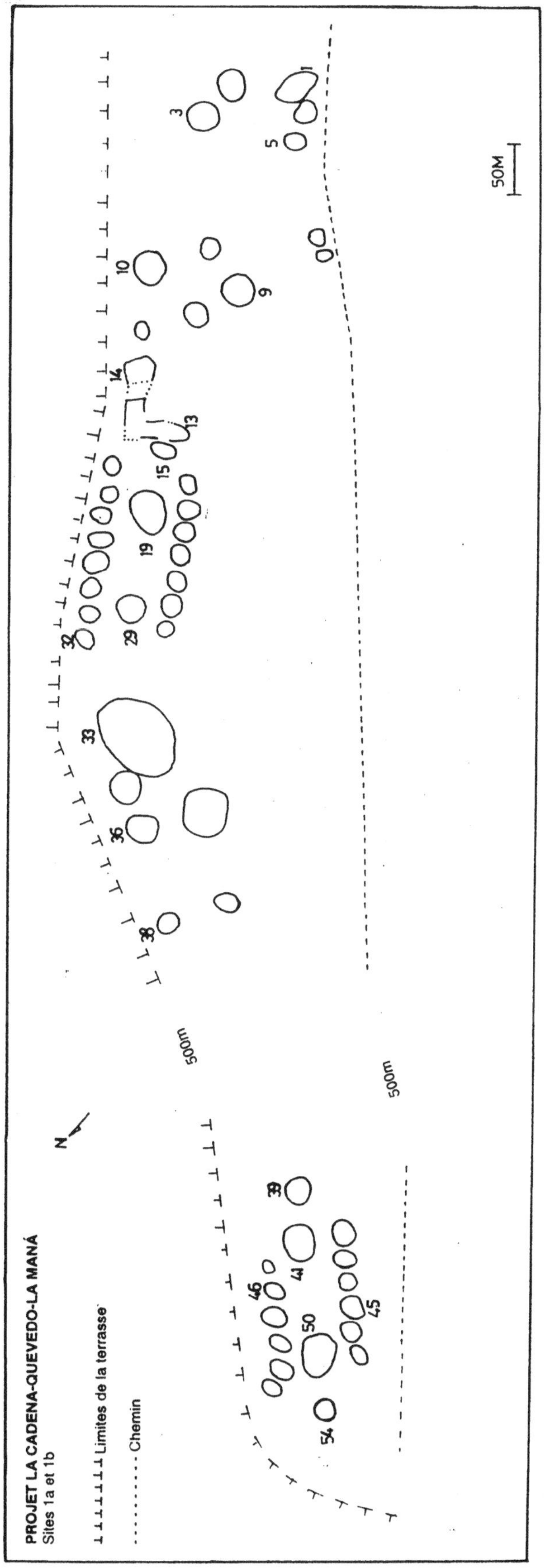

**Fig. 11 : Sites 1A et 1B** articulation des différents modèles. *Site 1a* **Modèle régulier**: tolas 15 à 32; **Modèle irrégulier**: tolas 33 à 38; **Modèle éclaté**: tolas 1 à 14: *Site 1b* **Modèle régulier**: tolas 39 à 54. (Dessin: N. Guillaume-Gentil).

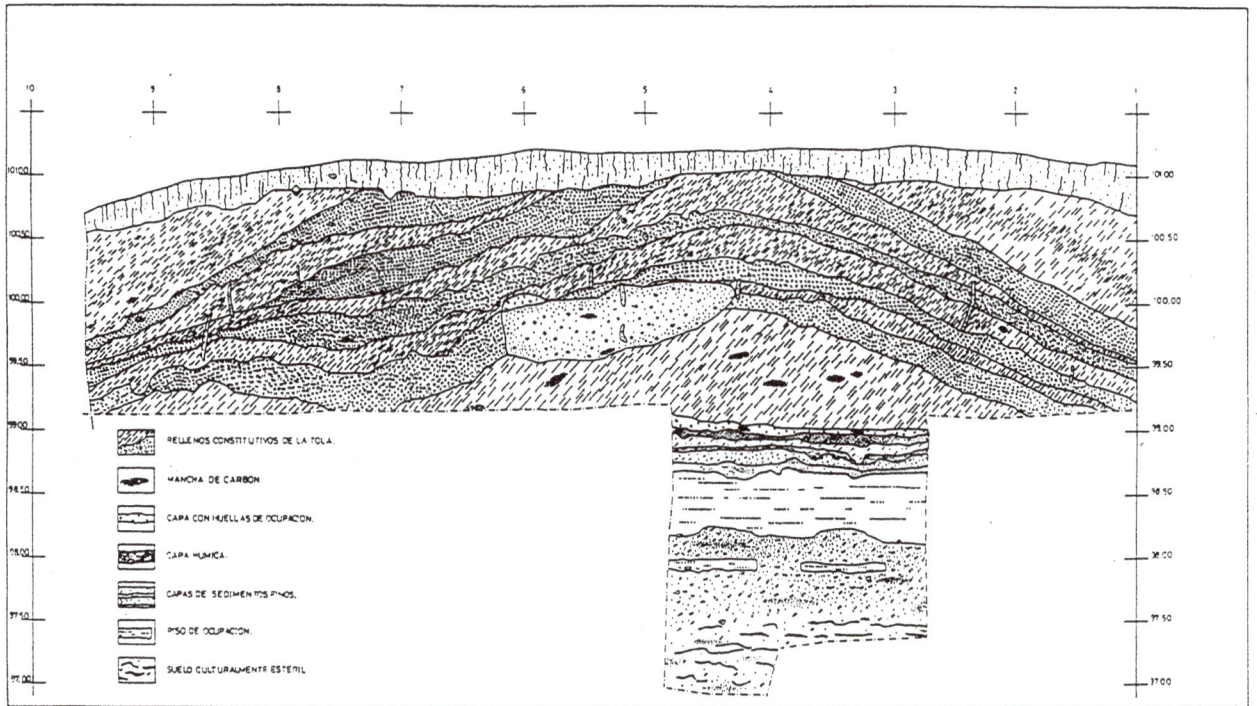

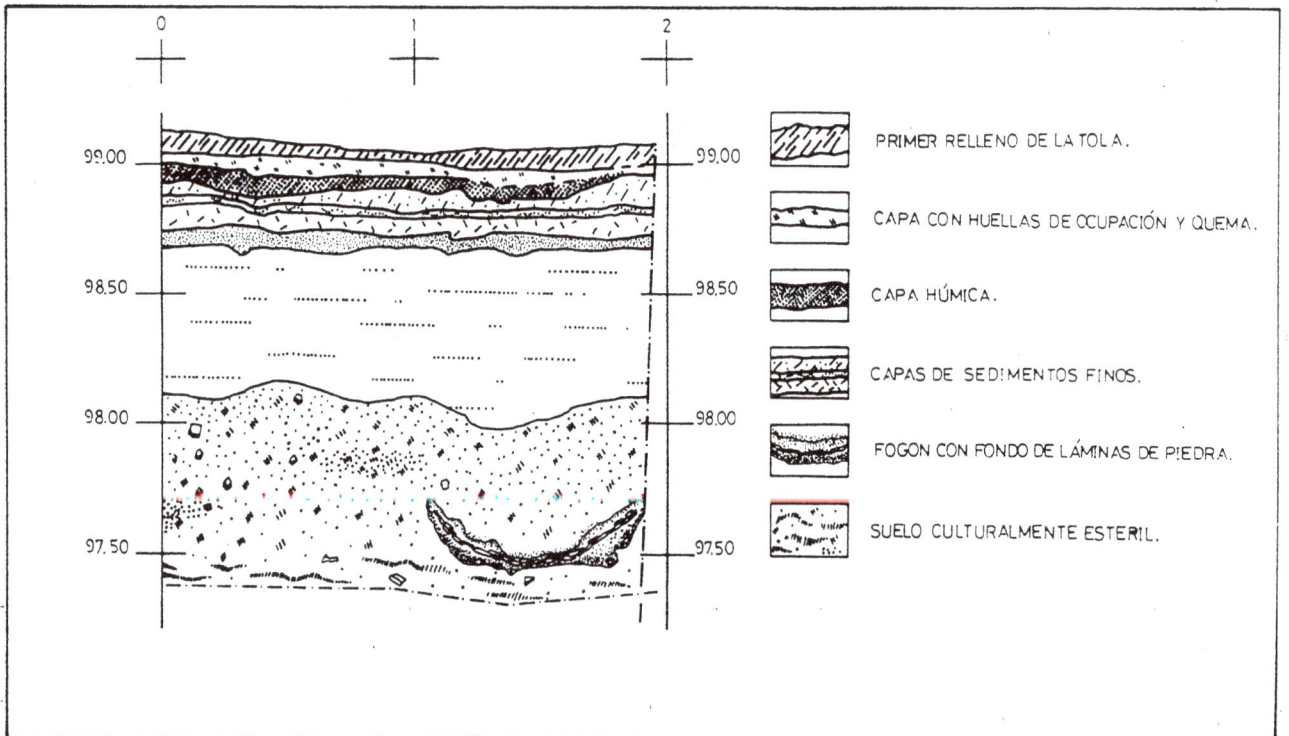

**Fig. 12 :** Stratigraphie de la tola 14, site 1A. Remarquer les sédiments volcaniques apparaissant sous les remblais constitutifs du monticule. (Dessin: K. Ramírez Guillaume-Gentil).

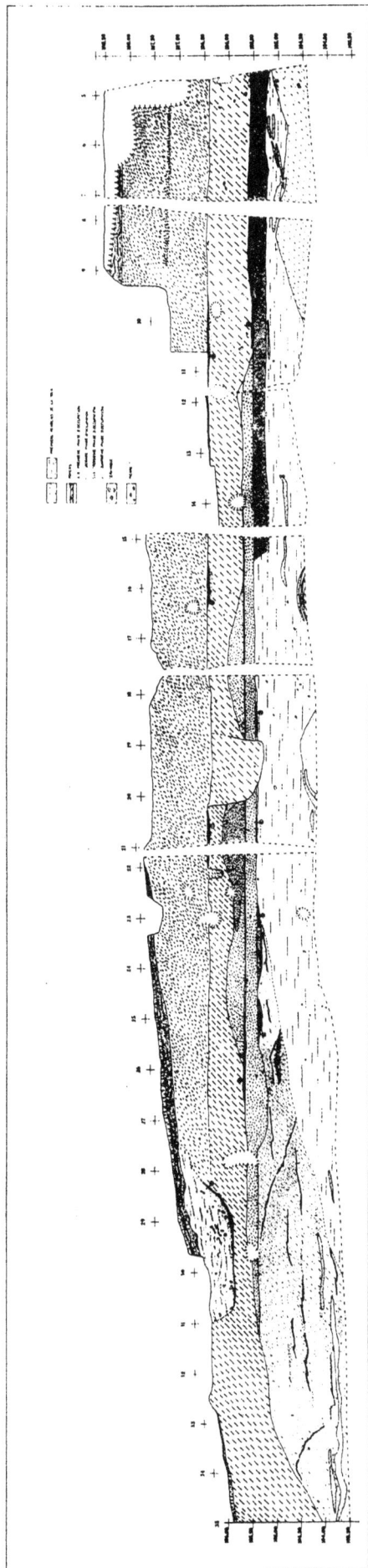

**Fig. 13** : Stratigraphie de la tola 3, site 31. Les horizons d'occupations sont bien marqués grâce aux traces de foyers repérables sur les niveaux horizontaux. (Dessin: K. Ramírez Guillaume-Gentil).

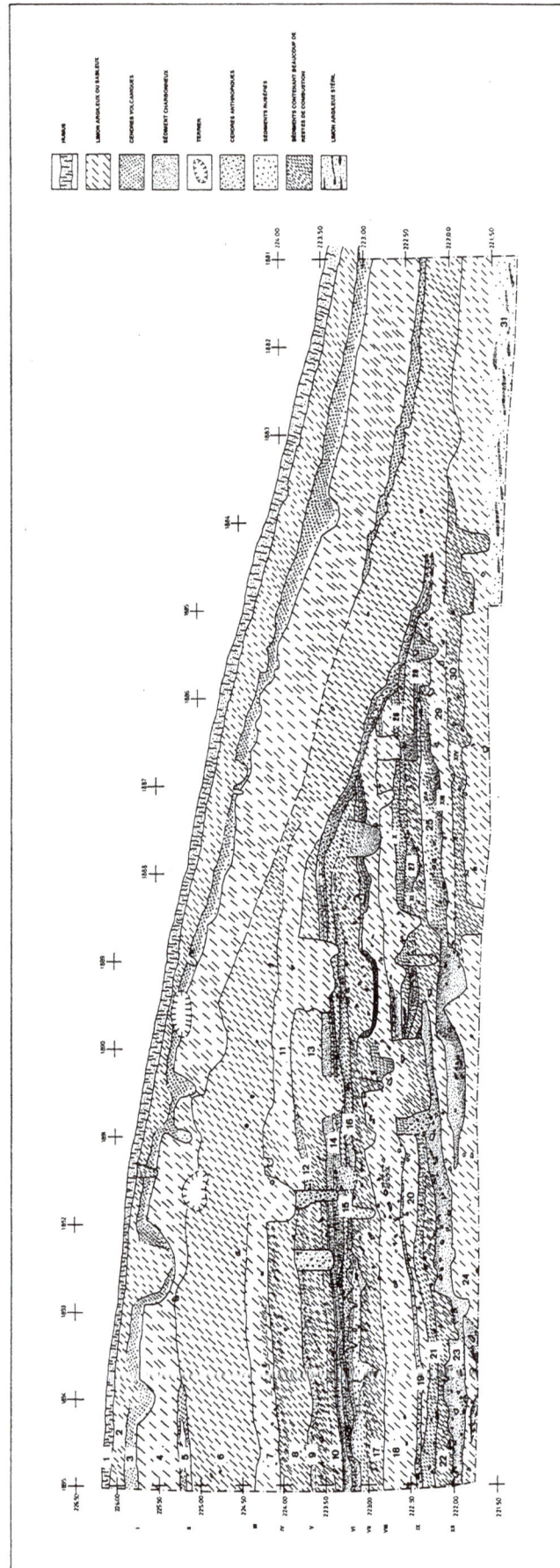

**Fig. 14** : Stratigraphie de la tola 50, site 1B. Remarquer le nombre élevé de couches horizontales évoquant, à chaque fois, une nouvelle occupation ou un réaménagement du monticule. Les chiffres arabes indiquent les différentes couches observées lors des fouilles, tandis que les nombres romains représentent les interfaces relevant de notre interpétation quant à la succession des occupations huamines. (dessin: K. Ramírez Guillaume-Gentil, Th. Gruber et N. Guillaume-Gentil).

128

# Dos mundos, una ciudad : El Cuzco, capital de los Incas y ciudad colonial española

Wolfgang W. WURSTER[*]

*Abstract*

The city of Cuzco represents the most important urbanistic monument of Southern America, being first in the prehispanic period the capital of the Inca Empire and after the Spanish conquest an important colonial town in the Andean highlands. From archaeological evidence and from historical Spanish eyewittnesses and chronicles one can deduce the complicated ritual simbolism and the administrative functioning of the Incaic city. Later, its transformation into a colonial town under Spanish administration and the continuity of its indian population is discussed until the urbanistic problems of actual Cuzco.

*Résumé*

La ville de Cuzco représente le monument urbanistique le plus important de l'Amérique du sud. Elle a tout d'abord été la capitale de l'Empire inca puis, après la conquête espagnole, une ville coloniale importante dans les Andes. A partir des témoins archéologiques, des sources historiques espagnoles et des chroniques, il est possible de restituer le symbolisme rituel et le fonctionnement administratif de la cité inca, puis, plus tard, sa transformation en ville coloniale sous l'administration espagnole. La continuité de sa population indienne est discutée jusqu'aux problèmes urbanistiques de l'actuel Cuzco.

Cuando en Europa se habla del urbanismo de los Incas, nos viene a la mente en primer lugar Machu Picchu, la meca de todos los turistas de los Andes. En el romántico escenario de una selva de alta montaña, Machu Picchu es el testimonio pétreo de una elevada cultura que hace tiempo se transformó en pasado. Ese poblado, básicamente insignificante a pesar de toda su grandiosa arquitectura, estuvo totalmente deshabitado y abandonado durante el período colonial español.

El Cuzco, la capital del Imperio inca, por el contrario, continuó siendo habitado después de la conquista del Perú por los españoles en 1532 y representa hoy con su ininterrumpida continuidad histórica el más significativo monumento urbano de toda la América del Sur. Es una imagen de ciudad en la cual el antiguo y el nuevo mundo se manifiestan y se sobreponen arquitectónicamente.

En relación al Cuzco incaico disponemos de testimonios arqueológicos, los cuales consisten en enormes muros que se conservan en el centro de la actual ciudad, la que se erigió literalmente sobre los cimientos de la ciudad prehispánica. Disponemos además de noticias escritas por los cronistas españoles, los cuales contienen informaciones muy importantes. Algunos de esos cronistas, todos testigos oculares de la conquista en el siglo 16, citaré a continuación.

Francisco Pizarro tomó la capital incaica sin grandes operativos militares el 15 de noviembre de 1533. Antes de eso ya habían estado varios de sus soldados en el Cuzco durante la recolección del rescate del Inca Atahualpa. El, en una maniobra de sorpresa, fue capturado por los españoles en su residencia balnearia en Cajamarca, puesto en prisión por Pizarro y posteriormente asesinado. Unos españoles enviados en búsqueda del rescate habían visto a la ciudad de Cuzco todavía en plenas funciones. Dos años después, sin embargo, la ciudad fue casi totalmente destruida durante la rebelión del Inca Manco II, al cual los españoles habían instalado como príncipe títere. Después se levantó contra ellos y los sitió en la misma ciudad. Durante esas largas luchas casi todos los edificios fueron destruidos por el fuego.

Los orígenes de la ciudad se remontan hacia los siglos 10 y 11 DC, cuando un pequeño grupo tribal proveniente del sur de la región del Titicaca, avanzó hacia el alto valle del Cuzco y se estableció allí. La legendaria fundación de la ciudad está vinculada al nombre del antiguo soberano Manco Capac. La extensión y consolidación del gran imperio así como la ampliación del poblado hasta transformarlo en una capital monumental se realiza sin embargo en apenas cien años antes de la llegada de los españoles.

El Cuzco est· situado en el altiplano central del Perú a unos 3'500 metros de altura, en un valle fértil rodeado por cadenas de cerros. La ciudad fue levantada en forma planificada, como una creación totalmente nueva, por el Inca Pachacutec (1438-1472) en el lugar del antiguo poblado y se terminó de construir bajo su sucesor, el Inca Tupac (hasta 1493).

El centro de la ciudad propiamente lo constituía una delgada faja de terreno de alrededor de dos kilómetros de largo, con distritos intensamente edificados entre dos ríos canalizados en la suave ladera de los cerros alrededor del valle. Sobre esos cerros una poderosa construcción con un triple anillo de muros protegía a la ciudad. El ·rea central de la ciudad,

[*] KAVA, Bonn, Alemania.

sin contar la llamada "fortaleza" Saksahuamán, era de un tamaño aproximado de cuarenta hectáreas.

El Cuzco era el centro del "Tawantisuyu", del imperio de las "cuatro regiones coincidentes". Cuatro caminos conducían hacia la ciudad desde las cuatro regiones del imperio. Los cuatro barrios de la ciudad estaban ordenados simbólicamente en función de la correspondiente región del territorio y de la población proveniente de esa parte del imperio. Cito al cronista Vásquez de Espinoza sobre la ubicación de los foráneos dentro del casco urbano de Cuzco (1629) : ... "había tantas naciones extranjeras y tan distintas, desde Pasto y Quito hasta Chile y las demás, que había de unas a otras en espacio de mil leguas, estaba cada nación y provincia de por sí en el sitio que le era señalado por los gobernadores y ministros que los reyes ingas tenían en la ciudad para aquel efecto con que la ciudad comprendía todo el imperio".

La ciudad representaba el centro religioso, jerárquico y administrativo del imperio. Fue el símbolo imperial de una población en su mayoría campesina; símbolo usado por todos los pueblos sometidos al imperio. El carácter de la ciudad se relaciona al imperio en su conjunto, cuyo ordenamiento se reflejaba precisamente en la acomodación de los distintos grupos étnicos en los correspondientes barrios de la ciudad.

El contorno irregular de la ciudad era interpretado desde un punto de vista cosmológico como la representación simbólica de un puma. La fortaleza era la cabeza, la parte baja de la ciudad que termina en forma de punta era el cuerpo. Ese simbolismo zoomórfico lo menciona Juan de Betanzos (1968) : ... "Después el Inca Yupanqui puso nombre á todos los sitios é solares, é á toda la ciudad junta nombró Cuerpo de Leon, diciendo que los tales vecinos y moradores dél eran miembros del tal Leon, y que su persona era la cabeza dél".

Simultáneamente, el centro de la ciudad estaba dividido en un área superior y otro inferior. Hanan Cuzco, el alto Cuzco, a orillas de la fortaleza, y Hurin Cuzco, el Cuzco bajo en la parte sur y más baja. La línea divisoria entre ambas corría al sur de la gran plaza central. Según la pertenencia de la alta aristocracia a Hanan o a Hurin, donde se encontraban sus respectivos palacios, era posible deducir diferencias de rango. Hanan, la parte superior del Cuzco, era considerado en el período posterior como el barrio más distinguido.

Sin embargo, esta complicada configuración urbana tenía además un cuarto significado simbólico : está relacionada simbólicamente con el transcurso del tiempo y un sistema de calendario. La división de la ciudad a través de las cuatro calles principales se continuaba a través de calles adicionales en sentido radial, de tal modo que unas líneas imaginarias llamadas "ceques" irradiaban desde el centro de la ciudad hacia toda la región. Esas proyecciones radiales - no siempre formadas como calles propias en el centro de la ciudad - están organizadas hacia algunos puntos topográficos y hacia santuarios que estaban vinculados a ritos y fiestas en el ritmo de las estaciones del año. De esa manera, la ciudad y la región estaban incorporadas a un transcurso de tiempo sagrado y ordenados por un calendario ritual.

El centro de esta ciudad, vinculado de modo tan variado con los símbolos, estaba dividido por calles estrechas, empedradas, y consistía de manzanas edificadas, normalmente cuadradas. No se aplicó, sin embargo un estricto modelo reticulado en forma de ajedrez, de ángulos rectos y de calles que se cruzan. Por el contrario, en los cimientos de manzanas que todavía se conservan, es posible reconocer en algunos lugares una orientación radial de las calles, partiendo desde un punto central, donde se reflejan los Ceques ordenados según los meses del calendario. Los elementos básicos de ese trazado urbano son manzanas rectangulares, circundadas por altos muros de piedra y con sólo una entrada desde la calle.

Los edificios que conformaban esas manzanas constaban de casas con techos de dos aguas, que se extendían a lo largo del lado exterior y que enmarcaban uno o más patios interiores. Estos patios rectangulares eran accesibles sólo desde las casas. Los muros de esas casas no estaban unidos en las esquinas, sino separados entre sí. Su manpostería consistía de piedras trabajadas en forma poligonal o cuadrada. Su parte superior podía terminar también en adobes o en tapias, es decir en tierra apisonada. Los techos en declive, armados sobre un armazón de madera, llevaban una cubierta de "ichu", plantas gramíneas del altiplano.

Las cuadras o manzanas que se hallaban en pleno centro eran cada una el palacio de un noble y servían simultáneamente como unidad residencial, administrativa, ritual y funeraria para los miembros de la alta aristocracia y de su clan o "Panaca". Debido a que los palacios no eran traspasados al sucesor, sino que continuaban funcionando como unidades independientes para usos económicos y de culto, para los nuevos señores había que erigir nuevas instalaciones palaciegas.

Sobre el rango alto de la ciudad habla el cronista Cieza de Leon en su Crónica del Perú (1984) : ... "Y en ninguna parte deste reino del Perú se halló forma de ciudad con noble ornamento si no fue este Cuzco, que era la cabeza del imperio de los ingas y su asiento real. Y sin esto, las más provincias de las Indias son poblaciones. Y si hay algunos pueblos, no tienen traza ni orden ni cosa política que se haya de loar; el Cuzco tuvo gran manera y calidad; debió ser fundada por gente de gran ser. Había grandes calles, salvo que eran angostas, y las casas, hechas de piedra pura, con tan lindas junturas que ilustra el antigüedad del edificio, pues estaban piedras tan grandes muy bien asentadas" ....

Además de las manzanas ya mencionadas existían también otras construidas para las mujeres escogidas y traídas desde todos los puntos del imperio para servir como concubinas de los aristócratas y como hiladoras y tejedoras de textiles finos o de lujo. Las casas para ellas, "Acllahuasi", también estaban ordenadas alrededor de un patio central. El resto del centro urbano estaba reservado para construcciones de depósitos estatales y como domicilio de delegaciones y rehenes aristocráticos, traídos desde las provincias.

Los templos mismos no se diferenciaban en su forma arquitectónica de las casas de fachadas con techo de dos aguas, situados en torno a un patio interior, descrito ya anteriormente. Coricancha, el patio dorado, sobre cuyos restos fue construído en época colonial el convento de Santo Domingo, con sus terrazas, patios, y conjunto de recintos rectangulares ha atraído, de manera especial el interés de la investigación arqueológica. También ese importantísimo templo, consagrado al dios sol, forma una edificación de una sola planta. La técnica precisa de mampostería con sillares, la distribución de nichos trapezoidales en las paredes y una rica decoración con láminas de oro caracterizan esa construcción de estilo imperial.

Un espacio abierto en forma de dos trapecios contiguos de más de 600 metros de largo constituía la gran plaza pública en el centro de la ciudad y servía como lugar festivo y ceremonial. La parte más pequeña, llamada Haucaypata, separada de la otra por un arroyo canalizado, estaba reservada para el Inca y para la alta aristocracia. La parte más grande de la plaza, llamada Cusipata, levemente inclinada y escalonada en terrazas, estaba destinada, en cambio, para el pueblo. En la parte pública de la plaza funcionaba un mercado reducido, a pesar de que el intercambio y el comercio no jugaban papel importante en esta economía planificada del estado Inca, con su sistema de almacenamiento. Sobre los almacenes nos dice Pedro Sancho de la Hoz (1968) : "... las otras son casas o almacenes llenos de mantas, lana, armas, metales y ropas, y de todas las cosas que se crían y fabrican en esta tierra. Hay casas donde se conservan los tributos que traen los vasallos a los caciques; y casa hay en que se guardan más de cien mil pájaros secos, porque de sus plumas que son de muchos colores se hacen vestiduras, y hay muchas casas para ésto".

Dentro de la gran plaza se levantaba la única construcción alta de toda la ciudad, una especie de torre redonda de piedra con techo en forma de cono. Esta torre, llamada Sunturhuasi, simbolizaba el poder del rey sol. Lo que sabemos de esa torre es sólo a través de los informes de los cronistas, donde es descrita como un "cubo" de cuatro pisos. Los cronistas mencionan además un gigantesco edificio para reuniones, a orillas de la plaza central, de alrededor de doscientos pasos de largo y cincuenta pasos de ancho. En días lluviosos se celebraban allí las fiestas y ceremonias. Nosotros tendríamos que imaginarlo como un gran pabellón alargado con techo de dos aguas.

La "fortaleza" de Saksahuamán, en la cumbre por encima de la ciudad, poseía un triple anillo de murallas escalonadas con una orientación en zig-zag y puertas de salida instaladas con complicados cambios de dirección. Los gigantescos bloques de piedra de ese muro defensivo exterior y la precisión de la mampostería aún hoy despiertan la admiración de los visitantes y demuestran el avanzado desarrollo de la técnica de construcción de los Incas. Algunos de esos enormes bloques, transportados a grandes distancias, tienen el peso de hasta doscientas toneladas. En el interior de esa fortaleza se encontraron construcciones elevadas, entre ellas, en el centro, también un torreón redondo y varios depósitos. En investigaciones más recientes, se piensa que Saksahuamán tenía primordialmente funciones de almacenamiento y de rituales estatales y que no era fortaleza propiamente dicho, a pesar del esplendor de sus murallas. La función de almacenar la describe otra vez Sancho de la Hoz (1968) : ... "Toda esta fortaleza era un depósito de armas, porras, lanzas, arcos, flechas, hachas, rodelas, jubones fuertes acojinados de algodón, y otras armas de diversas maneras, y vestidos para los soldados, recogidos aquí de todos los rumbos de la tierra sujeta a los Señores del Cuzco" ....

La ciudad y su fortaleza eran así sobre todo un gran centro como símbolo ritual, residencia elitista y almacenamiento estatal. TambiÈn tenemos acerca del Cuzco datos sobre manufacturas como factorías de monopolio estatal. Estas asumían, aparte de labrar los metales preciosos, la producción de textiles y el trabajo de plumaje para el uso ceremonial de la corte incaica.

El grupo de habitantes que ejecutaba los extensos trabajos de construcción, que cumplía periódicamente servicios militares en fronteras cada vez más extendidas, que mantuvo calles y puentes y que labró las tierras del Inca así como las tierras de cultivo dedicadas a los templos, fueron los Mitayos : trabajadores obligados por un período temporal que eran traídos para el trabajo desde todos los lugares del imperio. Esa forma de servicio laboral organizado estatalmente, la Mita, fue el verdadero motor del estado Inca. Los trabajadores forzados, reclutados según su pertenencia a las distintas tribus, obviamente no vivían en el centro monumental del Cuzco sino en suburbios que estaban fuera de la ciudad, distribuidos en torno a ella. Debemos imaginarlos como un aro de ciudades exteriores, dispuesto en forma circular alrededor del centro como satélites. De acuerdo a algunos informes de los cronistas existían doce de esas ciudades, aunque ese dato no está comprobado. Ellas estaban separadas del centro por un cinturón verde de tierras de cultivo dispuestas en terrazas. Más lejos aún, hacia las afueras de la ciudad, existía también una gran cantidad de casas campesinas y poblados dispersos.

En relación a la cifra de la población, los informes de los cronistas oscilan considerablemente y tampoco son siempre muy confiables las estimaciones globales que se tomaban como base del área edificada. Se puede suponer - sobre la base de nuevos cálculos - que en el centro de la ciudad vivían alrededor de 20'000 habitantes, en la periferia 50'000 y en la zona de los asentamientos dispersos en el valle otros 80'000.

En la técnica de contrucción de esa ciudad incaica nos impresionan sobre todo las obras maestras de ingeniería : la transformación de las pendientes en terrazas, la canalización de los ríos, la instalación de grandes muros de contención así como el transporte de gigantescos bloques de piedra. Además nos impresiona la habilidad técnica de los canteros, que sólo con la ayuda de instrumentos de piedra trabajaron y pulieron rocas tan duras como la andesita y la granodiorita y luego juntaron los bloques con increíble precisión. Literalmente, no se puede insertar una aguja en la unión entre un bloque de piedra y el otro. Esa calidad del trabajo de la piedra, que no fue alcanzado en ningún otro lugar en América del Sur, pone a los muros incaicos a la altura de la sillería de la antigua Grecia. Los templos y palacios obtienen su destacado rango precisamente gracias a la extraordinaria calidad de la ejecución de sus muros de piedra. Y gracias a las formas de construcción, sobre todo los nichos y las puertas con formas tropezoidales en varios niveles de profundidad, surge una arquitectura muy especial, que no sólo es utilizada en el Cuzco, sino en todo el imperio. Esa arquitectura simboliza a través del rigor de sus formas y de su armonía la omnipotencia del estado Inca. La imagen de la ciudad estaba definida por ese estilo imperial de construcción y sobre todo por los muros cerrados de piedra oscura, sobre los cuales sólo se destacaban los empinados techos de paja. Así, el núcleo urbano formaba una unidad monumental de poca altura, de un sólo piso. Dentro de la red de estas calles estrechas con sus muros macizos de piedra el único acento urbanístico era la gigantesca plaza de fiestas.

Esa ciudad incaica era mucho más residencia señorial, ciudad-templo y centro administrativo, que verdadero asentamiento urbano. Sus bases económicas eran la agricultura y la redistribución de los productos recolectados a través de tributos así como a través del trabajo forzado. Gracias a la expansión del imperio hasta la actual Colombia por el norte y hasta Chile por el sur, no sólo el altiplano estaba incorporado en esa red tributaria sino también la región costera con sus fructíferas oasis irrigados por ríos.

Representaciones de la ciudad del Cuzco aparecieron en Europa con los primeros informes de los cronistas, publicados en forma de libros. Aparentemente no fueron dibujadas por testigos oculares, sino que muestran imágenes basadas en ideales urbanísticos del renacimiento europeo. En la historia del arte se les llama a esos dibujos de fantasía, "vistas nunca vistas". Casi todos se remontan a un primer dibujo del veneciano Juan Battista Ramusio de 1556. Luego de reducir a la elite incaica gobernante, los españoles entraron en la ciudad del Cuzco en noviembre de 1533 y primero moraron todos juntos, por razones estratégicas, en los grandes edificios en torno a la plaza central que aún estaban en pie y en la construcción redonda en forma de torre llamada Sunturhuasi.

El 23 de marzo de 1534 Pizarro celebró el acto formal de fundación del Cuzco de acuerdo a las normas españolas de fundación de ciudades, acto que quedó notarialmente registrado. En ese acto Pizarro, a nombre de la corona española, distribuye a sus compañeros de armas los distintos solares y nombra funcionarios para la administración de la ciudad.

Al principio la construcción de la ciudad comenzó en forma muy lenta y aumentó sistemáticamente recién en la segunda mitad del siglo 16. En el centro de la ciudad se levantaron las casas de los conquistadores, los cuales se radicaron a mayor o menor distancia de la plaza central de acuerdo con su rango. Siguiendo las normas españolas de edificación decretadas para la colonia, tomaron la forma de casas de dos pisos, de fachada continua con un frente cerrado que daba a la calle. En la planta baja, la pared exterior se retiraba hacia atrás para formar así una acera como galería cubierta. Hacia la plaza tenía arcadas o columnas con vigas horizontales. Ahí podían ser instalados locales de comercio.

La distribución interior de estos solares se diferencia muy poco de la incaica : las secciones de una casa se agrupan en torno a uno o más patios interiores, pero sus edificios no estaban aislados sino unidos en las esquinas. La aplicación de ese tipo de casas con patio en el urbanismo de las ciudades coloniales es la razón fundamental por la cual el Cuzco da la falsa impresión de una aparente continuidad entre lo incaico y lo colonial. La razón es, que por comodidad, donde fue posible, se volvieron a utilizar los muros incaicos, los cuales quedaron prácticamente intactos.

En el centro de la ciudad colonial se destacan sobre todo, junto con las casas de los fundadores, las iglesias y los conventos. Los conventos ocupan de preferencia las áreas que previamente habían sido ocupadas por importantes palacios de los Incas. La catedral en la plaza central se alza sobre el terreno donde estaba el palacio del Inca Viracocha. El convento de Santo Domingo está construido encima de Coricancha, el templo del sol. El palacio episcopal está asentado sobre los cimientos del palacio del Inca Roca. El monasterio de Santa Catalina se ubica en el solar de las mujeres escogidas, Acllahuasi.

Con esta superposición, sin embargo, no queda demostrada ninguna continuidad, sino más bien la completa ruptura con los antecesores, una ruptura violenta con la antigua situación. No podemos caer en el error de creer que la adopción del ordenamiento de las calles y el uso seguido de la plaza central sería una adaptación consciente y piadosa de los principios de la planificación incaica por parte de los españoles. Más bien se trata de lo contrario. Los colonizadores españoles, como cristianos, estaban férreamente convencidos de ser los mejores del género humano y los representantes del único sistema correcto. Por lo tanto, la conservación de la arquitectura monumental incaica, según ellos no merecía ningún interés. Pizarro declara expresamente en el acto de fundación de la ciudad, que él asienta su ciudad colonial en el Cuzco incaico, para aprovechar el material de las construcciones existentes, sobre todo bloques de piedra y vigas de madera. En el acta de fundación lo menciona Pizarro literalmente : "... de donde los españoles que aqui poblaron podran a poca costa y sin mucho trabajo sacar madera y piedra para los edificios del pueblo asi cassas como yglezia y muro de piedra si conviniere hazerse..."

El acento urbanístico en la ciudad colonial lo constituye la plaza principal en el centro. Pizarro adoptó, sin embargo, sólo la pequeña parte de la plaza incaica, Haucaypata, que se extiende hasta el río canalizado y reduce así considerablemente el ·rea libre. A pesar de esa reducción del espacio permanece aún un gran rectángulo con más de 250 metros de largo a cada lado. Delante de lo que después sería la municipalidad, quedaba otra pequeña plaza, la Plaza del Cabildo o Plaza del Regocijo. Una tercera plaza se trazó delante del convento de San Francisco. Las tres plazas coloniales están de todas maneras todavía dentro del área de la antigua gran plaza incaica. Alrededor de las plazas fueron construidas viviendas coloniales.

Inicialmente, las tres plazas funcionan todas como mercado. Con el paso del tiempo, sin embargo, la división entre plaza central y plaza del cabildo conduce a una división funcional. Mientras que la plaza central con la catedral y la iglesia de los jesuitas llega a ser sobre todo el escenario de las fiestas religiosas, la plaza del cabildo por el contrario sirve para las actividades civiles : aquí fue ceremoniosamente decapitado el último miembro del clan Pizarro, Gonzalo Pizarro, después de su alzamiento contra la corona española; aquí tuvo lugar en 1780 el cruel ajusticiamiento de Tupac Amaru segundo y de su familia.

Como arteria principal de la ciudad colonial ya no funcionaba la calle que conducía hacia la fortaleza, sino la calle que corría de este a oeste, tocando la plaza central. En ésta se alineaban los edificios más importantes. El crecimiento de la ciudad se realizó en dirección hacia el suroeste. En torno al centro de la ciudad el antiguo cinturón verde pronto se cubre también de construcciones y alrededor se forman asentamientos de indígenas con distintas parroquias.

La transformación decisiva en la forma urbana tuvo lugar con la introducción de nuevos materiales de construcción por parte de los españoles : mortero de cal, ladrillos y tejas de barro cocidas. Los techos uniformes y poco inclinados, cubiertos con tejas árabes cóncavas, dan a la ciudad una apariencia de unidad. A ello se agregan como nuevos elementos formativos las arcadas de las fachadas que dan a la calle. Como único acento vertical figuran las fachadas y torres de las numerosas iglesias que sobresalen del resto de los edificios. Los muros de piedra continúan siendo construidos según la antigua tradición artesanal : se trata pues de los mismos alarifes incaicos que seguían trabajando los bloques de piedra igual que antes. Solamente en pequeñas transformaciones formales, como por ejemplo el abandono de la forma trapezoidal en las puertas, pueden apreciarse diferencias en el trabajo de muros incaicos y coloniales. En las fachadas planas de las casonas se destacan ahora sobre todo los portales con sus escudos decorativos y otros elementos ornamentales.

La ciudad colonial del Cuzco no hubiera podido existir sin el trabajo de los indios que habitaban en los alrededores. Ellos fueron los constructores, los artesanos, los cargadores que contribuyeron a la gloria del Cuzco colonial. Su libertad de movimiento estaba limitada; ellos debían habitar en asentamientos propios o parroquias indígenas en los alrededores de la ciudad para estar permanentemente disponibles para la cristianización y sobre todo para el servicio laboral. En el Cuzco existían siete parroquias indígenas a orillas de la ciudad, las que en gran medida coincidían con los asentamientos satélites de las laderas en tiempos incaicos. Esos pueblos indígenas contaban con una administración propia, con funcionarios del cabildo indígena (alcaldes, regidores y alguaciles), pero no poseían una justicia propia. Además, había dos grandes reducciones apartadas (San Gerónimo y San Sebastián), donde los indios fueron forzados a asentarse. Enormes iglesias parroquiales demuestran allí el afán de cristianizarlos.

A los españoles les estaba terminantemente prohibido habitar en los sectores indígenas o poseer terrenos allí. También en la ciudad misma se mantuvo una estricta segregación. Junto a un hospital para hombres españoles y otro para mujeres españolas había también uno para "Naturales", para indígenas. Una tan marcada separación a dos niveles en la vida urbana, el nivel del opresor y el del oprimido, tuvo consecuencias funestas, cuyo efecto se siente hasta hoy en la región andina. Hasta hoy se habla de "dos repúblicas", la república blanca y la república indígena. Los barrios indígenas también tomaban parte en las grandes fiestas religiosas, sobre todo en la fiesta del Corpus Christi que se celebraba durante varios días en el mes de junio. En esas ocasiones desfilaban en procesiones festivas acompañando a sus santos parroquiales desde sus parroquias hacia la plaza central y la catedral. En esas procesiones se producían de vez en cuando peligrosas confrontaciones. Las actas del cabildo informan, por ejemplo, de castigos "estrictos y públicos" de indios revoltosos después de una fiesta de Corpus Christi en el año 1"700. Hasta el día de hoy esas fiestas religiosas en las plazas y calles de la ciudad forman la culminación de la vida urbana.

En los conventos del Cuzco, con sus grandiosos claustros y sus iglesias suntuosamente adornadas, se manifestaba una tremenda riqueza artística, como "propaganda fide". Era la expresión misionera de la fe cristiana. Labradores de oro y plata, talladores y pintores competían con los alarifes en la glorificación artística de la fe. Numerosas escuelas para la aristocracia y dos universidades formaban el trasfondo cultural para esa producción artística cristiana, que emitía sus radiaciones hasta los pueblos más distantes del altiplano andino.

¿ Cuál fue el fundamento económico de ese brillante despliegue artístico ? La ciudad del Cuzco no fue la capital del virreinato, sino Lima con su puerto del Callao. El centro económico de la colonia no estaba en el altiplano, sino en la costa. La agricultura en el altiplano del tiempo colonial había retrocedido drásticamente. Esa disminución estaba vinculada a la alta mortalidad de los indios, que fueron diezmados por las epidemias y por la dura servidumbre. En vez de la producción agrícola surgían ahora otras actividades, sobre todo la extracción de metales preciosos y muy en general el comercio. El Cuzco fue el punto central de distribución para el transporte de todo tipo de mercancías desde y hacia el "Alto Per˙", la región de las actuales tierras altas bolivianas. Allí cientos de miles de indios traídos desde distintas partes, en calidad de trabajadores forzados, extraían la plata de las minas del Cerro Rico de Potosí para los señores españoles. Todo tipo de mercancías estaba obligado a hacer trasbordo en el Cuzco, distante a 80 días de viaje de Lima. El brillo y el lujo del Cuzco eran de esa manera básicamente producto de las interminables caravanas de mulas que atravesaban con sus cargamentos las lejanías solitarias de los Andes.

El número de los habitantes del Cuzco creció continuamente desde alrededor de 20'000 en el siglo 17 hasta 40'000 en el año 1840. Allí se produjo un brusco retroceso. Como consecuencia de las guerras de independencia y de la separación de España, el Alto Perú desapareció como mercado, el comercio se estancó y las manufacturas textiles decayeron. En el lapso de seis años el número de habitantes se redujo por 20'000. Hasta fines del siglo 19, el Cuzco vivía una existencia lúgubre.

Sólo a partir de 1900 y muy lentamente, la ciudad se fue recuperando. Se convirtió otra vez en un centro comercial mediante la construcción de carreteras y líneas de ferrocarril, destinadas a una nueva región que se abría : la Amazonia. Este período de recuperación llega hasta 1950, ascendiendo la cifra de habitantes urbanos otra vez a 50'000. Hoy en día, la cifra de habitantes supera 250'000 mil en un área 5 veces más grande que la ciudad tenía en 1950.

El antiguo Cuzco, el centro monumental de la ciudad incaica y colonial, sigue todavía como centro administrativo y unidad urbana. Significa con sus plazas, casonas e iglesias un lugar de encuentro para todos sus habitantes. Sin embargo, debido al rápido crecimiento de la ciudad hacia la periferia, la creación de un nuevo centro adicional se convierte en cuestión de supervivencia para la ciudad. Hay dos alternativas igualmente negativas : o bien el antiguo Cuzco se reduce a un escenario museal, estancándose en un centro turístico, en el cual aparte de hoteles y atracciones artístico-históricas no hay vida; o bien degenera totalmente en un tugurio, en donde se hacinan los moradores, bajo condiciones infrahumanas, en medio de la ciudad crecida. Yo creo en una tercera solución : una configuración urbana históricamente tan importante como el Cuzco, que ha logrado sobrevivir a tantas crisis de existencia, sólo se puede mantener como organismo vivo por medio de la cooperación de sus actuales habitantes y para el uso de ellos.

133

## Bibliografía

BETANZOS J. 1968. *Suma y narración de los Incas (1551)*. Primera serie, t.3. Lima : Biblioteca Peruana.

CIEZA DE LEON P. 1984. *La crónica del Perú (1553)*. Lima.

CIEZA DE LEON P. 1985. *El señorío de los Incas (antes de 1554)*. Madrid. (Crónicas de América; 5).

Actas de fundación de Pizarro, ver : PORRAS BARRENECHEA R. (ed.). 1961. *Antología del Cuzco*. Lima.

SANCHO DE LA HOZ P. 1968. *Relación para su Majestad (1534)*. Primera serie, t.1. Lima : Biblioteca Peruana.

Antonio Vásquez de Espinosa (1629), ver : VALCARCEL L. E. 1978. *Historia del Perú Antiguo*, 1, 5. Lima.

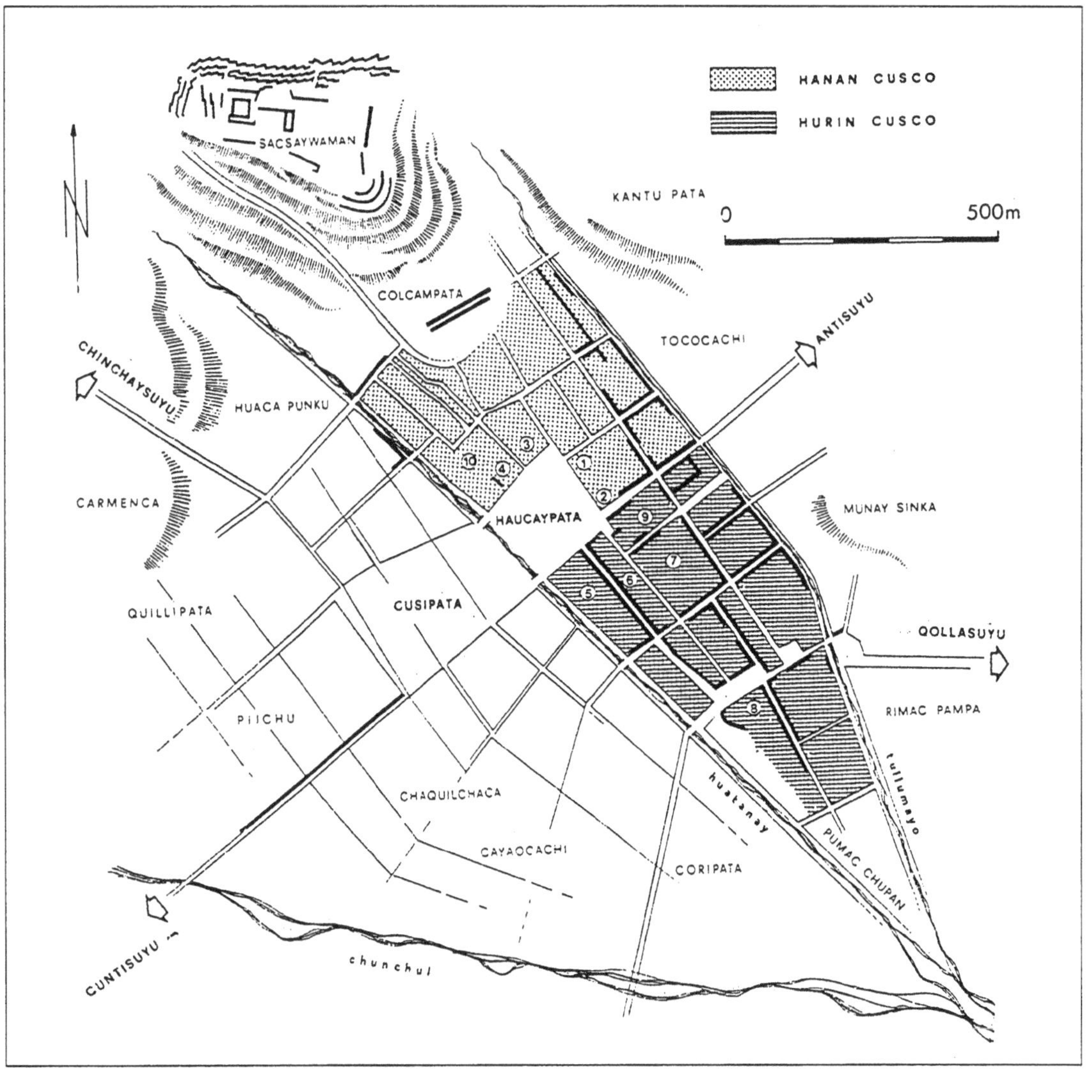

**Fig. 1** : Plano del centro monumental del Cuzco incaico con las regiones Hanan Cuzco y Hurin Cuzco y los cuatro caminos principales del Tawantisuyu (según Gasparini-Margolies 1977).

134

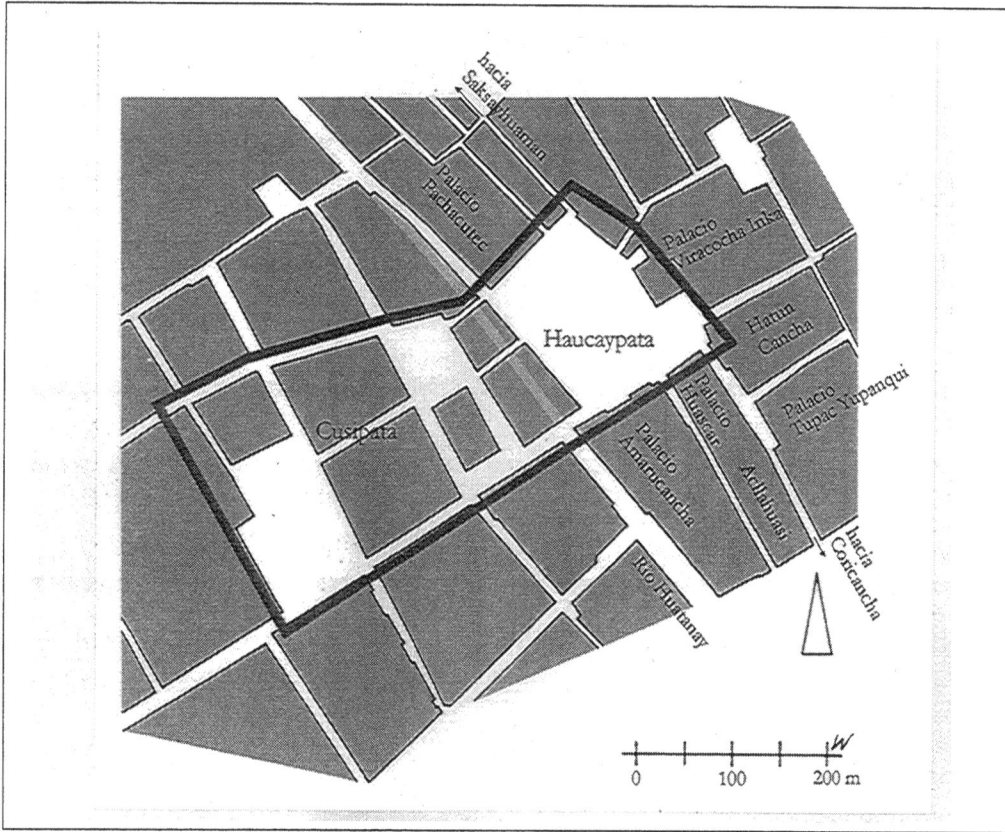

**Fig. 2** : Centro del Cuzco incaico con los contornos de las dos plazas y edificios principales en la planta de la ciudad colonial (plano W. Wurster).

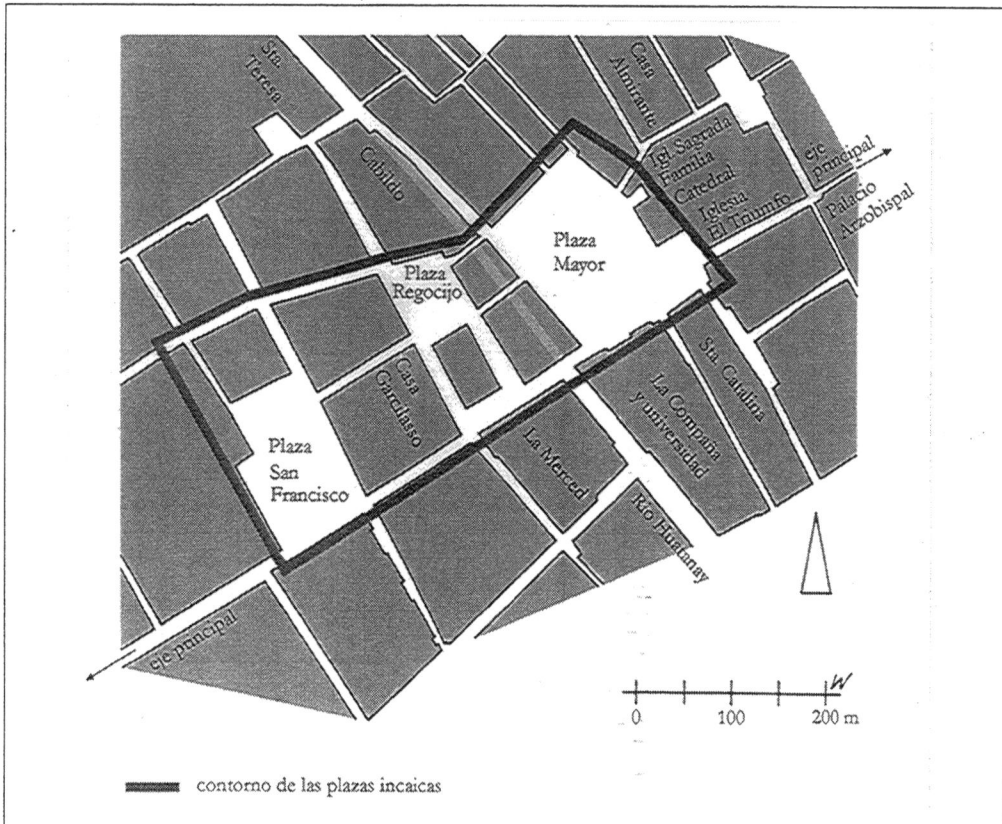

**Fig. 3** : Centro del Cuzco colonial con los edificios e iglesias principales (plano W. Wurster).

San Christobal
1559

Sta. Ana
1559

Sta. Teresa
1676

San Blas
1559

Catedral
1534
Sta. Catalina
1601

La Recoleta
1599

San Francisco
1548

La Compañía
1571

La Merced
1535

Sto. Domingo
1534

Sta. Clara
1560

San Pedro
(Hospital)

Santiago
1572

Almudena
1686

Belén
1559

N

W

0          500 m

•••••••  centro monumental incaico

– – –   contorno colonial

▒▒▒▒  parroquias indígenas

■  iglesia de indios

▨  iglesias y monasterios

–·–·–  limite sur de la ciudad en 1950

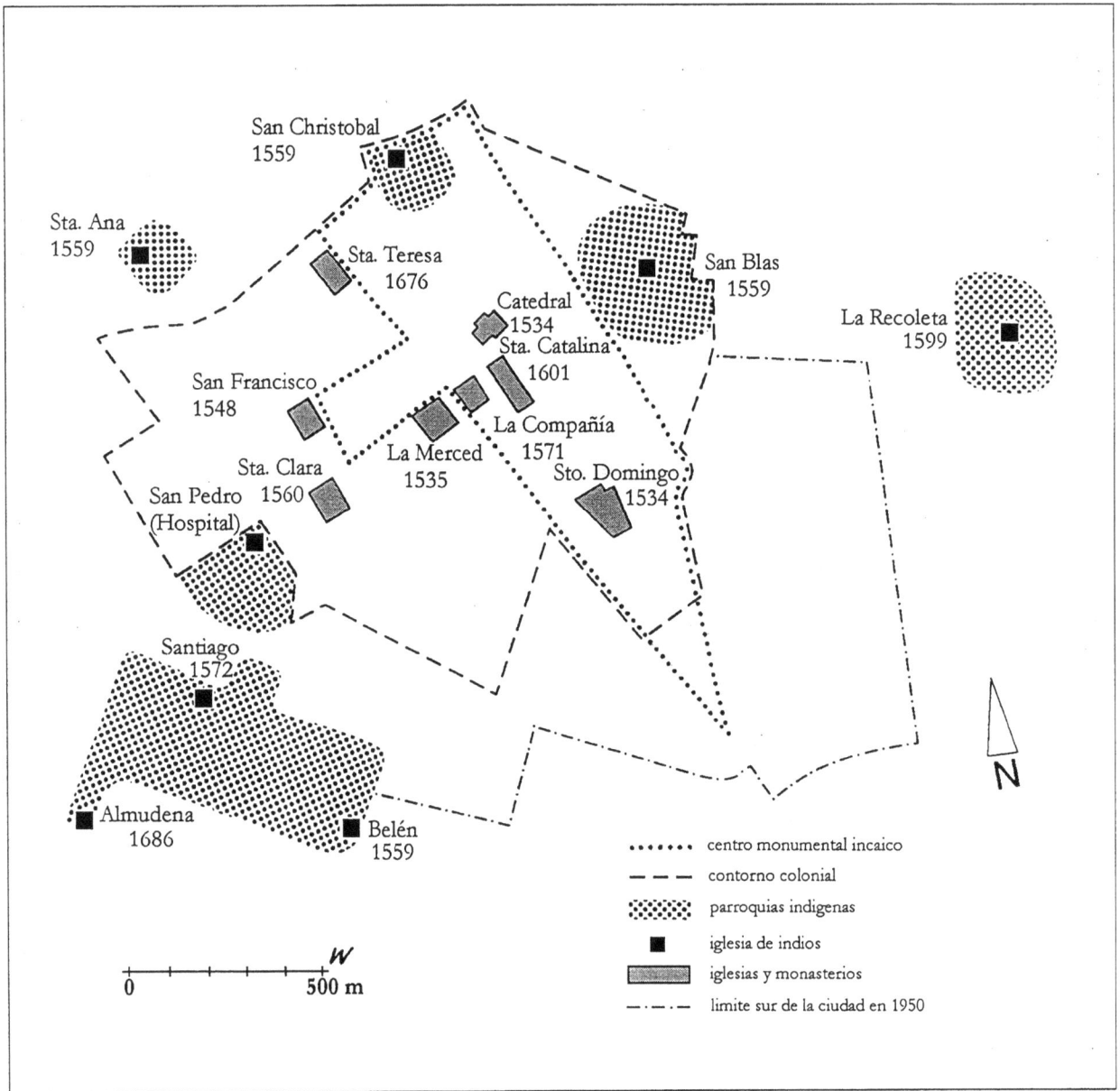

Fig. 4 : Cuzco colonial con sus contornos, los monasterios, las parroquias e iglesias indígenas en las afueras – sin las reducciones San Gerónimo y San Sebastián (plano W. Wurster).

136

# Liste des conférenciers

Jean-François BOUCHARD
C.N.R.S. U.P.R. 312
Musée de l'Homme
Place du Trocadero
75116 Paris
France

Henning BISCHOF
Völkerkundliche Sammlungen der Stadt
Mannheim im Reiss-Museum.
Postfach 103051
68030 Mannheim
Deutschland
E-mail : 101655.554@compuserve.com

Isabelle CHENAL-VELARDE
Dpt d'Archéozoologie
Muséum d'Histoire naturelle
C.P. 6434
1211 Geneve 6
Switzerland
E-mail : isabelle.chenal-velarde@mhn.ville-ge.ch

Alexandre CHEVALIER
Département d'Anthropologie et d'Ecologie
Université de Genève
C.P. 511
1211 Genève 24
Switzerland
alexandre.chevalier@anthro.unige.ch

Paulo DANTAS DE BLASIS
Museu de Arqueologia e Etnologia da
Universidade de São Paulo
Brésil

Levy FIGUTI
Museu de Arqueologia e Etnologia da
Universidade de São Paulo
Brésil

Nicolas GUILLAUME-GENTIL
Séminaire de prehistoire
7, Av.Du Peyrou
2000 Neuchatel
Switzerland
E-mail : nkrcg.gentil@vtx.ch

Jordi JUAN I TRESSERAS
Unitat d'Arqueobotanica
SERP/Dept. Prehistoria, H. Antiga i Arqueologia
Universitat de Barcelona
Baldiri i Reixac, s/n Torre B pis 11
08028 Barcelona
Spain
E-mail : juan@trivium.gh.ub.es

Danièle LAVALLEE
C.N.R.S.
27 rue Paul Bert
94204 Ivry Cedex
France
E-mail : lavallee@mae.u-paris10.fr

Elmo LEON CANALES
Rheinstrasse 207 - 211
BORHEIM - HERSEL
53332
Deutschland
E-mail : uzs59u@ibm.rhrz.uni-bonn.de

Albérico NOGUEIRA DE QUEIROZ
Dpt d'Archéozoologie
Muséum d'Histoire naturelle
C.P. 6434
1211 GENEVE 6
Switzerland
E-mail : alberico.nogueira@mhn.ville-ge.ch

Giuseppe OREFICI
Centro italiano Studi e Ricerche
Archeologiche Precolombiane
via delle Grazie 6
25122 Brescia
Italia
E-mail : cifra@numerica.it

Patrick PAILLET
Muséum national d'Histoire naturelle
UMR 6569 CNRS
Institut de Paléontologie humaine
1, rue de René Panhard
75013 Paris
France

Rosa PLAYA
SERP/Dept. Prehistoria, H. Antiga i Arqueologia
Universitat de Barcelona
Baldiri i Reixac, s/n Torre B pis 11
08028 Barcelona
Spain

Muriel POZZI-ESCOT
20, Av. Ritz
1950 Sion
Switzerland
E-mail : aria@bluewin.ch

Cecilia RODRIGUEZ LOREDO DE MARCH
Muséum nationale d'histoire naturelle
C.N.R.S. - URA 1415
Laboratoire d'anatomie comparée
55 rue Buffon
75005 Paris
France
E-mail : giraut@mnhn.fr

Leonid VELARDE
Département d'Anthropologie et d'Ecologie
Université de Genève
C.P. 511
1211 Genève 24
Switzerland
E-mail : velarde5@sc2a.unige.ch

Denis VIALOU
Muséum national d'Histoire naturelle
UMR 6569 CNRS
Institut de Paléontologie humaine
1, rue de René Panhard
75013 Paris
France

Agueda VILHENA VIALOU
Muséum national d'Histoire naturelle
UMR 6569 CNRS
Institut de Paléontologie humaine
1, rue de René Panhard
75013 Paris
France

Wolfgang W. WURSTER
Deutsches Archäologisches Institut, KAVA
Endenicher Str. 41
53115 Bonn
Deutschland
E-mail : bibliothek@kava.dainst.de